Berufsziel Social Media

Nico Lumma · Stefan Rippler
Branko Woischwill

Berufsziel Social Media

Ausbildungswege, Arbeitsmarkt, Expertengespräche und mehr

3., überarbeitete und aktualisierte Auflage

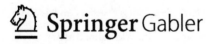 Springer Gabler

Nico Lumma
Hamburg, Deutschland

Stefan Rippler
Wertheim, Deutschland

Branko Woischwill
Schwedt, Deutschland

ISBN 978-3-658-38255-1   ISBN 978-3-658-38256-8 (eBook)
https://doi.org/10.1007/978-3-658-38256-8

Die Deutsche Nationalbibliothek verzeichnet diese Publikation in der Deutschen Nationalbibliografie; detaillierte bibliografische Daten sind im Internet über http://dnb.d-nb.de abrufbar.

Springer Gabler
© Springer Fachmedien Wiesbaden GmbH, ein Teil von Springer Nature 2022

Lektorat/Planung: Irene Buttkus
Springer Gabler ist ein Imprint der eingetragenen Gesellschaft Springer Fachmedien Wiesbaden GmbH und ist ein Teil von Springer Nature.
Die Anschrift der Gesellschaft ist: Abraham-Lincoln-Str. 46, 65189 Wiesbaden, Germany

Vorwort

Berufsziel Social Media: Wie Karrieren im Social Web funktionieren
Ob Instagram, TikTok, LinkedIn, Facebook, Twitter, XING oder Pinterest und Co. – die sozialen Netzwerke lassen unser aller Leben immer digitaler werden. Mit Statusmeldungen, Tweets oder Kurzvideos kommunizieren wir, teilen Meinungen und Erlebnisse mit anderen. Aber auch auf dem Arbeitsmarkt sind soziale Netzwerke nicht mehr wegzudenken. Der Erfolg von Unternehmen, Persönlichkeiten und Marken ist ohne den richtigen öffentlichen Auftritt auf Social Media Plattformen nicht mehr möglich. Das Social Web ist unter anderem neue Arbeits-, Werbe- und Verkaufsplattform einer zunehmend digitalen Gesellschaft. Das Feld der sozialen Netzwerke ist für viele Unternehmen jedoch immer noch sehr komplex und undurchschaubar – überdies kommen täglich neue Strömungen und Trends hinzu. Daher suchen viele nach erfahrenen Digital Natives, die ihnen helfen, die Kanäle für das Erreichen ihrer Ziele zu nutzen.

Der Arbeitsmarkt für Social Media-Fachkräfte entwickelt sich rasant, wobei zunehmend auch Spezialisierungsrichtungen, z. B. Strategie-Kompetenzen oder Branchenwissen, nachgefragt werden. Warum? Weil die Kompetenz, soziale Netzwerke zu bedienen für den Job alleine nicht reicht und die Gesellschaft noch lange nicht so weit ist, dass es keiner spezifischen Fachkraft mehr braucht, weil jeder Mitarbeiter von Haus aus Social Media im Blut hat.

Ob es sich um eine Bäckerei oder Mercedes handelt, um eine Putzfirma oder eine Universität. Jedes Unternehmen, jede Organisation, jede Einrichtung ist im Social Web vertreten. Nun geht es ihnen darum qualifizierte Fachleute für sich zu gewinnen, denn die neue Generation ist die Generation, die bereits im Kindesalter damit in Berührung kommt. Das Buch hilft dem Leser dabei, sich auf diesem

Markt zurechtzufinden und konkurrenzfähig zu werden. Es bietet die ersten wichtigen Grundlagen für den beruflichen Weg im Bereich Social Media. Es beantwortet Fragen, wie:

- Welche Berufsbilder gibt es im Social Web?
- Was macht ein Social Media Manager?
- Wie viel kann man als Berufseinsteiger verdienen und wie entwickelt sich das Gehaltsgefüge?
- Wie funktionieren Karrieren im Social Web?
- Welche Branchen-Köpfe muss ich kennen?
- Wo kann ich mich aus- und weiterbilden lassen?
- Welche Arbeitgeber sind für mich besonders spannend?
- Welche Begriffe aus der Social-Media-Welt muss ich kennen und erklären können?

Das Social Web als Berufsfeld ist keine Neuheit mehr, im Gegenteil, die aktive Teilnahme in sozialen Netzwerken ist in der Arbeitswelt nicht mehr wegzudenken. Umso interessanter ist es, dass in einer Zeit, in der die erste Generation von Geburt an mit Social Media aufgewachsen ist, die hier vorliegenden Inhalte und Berufe noch nicht sehr bekannt sind. Das liegt unter anderem daran, dass besonders Bildungseinrichtungen den wichtigen Schritt der Digitalisierung nicht vollzogen haben. Der richtige Umgang mit sozialen Netzwerken sowie Chancen und Risiken tauchen bis heute nicht in den Lehrplänen auf, als würden sie nicht existieren. Dieser Zustand führt dazu, dass sich die meisten Menschen ihr Wissen zum Social Web selbst aneignen und somit Menschen, mit wenigen Ressourcen abgehängt werden. Das vorliegende Buch setzt genau bei diesem Problem an und liefert die wichtigsten Grundlagenkenntnisse, die es für einen erfolgreichen Einstieg in die Social-Media-Welt braucht.

Kurz: Das Buch stellt Einstiegs- und Aufstiegsmöglichkeiten dar, zeigt zukünftige Entwicklungen auf und gibt einen fundierten Überblick über die Social-Media-Welt in Deutschland. Das sehr abwechslungsreiche Format liefert neben wichtigen Informationen auch Einblicke in die reale Arbeitswelt. Es zeigt Tipps und Tricks und warnt vor Fallstricken und Flops – anhand von Ratgebertexten, Erfolgsgeschichten, Experteninterviews, Steckbriefen von Branchen-Profis und Vorstellung von Aus- und Weiterbildungsstätten/Branchenevents. Online gibt es passend zum Buch die Jobbörse für alle (zukünftigen) Social Media Manager samt Blog: www.berufsziel-socialmedia.de. Ebenfalls begleitend zum Buch gibt es die Social Media Geschichte als Facebook-Timeline unter www.social-media-museum.de

Danken möchte ich unseren Unterstützern bei der Recherche: Natalie Grolig, Annalena Armoneit und Vera Neeten sowie Hana Licina.

Aus Gründen der besseren Lesbarkeit wird in diesem Buch auf die gleichzeitige Verwendung der Sprachformen männlich, weiblich und divers (m/w/d) verzichtet. Sämtliche Personenbezeichnungen gelten gleichermaßen für alle Geschlechter.

Viel Spaß beim erfolgreichen Berufseinstieg in die Social-Media-Welt wünscht

Wertheim, Deutschland   Stefan Rippler
Juni 2022

Inhaltsverzeichnis

Karriere-Perspektiven Social Media

1

In der Social-Media-Welt sind viele verschiedene Berufswege und entsprechende berufliche Entwicklungen möglich. Will ich zu einer kleinen Firma, in den Mittelstand oder einem DAX-Konzern? Will ich einfach nur an einer Facebook-Kampagne arbeiten oder soll meine Social Media-Arbeit die gesamte, professionell und vielseitig orientierte Firmenkommunikation prägen? So gibt es die Stellen, bei denen man allein für das Thema Social Media innerhalb einer Firma zuständig ist. In diesem Fall wird man mit Marktforschung, Konzeption, Strategie und Umsetzung vollständig allein beschäftigt sein. Es gibt aber auch die Stellen, in denen ein großes Team aus unterschiedlichen Experten besteht und innerhalb dieses Teams verschiedene Positionen für einen selbst denkbar wären, z. B. nur der Konzeptions-Teil oder nur der Umsetzungs-Teil.

Auch der Berufsverband für Community Management e.V. für digitale Kommunikation und Social Media sieht verschiedene Berufsbilder. Konkret wird hier der Junior/Senior (Corporate) Community Manager, der Junior/Senior Social Media Manager sowie der Social Media Consultant/Konzeptioner/Specialist unterschieden, die natürlich auch individuelle berufliche Aufgabenschwerpunkte verfolgen. Während im Community Management vor allem die Interaktion mit den Usern im Vordergrund steht, so sind Social Media Manager intensiv im Austausch mit anderen Unternehmensbereichen wie z. B. PR und Marketing, um Entwicklung und Ausführung von Social-Media-Aktivitäten zu koordinieren. Der Social Media Consultant/Konzeptioner/Specialist erstellt Konzepte und Strategien, die mit Hilfe von Dienstleistern bzw. Agenturen – von ihm überwacht – umgesetzt werden.

Generell gilt es als Berufseinsteiger den Arbeitsmarkt genau zu kennen. Lars Hahn, Geschäftsführer der LVQ Weiterbildung gGmbH, der auch an der Konzeption der Weiterbildung „Social Media Manager IHK" mitgearbeitet hat, macht auf

© Springer Fachmedien Wiesbaden GmbH, ein Teil von Springer Nature 2022
N. Lumma et al., *Berufsziel Social Media*,
https://doi.org/10.1007/978-3-658-38256-8_1

die Heterogenität des Arbeitsmarkts aufmerksam. Ohne Zweifel gibt es in Media-Agenturen, die auch das Themenfeld Social Media bearbeiten, sowie in großen Unternehmen interessante, fair bezahlte Arbeitsplätze. Dann gibt es aber auch Social Media Manager, die vielleicht als Quereinsteiger agieren und zwar viel beschäftigt sind, jedoch in sehr prekären Verhältnissen. „Das Aufgabengebiet ist sicherlich immer sehr spannend. Es gilt jedoch auch die generellen Rahmenbedingungen, z. B. Gehalt, Arbeitszeiten oder Work-Life-Balance, im Auge zu behalten", stellt Lars Hahn fest. Für ihn ist der Social-Media-Berater jemand, der in Unternehmen mit der Spezialisierung Social Media als Unternehmensberater aktiv ist. Im Gegensatz dazu ist der Social Media Manager jemand, der Social Media in der Organisation lebt, als Managementaufgabe. Er ist als Führungskraft für die verschiedenen Mitarbeiter verantwortlich, die dann die Umsetzung z. B. bei Twitter oder Facebook übernehmen.

Halten wir also fest: Die Arbeit in der Social-Media-Branche ist ohne Zweifel mit innovativen, überaus interessanten medialen Herausforderungen verbunden. Gleichzeitig dockt dieser Aufgabenkomplex auch an ganz traditionelle, klassische Ausbildungs- und Kompetenzhintergründe an: Wie agiert man professionell als Berater? Wie werden Strategien entwickelt? Wie funktioniert effizientes und effektives Projektmanagement? Und wie agiert man hierbei kommunikationsstark? Diese Aspekte sind für einen erfolgreichen Social Media Manager wichtig, denn sie prägen den Arbeitsalltag abseits der Beschäftigung mit Facebook-Likes oder YouTube-Kommentaren. Weitere Hintergrund-Fähigkeiten leiten sich von der beruflichen Spezialisierung im Bereich Social Media ab. Wenn man eher im Marketing-Bereich aktiv werden will, so sind neben einem kompetenten Umgang im Web 2.0 auch grundlegende Marketing-Kompetenzen von Bedeutung.

Durch Social-Media-Kanäle können Unternehmen und Marken ihre Kunden heutzutage am besten erreichen. Sie können Ihre Inhalte und Produkte schnell, einfach und direkt, bis in das Zuhause der Kundinnen und Kunden tragen. Wie wichtig diese Möglichkeit ist, wurde besonders während der Corona Pandemie sichtbar. Geschäfte mussten schließen, Kund/-innengespräche waren nicht mehr möglich und viele Unternehmen konnten sich aufgrund von fehlenden Einnahmen keine kostspieligen Werbeplakate oder Clips im Fernsehen leisten. Die Zeiten der Lockdowns sind zwar vorbei, doch das Konsumverhalten der Menschen hat sich verändert und oft zunehmend online verlagert. Nun gilt es, auf die Veränderungen so schnell wie möglich zu reagieren und dafür braucht es Kompetente Fachkräfte.

Die Aufstiegschancen sind vielfältig und entsprechen damit auch den Social Media Berufsbildern. Die Mischung aus Marketing, PR, Support, Produktentwicklung und Community-Management, um nur einige Facetten zu nennen, eröffnen bei der Karriereplanung eine Vielzahl von Möglichkeiten. Die Interdisziplinarität von Social Media erlaubt es nicht nur, in unterschiedliche Bereiche eines Unternehmens Einblicke zu gewinnen, sondern ermöglicht auch neue berufliche Perspektiven. Community Manager können vom Junior zum Senior aufsteigen und je nach Größe des Teams Teamleiterin oder Teamleiter werden. Abhängig von der Ausrichtung des Unternehmens sind dann weitere Karriereschritte beispielsweise in der Unternehmenskommunikation, im Marketing, im Support oder in der Produktentwicklung möglich. Allerdings ist es auch denkbar, dass der Social-Media-Bereich so stark anwächst, dass Community Manager sich des Themas Social-Media-Strategie annehmen und basierend auf ihren spezifischen Erfahrungen mit der Community eines Unternehmens die künftige Social-Media-Strategie entwickeln.

Für Social-Media-Berater sind die Möglichkeiten für weitere Karriereschritte noch größer, da sich Social Media immer mehr als Kern der Disziplin Digital entwickelt und somit die verschiedensten Optionen denkbar sind, vom Online Marketing Manager bis hin zum Key Account Manager digital ist alles möglich.

Interdisziplinarität sowie eine thematische Vielfalt sind ohne Frage essenziell. Im Social Web begegnen einem nämlich Inhalte aus jedem nur erdenklichen Themenfeld und ein breites Grundwissen wird daher bereits vorausgesetzt. Vielmehr sollte es bei der Karriereplanung also darum gehen, sich explizit auf Social Media zu fokussieren und sich so viel technisches Wissen wie möglich anzueignen, um konkurrenzfähig zu bleiben. Denn das Social Web wird immer mehr zur bedeutendsten Kommunikationsplattform für Unternehmen. Selbst bei einem Wechsel in das klassische Marketing oder die klassische Unternehmenskommunikation wird es künftig nicht ausbleiben, dass ein Verständnis der Kommunikationsweisen in Social Media gefordert wird.

Andersherum heißt das nicht, dass sich der Beruf des Social Media Managers in nächster Zeit selbst überflüssig macht, denn die Zeiten, in der die Mehrheit der Unternehmen „social by design" sind, noch lange nicht gekommen sind. Aber warum ist „social by design" so bedeutend? Wir leben heutzutage in einer maximal transparenten Verbraucheröffentlichkeit, einer sogenannten Feedback-Economy. Da sich viele Transaktionen online abspielen, findet man auch Feedback online. Mittlerweile gibt es dafür auf jeder Plattform die passende Rubrik dazu. Dank Social Media ist neben B2B und B2C somit ein weiteres wichtiges Kommunikationsfeld hinzugekommen: B2S (Business to Society). Jedes Unternehmen und sei es noch so klein muss mit seinen Kund/-innen aktiv in Interaktion treten. Professionelles Auftreten ist dabei sehr wichtig, denn jeder hat im Prinzip eine unausgesprochene soziale Betriebserlaubnis, die durch ein fatales Feedback, eine schlechte Aussage oder im schlimmsten Fall durch einen Shitstorm entzogen werden kann. Neben sozialer und emotionaler Kompetenz, sowie Fach- und Formatkompetenz spielt das technische Knowhow eine große Rolle bei einem professionellen Auftritt. Damit verbunden ist die Herausforderung, ständig am Ball zu bleiben, um keine neue Entwicklung oder neuen Trend zu verpassen. Generell gilt, dass Social Media als Berufsfeld derzeitig enorm wächst und sich hoher Nachfrage erfreut. Mit einer soliden Ausbildung und einem guten Erfahrungsschatz sind Aufstiegsmöglichkeiten vorhanden, die aktuell in den Unternehmen unter Umständen noch nicht absehbar sind. Social Media verwandelt die Kommunikation und Teil des Wandels ist eine steigende Bereitschaft in Unternehmen, Social Media als relevanten Teil der Kommunikationsstrategie anzusehen.

„Heutzutage ist nicht mehr die Frage, ob ich Social Media in meiner Kommunikationsstrategie integriere, sondern wie. Viele Unternehmen verstehen bis heute soziale Medien als einseitige Plattform. Das Produkt bzw. die Dienstleistung wird mit blumigen Posts beworben in der Hoffnung Umsatz zu generieren. Da diese transaktionelle Form des Contents aber kaum Interaktion und Austausch fördert, sehen wir immer mehr das Phänomen von Kanälen, die reichweitenstark sind, aber kaum Sichtbarkeit unter den Followern oder Interaktion hervorbringen. Nimm das SOCIAL in Social Media ernst und schaffe einen Austausch. Kommuniziere miteinander nicht einseitig, um Deine Zielgruppe in den sozialen Netzwerken aufzubauen und zu halten."

Tobias York, Geschäftsführer und Gründer der Agentur „I LIKE VISUALS"

Kreativität, Strategie, Umsetzung: Die Vielfalt der Social-Media-Berufe

2

Social Media ist für die meisten Menschen Teil des öffentlichen Lebens geworden. Dennoch sind die Berufe in diesem Bereich noch weitreichend unbekannt. Zwar klingen Titel wie Social Media Manager, Social Media Analyst, Social Media Consultant, Social Media Producer oder Social Media Evangelist ganz toll und sorgen für einen guten Einstieg ins Smalltalken, wenn jemand diese Berufsbezeichnung auf der Visitenkarte sieht, aber um ein wenig Licht ins Dunkel der Social-Media-Berufsbezeichnungen zu bringen, sollten wir uns einmal näher anschauen, welche Bereiche es bei Social Media eigentlich gibt und uns dann überlegen, welche Berufsbezeichnungen dazu passen könnten. Es ist einfacher, Pudding an die Wand zu nageln, als sich im Dickicht der Social-Media-Berufsbezeichnungen zurechtzufinden.

Der Bundesverband Community Management e.V. für digitale Kommunikation und Social Media (BVCM) hat Anforderungsprofile an Social-Media-Berufsbilder zusammengestellt und erweitert, an denen wir uns im Folgenden ebenfalls orientieren wollen (ausführliche Übersicht online unter: https://www.bvcm.org/bvcm/ausschuesse/berufsbilder/). Die Einteilung des BVCM sieht folgende Berufsbilder vor, die wir im Einzelnen erläutern wollen:

- Junior (Corporate) Community Manager
- Senior (Corporate) Community Manager
- Junior Social Media Manager
- Senior Social Media Manager
- Social-Media-Berater/Consultant/Konzeptioner
- [Ergänzt von den Autoren dieses Buches:] Ghostposter

© Springer Fachmedien Wiesbaden GmbH, ein Teil von Springer Nature 2022
N. Lumma et al., *Berufsziel Social Media*,
https://doi.org/10.1007/978-3-658-38256-8_2

2.1   Community Management

Ohne die Nutzer ist Social Media nichts, daher ist die Grundlage von Social Media immer das Community Management. Egal ob auf Facebook, Twitter, XING, LinkedIn, in Foren oder im eigenen Intranet, die Nutzer sollten im Mittelpunkt der Social-Media-Aktivitäten stehen. Eine Community benötigt immer eine oder mehrere Personen, die sich um die Community kümmern, das ist in Foren klassischerweise der Admin, der oftmals das Forum selbst gegründet hat und üblicherweise engagierte Nutzer bittet, ihm bei der Betreuung der Community zu helfen (als Moderatoren, kurz „Mods" genannt). Bei kommerziellen Social Media Angeboten kann zwar auch die Community involviert werden, aber es muss mindestens eine Person geben, die sich aus professioneller Sicht um die Belange der Community kümmert.

Ein Community Manager ist eigentlich die eierlegende Social Media Wollmilchsau, denn dieser Job kann facettenreich sein und die unterschiedlichsten Herausforderungen mit sich bringen. Ein Community Manager übernimmt das Posten neuer Inhalte, diskutiert mit den Nutzern der Community, hört zu, greift Fragen, Anregungen und Kritik auf und spielt diese ins Unternehmen zurück, ein Community Manager schlichtet auch Streit, sorgt für gute Laune und motiviert Nutzer, mitzumachen. Ein Community Manager ist Bindeglied zwischen Unternehmen und Community, oftmals aber auch zwischen unterschiedlichen Bereichen des Unternehmens, die ihre Themen in der Community sehen wollen. Ein Community Manager benötigt Einfühlungsvermögen, muss aber auch mal mit der Faust auf den virtuellen Tisch hauen können, Diskussionen führen und oftmals ertragen können, aber ein Community Manager benötigt auch ein gute Portion Kreativität, damit es in der Community nicht langweilig wird. Ein Community Manager ist eine Mischung zwischen Moderator, Mediator, Animateur, Berater und Texter. Ein Community Manger muss ähnlich wie ein guter Fußball-Trainer, dem nachgesagt wird, dass er das Spiel lesen kann, instinktiv entscheiden, was er wann wie schreibt, um eventuell Emotionen runterkochen zu können, oder aber, um Emotionen erst entstehen zu lassen. Somit muss er das Unternehmen in- und auswendig kennen. Er muss das Unternehmen in der Community richtig vertreten können, aber auch ganz genau wissen, zu welchem Mitarbeiter er gehen sollte, um das geeignete Fachwissen zu erhalten. Somit sollte er ständig in Kontakt mit allen Bereichen des Unternehmens bleiben.

Wenn man sich jetzt fragt, ob nur totale Tausendsassas den Job eines Community Managers machen können, dann können wir durchaus beruhigen, denn die wesentliche Grundvoraussetzung für den Job bringen die meisten von uns allen mit: gesunden Menschenverstand. Alles andere kann man lernen, wenn man neugierig ist und Spaß am Umgang mit anderen Menschen hat.

2.2   Expertengespräch mit Eva Maria Goldmann: Kommunikation können

Eva Maria Goldmann arbeitete zweieinhalb Jahre als Mediatorin bei der Online-Jobbörse Monster.de. Was sie dabei gemacht hat, wie sich die deutsche Tochter der amerikanischen Stellenbörse in den sozialen Netzwerken aufstellt und was die größten Chancen und Herausforderungen sind, verriet uns Goldmann noch, als sie dort tätig war.

Fragen und Antworten

Wie kann man sich Ihren Job vorstellen und wie sind Sie zu dieser Position gekommen?

Ich kümmere mich um Auf- und Ausbau sowie die Pflege der Online-Gemeinschaft von monster.com. Als Community Manager bin ich das Rückgrat der Community und gebe ihr Rahmen, Regeln und Leben. Ich setze die Zielrichtung um, die das Unternehmen für die Community identifiziert hat. Früher waren Communities nur die Netzwerke auf eigenen Plattformen. Heute gibt es große Communities auch auf Plattformen wie zum Beispiel Facebook oder You-Tube – sozusagen Unternetzwerke innerhalb eines größeren.

Wie sieht Ihr typischer Arbeitsalltag im Social Web aus?

Wir haben die Community auf Monsters Plattform verbunden mit der Facebook-Repräsentanz von monster.de. Bei beiden geht es um Bewerbungs- und Karriererelevante Themen. Da wir auf beiden Plattformen regelmäßig die Möglichkeit bieten, sich von Karriere-Experten beraten zu lassen, bin ich viel damit beschäftigt, die Karriere-Foren und Karriere-Events auf Facebook zu koordinieren und umzusetzen. Außerdem müssen neue Foren angelegt, Newsletter geschrieben und verschickt sowie das Design der Seite immer mal wieder angepasst werden. Dafür braucht man HTML- und Photoshop-Kenntnisse oder zumindest Kompetenzen bei einschlägigen HTML-Editoren. Außerdem arbeite ich eng mit Marketing- und PR-Kollegen zusammen. Der Austausch mit dem Team und die engagierte Arbeit an eigenen Aufgaben wechseln sich somit immer wieder ab.

Welche Herausforderungen sind besonders interessant, welche besonders schwierig?

An diesem Job begeistert mich besonders die Vielfältigkeit: Zwischen Technik, Marketing, Psychologie sowie Kommunikation sind alle Themen für mich sehr relevant und spannend. Technische Fragestellungen müssen verstanden werden, ohne selber programmieren zu können, aber ein grobes Verständnis von

„seiner" Software sollte man haben. Gleichzeitig muss ein Community-Manager wissen, wie er mit seiner Gruppe kommuniziert, wie er Konflikte löst, wie er z. B. Sonderaktionen vermarktet und Leben in seine Gruppen bringt und die Nutzerbeteiligung immer wieder steigert. Das gilt sowohl für das Community-Management auf eigenen Plattformen als auch bei z. B. Facebook-Seiten. Die Gesetzmäßigkeiten der Kommunikation sind dieselben, nur die Technik hat man weniger in der Hand und muss mit dem auskommen, was z. B. Facebook einem konkret zur Verfügung stellt. Die Abhängigkeit von dem Anbieter, z. B. Facebook, stellt einen teilweise vor besondere Herausforderungen: Manchmal ändert Facebook urplötzlich etwas, was einem überhaupt nicht ins Konzept passt oder allerbeste Ideen lassen sich mit der vorgegebenen Plattform nicht umsetzen. Und dann muss man halt improvisieren. Das gehört dann auch zum Berufsalltag. Schwierig kann auch der Umgang mit Trollen und Störenfrieden sein. Hier sind immer sehr viel Fingerspitzengefühl und emotionale Belastbarkeit gefragt, um durch authentische Empathie, aber auch klare, unmissverständliche Hinweise zu Grenzverletzungen eine mögliche Eskalation zu verhindern.

Welcher Ausbildungshintergrund, welche Qualifikationen sind für Ihren Beruf wichtig?

Nun, vermutlich bin ich selbst eher ein schlechtes Beispiel, ich bin eigentlich Biochemikerin. Nach meiner Einschätzung, nach meiner Berufserfahrung ist es wichtig, dass ein Community-Manager wirklich gut kommunizieren kann, also ein belastbares gutes Sprachverständnis hat und auch das bereits angesprochene Einfühlungsvermögen in Menschen, die er nur auf virtuelle Weise über das Netz kennt. Und natürlich sollte er außerdem auch technikaffin sein.

Welche Anforderungen sind vielleicht besonders wichtig und können gleichzeitig eher weniger gut angelernt, antrainiert oder im Rahmen einer Aus- oder Weiterbildung erlangt werden?

Wie schon gesagt: Die kommunikative Komponente ist besonders wichtig und ist zumindest teilweise nicht wirklich erlernbar. Das Gefühl für verschiedene Gruppen, unterschiedliche Menschen und auch die positive Grundeinstellung Menschen gegenüber sollte ein Community-Manager mitbringen. In der Regel hat eine Community auch ein Thema: Auto, Sport oder wie bei uns: Karriere, Bewerbung sowie Weiterbildung. Das Interesse für das Thema sollte dringend vorhanden sein. Ist das nicht so, merkt das die Gemeinde. Wissen rund um das Thema lässt sich natürlich erwerben. Ebenso lässt sich die technische Seite erlernen. Und: Aus meiner Sicht ist generell auch ein gutes Sprachgefühl von Bedeutung.

Auf welche Soft Skills kommt es an?

Freundlichkeit, Verständnis, Ehrlichkeit, aber auch die Stärke Community-Regeln durchzusetzen. Manchmal macht man sich Einzelne zu Feinden. Es gibt

Situationen, da wird man nicht mit Zustimmung oder Lob konfrontiert, sondern eher mit knallharter Kritik, mit sehr starkem Gegenwind. Das muss man dann auch aushalten können.

Wie bilden Sie sich beruflich weiter?

Da ich den Job schon seit Jahren mache, so habe ich mir die meisten Fähigkeiten und Kenntnisse selbst beigebracht. Damals gab es schließlich keine Richtlinien oder Fortbildungen dafür. Seit Soziale Netzwerke (wieder) mehr im Fokus sind, gibt es viele interessante Kongresse, Events und Vorträge, wobei die geschickte Auswahl – passend zur eigenen beruflichen Spezialisierung sowie die eigenen Karriere-Zielen – sehr wichtig ist.

Wie wird sich Ihr Job vielleicht in der Zukunft verändern?

Ich wage die Prognose, dass es weniger Communities auf eigenen Plattformen geben wird und dafür mehr „Untercommunities" auf großen globalen Netzwerken wie z. B. Facebook.

Was raten Sie Social Media-Nachwuchs für den erfolgreichen Berufseinstieg?

Bewerbt Euch dort, wo Euch das Thema interessiert, um das sich die Community oder Social-Media-Repräsentanz dreht. Dann wird man die notwendige Motivation für eine besondere berufliche Entwicklung haben; sich stetig weiter entwickeln wollen.

2.3   Social Media Manager

Das Spektrum eines Social Media Managers reicht von der Fragestellung „Wieso sollte Unternehmen xy auf Facebook sein?" über die Durchführung von internen Schulungsmaßnahmen und Workshops bis hin zur Planung und Durchführung von Social-Media-Maßnahmen. Social Media Manager zeichnen sich zum einen durch Fachwissen im Social-Media-Bereich aus, zum anderen aber sollten sie in der Lage sein, bei einem sich schnell entwickelnden Bereich immer am Ball zu bleiben, um ihre Kunden entsprechend beraten zu können. Ein Social Media Manager muss sehr interdisziplinär denken und nicht nur Elemente der klassischen Unternehmensberatung berücksichtigen, sondern auch Verständnis von Marketing, PR, aber auch Produktentwicklung eines Unternehmens mitbringen. Der Social Media Manager erarbeitet und verfolgt die Social-Media-Strategie (ggf. natürlich zusammen mit dem Team, sofern es eines gibt), trägt die Verantwortung für die Social-Media-Maßnahmen und koordiniert das Community Management, misst Erfolge mittels Reportings und Analysen und stellt sicher, dass die Feedback-Schleifen in Unternehmen funktionieren.

2.4   Social-Media-Berater/Consultant/Konzeptioner

In der Vergangenheit war der Begriff Social-Media-Berater eher negativ konnotiert, weil, salopp gesagt, jeder mit einem funktionierenden Twitter-Account sich plötzlich Social-Media-Berater genannt hat, aber nur über wenig Verständnis von digitaler Kommunikation verfügte. Mittlerweile aber zeichnet sich immer mehr ab, dass Social-Media-Berater eine wichtige Rolle in Agenturen oder Unternehmen spielen, um die Social-Media-Aktivitäten zu planen und zu koordinieren Dazu analysieren Social-Media-Berater im ersten Schritt die Situation des Kunden. Voraussetzung dafür ist eine umfassende Markt- und Branchenkenntnis. Darüber hinaus gehört zum Beruf des Social-Media-Beraters das Präsentieren von Konzepten ebenso dazu wie das Kalkulieren von Budgets und die Auswahl der Dienstleister sowie das Steuern der Gewerke. Social-Media-Berater tragen eine hohe Verantwortung, denn sie prägen mit ihrem Handeln die Außen-, aber auch die Binnensicht eines Unternehmens.

Social-Media-Konzeptioner erarbeiten zusammen mit dem Social Media Manager und dem Community Management die Konzepte, welche die Erreichung der Unternehmensziele in der Community ermöglichen. Dies können viele kleine Maßnahmen, einige wenige große Aktionen oder auch generelle prozessorientierte Konzepte sein, die vom Social-Media-Konzeptioner maßgeschneidert geliefert werden. Social-Media-Konzeptioner haben oftmals einen Background als Texter oder klassischer digitaler Konzeptioner, sollten aber vornehmlich ein Verständnis von Social Media, Sharing und Involvement mitbringen und Geschichten in verschiedenen Medienkanälen erzählen können. Social-Media-Konzeptioner agieren keinesfalls im luftleeren Raum, sondern sind auf das Input des Community Managements angewiesen, um Konzepte zu entwickeln, die in der jeweiligen Community funktionieren. Genauso sind sie abhängig von dem Input der Social Media Manager, die die Sichtweise des Unternehmens miteinbringen können, sowie übergeordnete Ziele definieren. Während Social Media Manager primär für das Monitoring und die operative Umsetzung aller Maßnahmen verantwortlich sind, fokussiert sich das Berufsbild des Social-Media-Konzeptioners auf die Entwicklung von Strategien. Diese wiederum geben Aufschluss über erforderliche Maßnahmen, die dazu beitragen, Unternehmensziele zu erreichen.

Allen Berufsfeldern ist gemein, dass sie stark voneinander abhängen, bzw. aufeinander aufbauen und alleinstehend schwer vorstellbar sind. Nicht immer sind alle Berufe in einem Unternehmen aufzufinden, sondern werden durch Mitarbeiter zusätzlich abgedeckt oder aber durch Agenturen übernommen. Generell gilt allerdings, dass Social-Media-Berufe sich durch eine starke Vernetzung und weniger Fokus auf Hierarchie auszeichnen.

Betrachtet man die vom BVCM definierten Anforderungsprofile an die Berufsfelder, fällt auf, dass sie sich recht oft ähneln. Am wichtigsten sind die folgenden
Eigenschaften, Kenntnisse und Fähigkeiten:

Allgemeinwissen, Ausdrucksweise, Content generieren und kuratieren, Extro-
vertiertheit, Gespür für Trend & Themen, juristische Kenntnisse, konzeptionelles
Denken, KPIs definieren & verfolgen, Krisenkommunikation, kundenspezifisch
Bedürfnisse bedienen, Moderation, Online Marketing, Organisationstalent, Prä-
sentationstechniken, Produktentwicklung, Recherche, Rechtschreibsicherheit,
schnelle Auffassungsgabe, themenspezifisches Wissen, Toolkenntnisse, Urteilsfä-
higkeit, Usability/Userexperience, virales Marketing, Webaffinität, Webanalyse,
Webtechnologien, Zielgruppenkenntnis.

2.5   Ghostposter – Interview mit Kai Diekmann

Warum Kai Diekmann mit Storymachine ein neues Berufsbild geschaffen hat, wie
das aussieht und was Auftragskommunikation mit Journalismus zu tun haben? Ein
Einblick in Deutschlands wohl geheimnisvollste Agentur.

Frage und Antwort

**Von Helmut Kohl bis Donald Trump: Sie haben als BILD-Chef viele Inter-
views geführt. Wie haben Sie sich auf Ihr Gegenüber vorbereitet?**
Ich habe mir vorher überlegt: ‚Was will ich von demjenigen hören?‘, ‚Was erzählt eine neue Geschichte oder taugt als Nachricht?‘. Es ging mir, also nicht
darum, Dinge abzufragen, die schon tausendmal gefragt worden sind – sondern
darum, ein spezifisches Thema, eine spezifische Relevanz herauszugreifen.

Als ich zu Donald Trump ging, redete ich mit ihm über die Flüchtlingspolitik
von Angela Merkel oder deutsche Autos. Weil er zu beiden Themen im Interview damals eine spezifische Meinung hatte. In diesem Interview hatte er das
erste Mal darüber gesprochen, dass zu viele deutsche Luxusautos über die Fifth
Avenue fahren.

Für ein Interview mit dem afghanischen Präsidenten Karzai habe ich überlegt: ‚Was ist relevant, was auch den deutschen Markt interessiert?‘ Damit er im
deutschen Lesermarkt wichtig wurde und mit ihm das Interview.

Ich bereite mich vor, indem ich sehr viel lese. Ich überlege mir: ‚Was sind die
Themen meines Gesprächspartners?‘, ‚Wozu hat er sich in der letzten Zeit
geäußert?‘ und ‚Was gibt es für eine sekundäre Berichterstattung, aus der sich
möglicherweise Fragen ergeben, die er bisher nicht beantwortet hat?‘. Bei der

Vorbereitung der Interviewfragen habe ich mich immer darauf konzentriert, etwas Neues herauszufinden. Gibt es Dinge, die er vielleicht denkt, aber bisher noch nicht ausgesprochen hat? Oder gibt es etwas, wobei man ihn völlig gegen den Stachel locken kann, und mit einer Aussage überrascht, die man von dieser Person nicht erwartet?

Welche Parallelen gibt es zur Arbeit bei Storymachine und welche Unterschiede?

Wir machen Auftragskommunikation, keinen unabhängigen Journalismus – das ist der größte Unterschied. Bei unabhängigem Journalismus geht es immer darum, jemandem Fragen zu stellen, die er eigentlich nicht hören möchte – und die Antworten darauf zu veröffentlichen. Bei der Kommunikation über Social Media geht es darum, ohne durch Dritte gefiltert direkt an mein Publikum zu kommunizieren.

Nichts, was einem Journalisten gefallen würde.

Unser Job macht unabhängigen Journalismus wichtiger und notwendiger. In einer Welt, in der sich jeder selbst inszenieren kann, ist die Überprüfung der Inszenierung wichtig wie nie zuvor.

Trumps Auftreten auf Twitter war ein perfektes Beispiel dafür.

Stimmt – und sein Auftreten gefiel mir politisch natürlich überhaupt nicht. Aber das Entscheidende ist: Er hatte einen Weg gefunden, direkt mit seinem Publikum zu kommunizieren und war nicht mehr auf CNN, New York Times und Co. angewiesen. Ihm war völlig egal, was Medien links und rechts von ihm berichten. Er machte sich selbst zum Medium. Genau das machen wir mit Storymachine und unseren Kunden. Egal, ob als Organisation, Privatmann oder Unternehmer: Wir bieten allen über Social Media die Chance, direkt mit dem vom ihnen beabsichtigten Publikum in Kontakt zu treten und seine eigene Geschichte erzählen zu können. Aus dieser Perspektive heraus entwickeln wir passgenaue Inhalte.

Soweit der Unterschied zum Journalismus. Was sind Parallelen?

Auch als Chefredakteur der ,Welt am Sonntag' oder der BILD konnte ich nicht immer auf die Gnade der Nachricht warten, um etwas zu berichten. Ich musste ein Stück weit auch Themen setzen – die Welt inszenieren und überlegen: Was sind die Geschichten, die relevant für meine Zielgruppe sind und mit denen ich anderen Medien ein Stück voraus bin.

Diese Frage leitet uns auch, wenn wir bei Storymachine Inhalte produzieren. Wir überlegen: Was ist eigentlich der beabsichtigte Zweck der Social-Kommunikation? Will mein Kunde Meinungsführer zu einem bestimmten Thema sein? Möchte er ein politisches Thema treiben?

Aus den Antworten ergeben sich weitere Fragen: Über welchen Kanal mache ich das eigentlich? Denn: Nicht jeder Kanal eignet sich für jedes Ziel. **Heißt?**

Möchte jemand Meinungsführer in seiner Branche werden, sind LinkedIn oder Twitter die passenden Kanäle. Dann schauen wir weiter: Was sind die Nachrichtenwellen, die durch das Land gehen? Wie passt das Thema des Absenders bzw. Partners dazu und inwieweit kann er dazu einen Mehrwert leisten? Und: Wann ist der richtige Zeitpunkt für meine Kommunikation? Setze ich mich beispielsweise mit meiner Botschaft auf ein nachrichtenarmes Wochenende, muss meine These so stark oder bemerkenswert sein, dass ich damit den Nachrichtenmarkt dominiere.

Zusammenfassend: Storymachine basiert Auftragskommunikation auf journalistischen Vorgehensweisen und Prinzipien.

Genau – wir nutzen Techniken aus dem Journalismus für erfolgreiche Auftragskommunikation: Zielgruppenanalysen, Redaktionskonferenzen, Themenfindung, Themensetzung, Planung der Veröffentlichungszeiträume und so weiter.

Sie sind seit 2012 sehr aktiv auf Twitter. Wie kam der Gedanke, mit Storymachine ein Social Business zu gründen?

Aus der Erkenntnis heraus, dass sich in der Medienbranche ein weiterer Paradigmenwechsel vollzieht. Der erste war der Angriff auf das Geschäftsmodell, bedrucktes Zeitungspapier zu verkaufen. Schließlich muss ich als Kunde nicht mehr irgendwo hingehen und bedrucktes Zeitungspapier kaufen, wenn ich alle Informationen zu jedem Zeitpunkt und an jedem Ort auf dem mobilen Endgerät zum Teil kostenlos zur Verfügung habe. Das hat den Niedergang der verkauften Auflage beschleunigt.

Das zweite Geschäftsmodell, auf dem üblicherweise Zeitungen und Zeitschriften basieren, ist der Verkauf von Reichweite – dank Anzeigen. Da sind Google und Facebook dazwischen gesprungen mit viel attraktiveren Angeboten an die Werbetreibenden, weil sie ohne jeden Streuverlust und sehr zielgenau den potenziellen Kunden oder Adressaten erreichen können, als das auf Papier möglich ist.

Der dritte Paradigmenwechsel: Social Media – der Moment, an dem dem Journalismus ein stückweit die Seele aus dem Leib gerissen worden ist. Was habe ich als Chefredakteur gemacht? 16 Jahre bei BILD, zwei Jahre bei WELT am Sonntag war ich Gatekeeper und Agenda-Setter. Ich war derjenige, der darüber entschieden hat, wer mit welchen Botschaften einen Zugang zu einem Massenpublikum bekommt. An uns Leitmedien kam keiner vorbei. In der Vergangenheit war der Besitz einer Fernsehstation oder einer Zeitungsdruckerei Voraussetzung, um ein Massenpublikum erreichen zu können.

Das ist mit Facebook, Twitter, YouTube und Co. vorbei gewesen. Jeder kann sein eigener Publisher sein. Niemand ist mehr darauf angewiesen, dass einem die klassischen Medien Raum zur Verfügung stellen. Keiner muss mehr zittern, ob einem die richtigen Fragen gestellt werden oder, ob denn nun die richtige Botschaft am nächsten Morgen so in der Zeitung steht, wie man sich das wünschte.

Prinzip Trump – jeder ist Herr seiner Botschaften.

Richtig – übrigens: Es sind immer amerikanische Präsidenten gewesen, die wirkungsmächtige neue Kommunikationstechnologien für sich genutzt haben: Franklin D. Roosevelt das Radio, Kennedy das Fernsehen und Donald Trump Twitter.

Und was hat das mit Storymachine zu tun?

Der Paradigmenwechsel durch Social Media war unser Startschuss zur Gründung: Jetzt sind mit den sozialen Medien die Werkzeuge da, dass jeder gleichberechtigt als Publisher an einem virtuellen Kiosk seine Zielgruppe selbst anspricht. Aber Vorsicht! Werkzeuge alleine helfen nicht. Kommunikation auf sozialen Medien ist genauso professionelles Handwerk wie Corporate Communications oder klassisches Marketing – unterscheidet sich aber von beidem.

Worum geht es bei Social Media?

Um faktisches Storytelling. Wer beherrscht das am besten? Journalisten – das haben sie schließlich gelernt. Und genau das war unser Ansatz zu sagen, wir gründen einen großen Newsroom mit Journalisten, aus dem heraus wir dann die Auftragskommunikation mit journalistischen Mitteln und Techniken gestalten.

Damit haben Sie ein neues Berufsfeld geschaffen: Social Ghost Poster, die im Namen der Kunden auf journalistischen Prinzipien basierend Geschichten erzählen. Was muss man mitbringen, um bei Storymachine anzufangen?

Ich muss Social Media intuitiv begriffen haben. Das Medium ist die Message. Sprich: wenn ich nicht von vornhinein in der Lage bin, die Kanäle mit allen ihren Funktionalitäten zu bedienen, bin ich in den Augen meines spezifischen Publikums nicht glaubwürdig. Also wenn jemand wie ich Instagram-Stories vor Veröffentlichung nicht zusammenschneidet, zeigt das, dass ich an dieser Stelle die Funktionalität nicht begriffen habe. Das finden meine Kinder verdammt uncool. Deswegen bin ich am liebsten dort zu Hause, wo ich zu Hause bin: Auf Twitter. Das ist von den Funktionalitäten für einen 56-Jährigen, der nicht aus der digitalen Welt kommt, gerade noch überschaubar. Und ich bin in der Lage, mir auch die neuen Funktionalitäten anzueignen.

Außerdem muss ich kreativ sein und alles mitbringen, was man von einem guten Journalisten erwartet. Ich muss die Leidenschaft fürs Geschichtenerzählen mitbringen. Eine sprachliche Begabung ist Pflicht, genauso wie eine gewisse visuelle Begabung.

Und was ist fehl am Platz?

Eitelkeit. Wir sind in der Dienstleistungsbranche. Uns geht es nicht darum, Preise zu gewinnen wie in klassischen Werbeagenturen. Wir sind nicht selbstreferentiell. Der Ghost Poster tritt immer hinter den Kunden zurück. Genau wie in der Politik: Wenn Angela Merkel eine großartige Rede in Harvard gehalten hat, erntet sie die Lorbeeren – nicht ihr Redenschreiber.

Ein Stück weit ist der Ghost Poster in der Rolle des Musikproduzenten. 85 Prozent kommen schon aus Madonna, aber die letzten 15 Prozent, die sie dann wirklich zu einem überragenden Star machen, das ist das, was ein guter Musikproduzent aus ihr herausholt. Mit ihr arbeitet. Und so sehe ich auch die Rolle des Ghost Posters: Er ist auf den Input des Partners angewiesen und sorgt dafür, dass Angela Merkel wie Angela Merkel klingt und nicht wie Gerhard Schröder oder Helmut Kohl. Dafür braucht er zunächst ganz viel von Angela Merkel. Das bringt das Authentische. Und dann ist es der Ghost Poster, der das verfeinert, veredelt und dafür sorgt, dass es einen entsprechenden Auftritt bekommt und eine entsprechende Wirkung erzielt.

Ich treffe aber bestimmt nicht nur auf Journalisten bei Storymachine?

Es gibt zwei Skill-Sets. Das eine ist die kreative Seite. Das andere ist das technologische Wissen. Anders als in der analogen Welt, in der ich als Journalist auf mein Bauchgefühl angewiesen war, kann ich in der digitalen Welt nahezu alles messen. Themenplanung funktioniert bei uns datenbasiert. Auch die Frage, wann wir welche Inhalte auf welchen Kanälen senden, entscheiden wir auf Grundlage von Daten. Und in der Krisenkommunikation helfen uns Daten ebenso: Ich muss nicht warten, bis 16 Millionen Deutsche das Rezo-Video gesehen haben, um darauf zu reagieren. Das erkennen wir deutlich früher – dank unserer Daten- und Technologie-Experten.

Menschen folgen Menschen, wollen Geschichten lesen, hören oder sehen. Heißt: Ich schaue mir eher an, was Joe Kaeser auf Twitter postet, als das, was der Siemens-Kanal von sich gibt. Was bedeutet das für Social Media Manager? Und: Was braucht ein Unternehmens-Profil, um auf Social erfolgreich zu sein?

Die Relevanz eines Social-Accounts hängt davon ab, ob man ihn personalisieren kann. Da muss nicht immer der CEO sprechen. Es gibt auch Unternehmen, da sind die Social-Stars ganz andere. In einem gut geführten Krankenhaus ist der spannende Teil auch nicht derjenige, der das Krankenhaus leitet, sondern der begnadete Unfall- oder Hirnchirurg. Also: Als Social Media Manager gilt es, zu identifizieren, wer die Botschafter sind oder sein sollten – egal, ob Unternehmen, Organisation, Partei, oder ähnliches. Welche funktionieren auf Social Media? Nicht jeder ist gleich gut geeignet – Botschafter müssen sich in ihrer Rolle wohl fühlen, sonst wirken sie nicht authentisch.

Wenn es gelingt, einem Thema auf Social Media ein Gesicht zu geben, ist das immer eine gute Voraussetzung, um erfolgreich zu sein. Das ist Teil unserer DNA: Es ist eine anthropologische Voraussetzung, dass Menschen sich für nichts so sehr interessieren wie für andere Menschen.

So funktioniert BILD.

Klar, das ist auch das Geheimnis der Berichterstattung über Prominente. Nur weil sich Menschen an anderen Menschen orientieren, um selber zu wissen, ob ich noch innerhalb der Gaußschen Verteilungskurve liege mit meinen Gefühlen, meinem Verhalten, meinen Gedanken. Wenn es bei Dieter Bohlen unterm Sofa wie bei Hempels aussieht, beruhigt mich das. Dann bin ich noch innerhalb der Gaußschen Verteilungskurve. Gerade in einer Zeit, in der wir in einer anonymisierten Massengesellschaft leben, in dem ich nicht mehr unmittelbar erlebe, was links und rechts von mir in meiner analogen Nachbarschaft passiert, orientiere ich mich an anderen Menschen.

Deswegen möchte ich wissen, wie mein Chef tickt, wie der Chef eines großen Unternehmens tickt. Ich möchte wissen „Was denkt er?", „Was tut er?", um mich an ihm zu orientieren? Deswegen ist meiner Meinung nach sichtbare Führung eines großen Unternehmens wahnsinnig wichtig, wenn ich als Unternehmen erfolgreich sein will. Ich war immer davon überzeugt und das ist meine Erfahrung bei BILD gewesen: Die letzten zehn Prozent, die dich als Unternehmen besser machen als deine Wettbewerber, bekommst du von einem Mitarbeiter nicht, weil du ja noch mehr Geld zahlst oder weil du ihnen irgendwelche fiktiven Positionen und Hierarchien anbietest, sondern weil sie an dich glauben, weil sie für dich durchs Feuer gehen und für dich diese extra zehn Prozent machen. Und wenn ich das hinbekomme, dann bin ich erfolgreich. Das geht nur mit sichtbarer Führung.

Auch ein Ergebnis daraus, dass jeder heute Publisher sein kann? Stichwort: Verbraucheröffentlichkeit und Feedback-Economy.

Absolut. Wir haben heute einen Bereich in der Kommunikation, der immer wichtiger wird. In der Vergangenheit haben wir immer nur auf B2B und B2C fokussiert – also auf Businees-to-Business- und Business-to-Consumer-Kommunikation. Was ich heute für wahnsinnig wichtig halte, ist die B2S-Kommunikation: Business to Society. Es gibt Geschäftsmodelle, die davon abhängig sind, dass sie eine gesellschaftliche Betriebserlaubnis bekommen. Diese gesellschaftliche Betriebserlaubnis kann einem bei falscher Kommunikation im Nu entzogen werden.

Beispiel?

Das haben die Energieversorger des Landes im Jahr 2011 erfahren müssen, als von heute auf morgen einfach mal das Thema Kernkraft beendet worden ist. Das erfahren zurzeit die Automobilhersteller der Republik, wo in den Vorstandsetagen von VW, Mercedes und BMW nicht mehr allein die Vorstände über die künftige Firmenpolitik entscheiden und darüber, welche Autos sie bauen. Die Politik entscheidet das als Ausdruck der gesellschaftlichen Willensbildung mit: dank CO_2-Grenzwerten, die eingehalten werden müssen. Wenn ich diese Kommunikation nicht konsequent führe, bekomme ich ein Problem.

Wir haben hier in Berlin seit Jahren eine Mietpreisbremse und es wird hier mit großer Leidenschaft inzwischen auch eine von den Linken betriebene Debatte geführt, ob die großen Wohnungsgesellschaften nicht enteignet werden müssten. Es ist ja nicht neu und das müssen die Linken auch tun. Wenn aber 56 Prozent der Bundesbürger eine hohe Sympathie für diese Forderung empfinden, müssten bei den Wohnungsgesellschaften alle Alarmglocken angehen. Achtung, hier haben wir möglicherweise einen notwendigen Dialog vernachlässigt, weil wir unser Geschäftsmodell nicht nachhaltig erklärt und begründet haben. Deswegen bin ich der Meinung, dass jedes Geschäftsmodell auch ein Gesicht haben muss, das authentisch und glaubwürdig in der Lage ist, zu erklären, was das Unternehmen tut und warum das Unternehmen einen gesellschaftlichen Nutzen hat.

Für Social Media Manager heißt das?

Dass ich zunächst einmal den Eintritt, um erfolgreich zu sein, immer mit einer Personalisierung verbinden würde. Deswegen kommunizieren Parteien ja auch in Wahlkämpfen nicht zuerst über das Logo und Programme, sondern über glaubwürdige Personen. Da muss ich, ob als CDU, als Mercedes oder als Henkel, auf meinem Unternehmens-Profil auch in der Lage sein, entsprechend Inhalte so attraktiv zu gestalten, dass sie auf eine Resonanz stoßen. Es kommt eine Sache hinzu: Die Social-Media-Plattformen sind keine Dienstleister, deren allererstes Interesse ist, irgendwelche Inhalte von Unternehmen zu transportieren. Social-Media-Plattformen sind am Ende Datensammel-Maschinen, die versuchen, den Nutzer so lang wie möglich in der Anwendung zu halten, um in dieser zur Verfügung stehenden Zeit so viel wie möglich zu erfahren, ihn analysieren zu können, seine Daten weiter verbessern zu können. Das geht nur mit attraktiven Inhalten. Deswegen schaut sich diese der Algorithmus jeder Plattform sehr genau an. Wie funktioniert der Inhalt? Und spiele ich den Inhalt demnächst öfters oder weniger oft aus? Wenn ich als Person oder als Unternehmens-Profil mit langweiligen Inhalten unterwegs bin, bin ich ganz schnell tot.

Es gibt DAX-Unternehmen auf Facebook, die haben 250.000 Follower, aber Reaktionen auf ihre Posts im ein-, maximal zweistelligen Bereich. Die haben sich algorithmisch an die Wand gespielt.

Content ist King.
Guter Social-Content ist entscheidend. Ein heute 20-Jähriger hört kein lineares Radio oder schaut kein Fernsehen mehr. Er käme auch nicht auf die Idee, Websites klassischer Medien gezielt anzusteuern. Er ist in einer Art und Weise aufgewachsen, dass ihm die Inhalte, die für ihn wichtig sind, in seinem Feed angezeigt werden – ob bei Snapchat, Twitter, Instagram, TikTok oder anderswo. Was ihm dort begegnet, ist relevant. Was ihm dort nicht begegnet, ist nicht relevant. Das ist ein ganz entscheidender Paradigmenwechsel. Diese Generation kommt nicht mehr auf den Gedanken, Inhalte zu suchen – und das in einer Zeit, in der der Fachkräftemangel das relevanteste Thema für die gesamte deutsche Wirtschaft ist. Das heißt: Wer nicht auf den Social-Kanälen seiner Zielgruppe unterwegs ist, findet schlichtweg in bestimmten Generationen gar nicht als möglicher zukünftiger Arbeitgeber statt.

Verkürzt ist erfolgreich, wer relevante Inhalte in den relevanten Kanälen zu den richtigen Zeiten veröffentlich – am besten personalisiert. Welche Plattform taugt für was am besten?
Facebook hat sich über die Jahre komplett verändert. Das ist nicht mehr der Feed meiner Freunde. Aber gleichzeitig bin ich in Gruppen drin, zu bestimmten Themen und in diesen Gruppen ist der Austausch immens und großartig. Und gleichzeitig kann ich auf Facebook so wunderbar targeten, also genau das Publikum ansprechen, das ich ansprechen will.

Bin ich im Bereich von HR unterwegs, ist LinkedIn nicht zu schlagen. Wenn es darum geht, dass ich Journalisten adressieren will, muss ich auf Twitter sein. Journalisten arbeiten heute unter einem anderen Zeitdruck, unter einem anderen ökonomischen Druck als früher. Das heißt, sie sind auch gezwungen, unter anderem auf Social Media Themen zu recherchieren, dort Themen zu finden. Früher habe ich einen Artikel am Tag geschrieben, heute bin ich fünf, sechs Mal gefordert. Und deswegen ist Twitter ein hervorragender Kanal, um Journalisten zu erreichen. Journalisten, die ungern auf Pressemitteilungen eines Konzerns zurückgreifen, weil sie damit auf PR reinfallen, oder die ungern das Interview des Kollegen in der FAZ oder im Handelsblatt zitieren, können den Social-CEO direkt zitieren, wenn er auf Twitter aktiv ist.

Employer Branding und HR ist für Instagram großartig. Wenn ich die Kultur eines Unternehmens spiegeln will oder Role Models darstellen will, ist Instagram wunderbar. Wir nennen es die Hochglanz-Illustrierte unter den Social-Plattformen. Dort ist die Bereitschaft, sich positiv für etwas zu begeistern, ganz anders ausgeprägt als beispielsweise auf der Streit-Plattform Twitter, wo es um den kurzen, harten Austausch geht und ich auch ein ganz anderes Publikum adressiere. Auf Twitter geht es darum, Meinungen zu teilen, Stellung zu beziehen.

Storymachine stelle ich mir als sehr diverses Team vor. Wie sieht der Tagesablauf aus?

Der entscheidende Unterschied zu klassischen Agenturen ist, dass wir auch in unserem Tagesablauf ein Stück weit Redaktionsalltag widerspiegeln und nicht aufgelöst sind in kleine Teams, die sich rund um Kunden gruppieren. Ich möchte die Intelligenz und die Kreativität des gesamten Teams nutzen – für jeden Kunden. Meine Erfahrung in der klassischen Redaktionskonferenz von BILD: Sie reden über die Seite 2, die Politik-Seite. Die politischen Redakteure zerbrechen sich die Köpfe, genauso wie die Strategen im Konrad-Adenauer-Haus. Der entscheidende Vorschlag für die beste Zeile kommt häufig aus einem ganz anderen Ressort – etwa von den Kollegen aus dem Sport. Sie stellen die unverbildete Frage, die der Leser draußen auf der Straße auch beantwortet wissen möchte. Dieses Prinzip nutzen wir auch bei Storymaschine – in Redaktionskonferenzen, wo wir die allgemeine Nachrichtenlage betrachten, um dann zu entscheiden: Welche Wellen sind für unsere Kunden relevant, welche nutzen wir, um auf ihnen zu surfen? Und welche sind so gefährlich, dass wir besser unten durchtauchen? Dabei nutzen wir die Kreativität des ganzen Teams.

Ihr Top-Tipp für Social Media Manager?

Setzen Sie sich genau mit den Zielen und der Zielgruppe des Social-Accounts auseinander, den Sie betreuen. Das ist für den Erfolg entscheidend. Wem folgt der Account? Allein damit setze ich schon einen ganz klaren Schwerpunkt und adressiere die ‚richtigen‘ Leute. Wenn Sie im Bereich der Polymeren unterwegs sind und Meinungsführer werden wollen, brauchen Sie keine 50.000 Follower, es reichen vermutlich um die 2000 – vorausgesetzt, es sind die Richtigen. Da gilt aus meiner Sicht: Weniger ist mehr.

Wie geht man als Social Media Manager mit der Verrohung der Sprache um?

Social Media ist nichts anderes als eine 24 Stunden andauernde Talkshow. Ich brauche nicht zu glauben, dass ich mein kontroverses Gegenüber überzeugen kann. Wenn bei Anne Will etwa Peter Altmaier und Robert Habeck sitzen, geht Robert Habeck am Ende der Sendung auch nicht zu Peter Altmaier, drückt ihm die Hand und sagt ‚Sie haben mich heute Abend überzeugt‘. Sie führen eine Debatte für das unentschlossene Publikum. Und zwar für die 90 Prozent, die zuschauen und nicht kommentieren oder selber keine eigenen Inhalte einstellen. Genauso ist es auf Social Media: Diese Gruppe will ich beeindrucken, überzeugen. Meine eigenen Anhänger muss ich nicht nochmal taufen, die sind schon katholisch. Die Gegner werde ich nicht überzeugen. Aber bei den 90 Prozent dazwischen kommt es auf meine Performance an. Wie glaubwürdig bin ich, wie höflich bin ich? Wie bin ich in meiner Sprache und erwarte oder entspreche ich dem, was diese 90 Prozent von einem vernünftigen Auftritt erwarten? Das heißt auch: sich nicht provozieren lassen, sondern so zu kommunizieren, wie man das unter Mitmenschen auch sonst tun würde.

Was raten Sie Unternehmen bei Krisen bzw. Shitstorms auf Social Media?

Der wichtigste Rat: Erkennen Sie die Krise frühzeitig! Das ist wie bei den sieben guten und sieben schlechten Jahren: Ich weiß, es kommen die sieben schlechten Jahre – und darauf muss ich vorbereitet sein. Bei Shitstorms weiß ist es etwas anderes – sie kommen nicht systematisch, lassen sich aber vorhersehen, wie beim Wetter-Radar auf dem Handy. Aktuell sitze ich in Berlin-Mitte, aber in Potsdam geht schon der Hagelschauer runter. Auch wenn hier noch die Sonne noch scheint, sehe ich auf dem Wetter-Radar, dass das schlechte Wetter kommt. Genauso kann ich heute einen Shitstorm vorhersehen. Wenn ich das tue, geht es ‚nur' noch darum, ihn rechtzeitig zu adressieren. Auf derselben Plattform, mit den passenden kommunikativen Mitteln. Wichtig ist, dass ich begreife, dass ich auf ein digitales Ereignis in der digitalen Welt digital antworten muss und nicht mit den Techniken und Technologien der analogen Welt – wie das im Fall Rezo zunächst war.

Dann gilt es noch schlicht und ergreifend: Don't feed the troll. Die Erregungswellen flachen heute unglaublich schnell wieder ab. Mehr pauschale Tipps für Shitstorms und Krisen sind schwer zu geben – es hängt alles sehr vom Einzelfall ab.

Was ist Ihre persönliche und geschäftliche Bilanz der ersten drei Jahre Storymaschine?

Ich hätte mir nie vorstellen können, dass das Unternehmen so schnell wächst. Am Anfang sind wir oft gefragt worden: „Wer braucht denn noch eine Social Media-Agentur?". Wir sind nach drei Jahren 93 Festangestellte und unsere größte Herausforderung ist nicht, neue Kunden zu gewinnen. Unsere größte Herausforderung ist, passende Talente zu finden: Leute, die hier ins Team passen und in der Lage sind, die an sie gestellten Anforderungen wirklich zu erfüllen.

Wie sieht Storymachine in fünf Jahren aus?

Im Silicon Valley habe ich gelernt, dass man keine Vorhersagen machen soll, vor allem keine, die die Zukunft betreffen. Und daran halte ich mich.

Social Media Studie

3

Wie Unternehmen ihre Social-Teams aufstellen, welche Firmenziele sie damit verbinden, mit welchen sozialen Netzwerken sie diese erreichen, wie sie sie messen und was die größte Social-Herausforderung ist? Das und noch viel mehr haben dem Autorenteam dieses Buches 102 Social Media Manager zwischen dem 01.12.2019 und 30.11.2020 in einer nicht-repräsentativen Umfrage verraten, die per XING akquiriert wurden. Die Fragen wurden von Stefan Rippler, Autor von Berufsziel Social Media, konzeptioniert und ausgewertet.

Teilgenommen haben Social-Media-ManagerInnen der unterschiedlichsten Unternehmen: Von Großkonzernen wie der Deutschen Bahn, Siemens oder Bertelsmann über Automobil-Hersteller wie BMW, Audi oder Daimler bis hin zu Stadtwerken, Volks- und Raiffeisenbanken, Sparkassen oder Verbänden. So sehen Social-Teams aus

Jedes zweite deutsche Unternehmen beschäftigt ein Social Media Team aus mehreren Mitarbeitenden. Nur noch rund 42 Prozent der Social-Media-ManagerInnen arbeiten allein. Im Vergleich: In der Studie von 2014 gaben noch rund 80 % der Befragten an, sich allein um die sozialen Netzwerke eines Unternehmens zu kümmern. Social Media Teams bleiben weiterhin klein: 70 Prozent der Teams bestehen aus maximal fünf Mitarbeitern.

Besteht das Social-Team aus mehr als einem Mitarbeiter, betreuen rund ein Viertel jeweils schwerpunktmäßig einen Social-Kanal oder teilen sich ihre Arbeit nach Kampagnenart auf. Jede/r sechste Social Media ManagerIn arbeitet mit unterschiedlichen Schwerpunkten auf allen sozialen Kanälen (CRM, Marktforschung, Marketing …) oder betreut unterschiedliche Länder/Regionen/Sprachen.

© Springer Fachmedien Wiesbaden GmbH, ein Teil von Springer Nature 2022   21
N. Lumma et al., *Berufsziel Social Media*,
https://doi.org/10.1007/978-3-658-38256-8_3

42 Prozent der befragten Social-Media-ManagerInnen können eine ab-
geschlossene Social-Media-Aus- oder Weiterbildung vorweisen. Knapp ein Drittel
der Social-Media-ManagerInnen geben an, dass ihr Unternehmen eine Social-
Media-Weiterbildung anbietet. Zum Vergleich: Im Vergleich zum Jahr 2017 ein
Rückgang um 8 Prozentpunkte, im Jahr 2014 bildete noch mehr als die Hälfte der
Unternehmen Mitarbeiter in Social Media-Fragen weiter.

3.1   Die Social-Missionen

Zwei von drei Social-Media-ManagerInnen treibt die Unternehmenskommunikation, jeder fünfte sieht sich als Enabler, der Mitarbeitenden anderer Bereiche
Kompetenz in Social-Themen vermittelt – denn Social Media wird als Disziplin
angesehen, die in Zukunft möglichst viele Mitarbeiter beherrschen sollten. Rund
6 Prozent gaben an, dass Social Media so etwas wie eine Stabsabteilung darstellt
(mit Projektmitarbeitern aus unterschiedlichsten Abteilungen). Nur vier Prozent
der Befragten sind im Kundenbeziehungsmanagement angesiedelt. Das organisa-
tionale Verständnis von Social Media spiegelt sich auch in den Social-Zielen der
Befragten wider:
PR und Marketing sind für 6 von 10 Social Media Managern am wichtigsten,
gefolgt von PR (15 %), Employer Branding (7 %) und Abverkauf (5 %).

3.2   Die wichtigsten Plattformen im Netz

Für mehr als die Hälfte der deutschen Unternehmen (54,9 %) zählt Facebook als
wichtigster Social Kanal, gefolgt von Instagram (22,5 %). LinkedIn liegt mit rund
11 Prozent auf Platz drei der wichtigsten Social Kanäle für Unternehmen. Das
Schlusslicht bilden unter anderem Twitter (2,9 %) und Xing (1,9 %), Youtube mit
weniger als einem Prozent. Überraschend, da rund jeder dritte der befragten Social-
Media-ManagerInnen Youtube nutzt.
Die Top 3 der meistgenutzten Social-Kanäle sind Facebook (97 %), Instagram
(93 %), Youtube (75 %). Über die Hälfte der Unternehmen nutzen LinkedIn
(58,8 %) und Xing (56.9 %) um neue Mitarbeiter und Geschäftspartner zu gewinnen. Darauf folgt Twitter (54,9 %) und Pinterest (40,2 %). 14 Teilnehmer geben
außerdem TikTok als wichtigste Social Plattform an. Den Messenger WhatsApp
nutzen 26,5 % der Unternehmen als Teil ihrer Marketingstrategie.

3.3   Das Social-Media-Toolkit

Die Erkenntnis, dass eine professionelle Betreuung der Kanäle ein Mindestmaß an Investition in professionelle Tools erfordert, herrscht bei den von uns befragten Unternehmen zu rund 85 Prozent vor. Dieser Anteil der Social-Media und Community ManagerInnen hat Zugriff auf mindestens ein Social-Media-Management und/oder -Monitoring Tool. Die Top-5 der eingesetzten Angebote sind Hootsuite (27 %), Fanpagekarma (15 %), Tweetdeck (9 %), Creator Studio (7 %) sowie Later (6 %).

3.4   Die 5 größten Social-Herausforderungen

Das Berufsbild des Social Media Managers etabliert sich. Trotzdem besteht Handlungsbedarf: Der stetige Wandel der sozialen Netzwerke erfordert agile Strategien. Das rasante Wachstum von Netzwerken wie Instagram und TikTok, neue Funktionen sowie abnehmende organische Sichtbarkeit zwingen Unternehmen dazu, bestehende Strukturen neu zu denken und zu optimieren.

1. Social by Design
Rund 60 Prozent der Teilnehmer geben an, dass Social Media einen wichtigen Stellenwert innerhalb des Unternehmens hat. Die Arbeit des Social Media Teams erfährt Wertschätzung von Vorgesetzen und Kollegen. Die Umfrage zeigt aber auch, dass etwa jede/r dritte der Social Media ManagerIn zwar bei Bedarf die Unterstützung ihrer Vorgesetzten erhalten, die Social-Media-Aktivitäten ansonsten aber eine untergeordnete Rolle im Unternehmen spielen. Sieben Teilnehmer geben an, dass Social Media eher nebenbei läuft. Das zeigt, dass Social-Media-ManagerInnen nach wie vor für die Integration von Social Media kämpfen müssen: Viele Unternehmen haben noch nicht begriffen, dass ein konstanter Dialog zum Kunden wichtig ist. Es geht um Interaktion und Kommunikation der Marke – auch über das Internet hinaus. Zeit für Social-Media-ManagerInnen, als vernetzte Botschafter die Silos aufzubrechen, über Abteilungsgrenzen hinweg zusammenzuarbeiten und Social by Design zu werden. Um aber das volle Potenzial von Social Media auszuschöpfen, muss jeder einzelne Mitarbeiter vom Nutzen der Netzwerke überzeugt sein, beginnend bei der Unternehmensleitung.

2. Agiles Social Media
Die größte Herausforderung für jeden zweiten Befragten: Agile Unternehmensstrukturen schaffen, um schneller auf aktuelle Entwicklungen in sozialen Netzwerken zu reagieren. Netzwerke wie Snapchat und TikTok erfordern neue Formate

und Kommunikationsstrategien. Die Aufgabe von Social-Media-ManagerInnen besteht darin, Trends frühzeitig aufzuspüren und diese gewinnbringend für das Unternehmen einzusetzen. Zudem müssen Unternehmen lernen, sich stetig neu an das Verhalten von Zielgruppen anzupassen – um potenzielle Kunden, zur richtigen Zeit am richtigen Ort zu erreichen.

3. Der Social ROI: Vertrauen schaffen

42,2 Prozent der befragten Social-Media-ManagerInnen sehen es als Herausforderung, das Vertrauen von Fans und Followern zu gewinnen. Zwischen der Flut an Informationen und Postings bekannter Influencer fällt es Unternehmen zunehmend schwer, authentisch zu bleiben. Für Branding, Image und Kundenbindung müssen Teams abteilungsübergreifend zusammenarbeiten – gerade in Zeiten nachlassender Markentreue und zunehmender Bedeutung von (Freundes-)Empfehlungen.

4. Storytelling is king – nicht nur auf Facebook

Das ist der Hintergrund der dritt- und viertgrößten Herausforderung im Social Media Marketing: Die Kreation von Content, der Zielgruppen begeistert (33,3 %), und glaubwürdig ist (8,8 %). Storytelling und Content Marketing bleibt weiterhin wichtig. In der Praxis: Unternehmen müssen Geschichten hinter Produkten und Marken erzählen, die nützlich sind und unterhalten. Die wichtigste Aufgabe von Social-Media-ManagerInnen ist es, ihre Community Tag für Tag zu begeistern – mit Inhalten, die zu den jeweiligen Netzwerken und zur Zielgruppe passen. Ob Instagram für Mehrwertinformationen zu eigenen Marken und Produkten, TikTok weil kurze Videosequenzen mehr erklären als tausend Worte oder Pinterest, weil etwa „Produkt-Hacks" sich darüber wunderbar teilen lassen, um nur einige Möglichkeiten zu nennen.

5. Der Wettkampf um Reichweite und Sichtbarkeit

Eine weitere Herausforderung besteht einerseits darin, das Potenzial neuer Plattformen rechtzeitig zu erkennen und gewinnbringend zu nutzen. Andererseits müssen Unternehmen sichtbar bleiben: 2020 reicht es nicht mehr, sich auf organisches Wachstum zu verlassen. Die schleichende Sättigung der Netzwerke und neue Algorithmen erschweren die Sichtbarkeit eigener Inhalte. Gleichzeitig steigt das Angebot an Inhalten stetig. Diese Voraussetzungen bedeuten steigendes Angebot/ Content bei gleichbleibender Nachfrage/Nutzung, was sich negativ auf den Share of Voice der eigenen Inhalte auswirkt. Laut 37 der befragten Social Media Manager brauchen Unternehmen mehr Knowhow im Social Advertising sowie neue Strategien, um für Fans und Follower weiterhin sichtbar zu bleiben.

Was ist wichtig für eine erfolgreiche Karriere? – Karriereexperten im Gespräch

4

Auch in der Social-Media-Welt haben klassische Erfolgsprinzipien ihre Relevanz. „Kompetenz, Leistungsmotivation und Persönlichkeit, auf diese Faktoren kommt es auch in digitalen, virtuellen Welten an", bringt es Karriere-Autor Jürgen Hesse von Hesse/Schrader auf den Punkt. „Wer sich im Web 2.0 nicht wirklich auskennt, nicht motiviert ist, auch außerhalb der offiziellen Arbeitszeit inhaltlich am Ball zu bleiben und beispielsweise nicht im Team an einem Strang ziehen kann, der wird es im Wettbewerb mit anderen Fachkräften sehr schwer haben", erklärt Jürgen Hesse.

Ganz praktisch gedacht: Wie macht man eigentlich Karriere im Bereich Social Media? „Trink vorher Kaffee mit Leuten, die schon fundiert in diesem Bereich tätig sind", rät Lars Hahn, der an der Social-Media-Ausbildung der IHK maßgeblich mitgestaltet hat. Es gilt, in einem solchen Gespräch zu erkunden, wie die Gesprächspartner an diese Position gekommen sind, auch welche Rahmenbedingungen, z. B. Gehalt oder Arbeitszeiten, ihre Arbeit prägen. Gerade im Bereich Social Media kann man einen solchen Kontakt sehr schnell und unkompliziert herstellen, etwa über die Lunch-Funktion der Business Community Xing, und sich damit auch gleich kompetent in diesen Welten beweisen. Man muss mit relevanten Leuten den Austausch suchen, um deren Erfahrungswelt für die eigene Karriere zu nutzen. Idealerweise sollten diese Kontakte aus drei Bereichen kommen: Einmal jemand, der im Agenturbereich tätig ist. Einmal jemand, der in

Die Zitate in diesem Kapitel entstammen Hintergrundgesprächen zwischen Branko Woischwill und den zitierten Personen mit deren freundlicher Genehmigung.

© Springer Fachmedien Wiesbaden GmbH, ein Teil von Springer Nature 2022
N. Lumma et al., *Berufsziel Social Media*,
https://doi.org/10.1007/978-3-658-38256-8_4

einem Unternehmen aktiv ist. Und einmal jemand, der selbstständig in der Branche unterwegs ist.

Kontakte, Kontakte, Kontakte – glücklich kann sich schätzen, wer über ein großes, interessantes Netzwerk verfügt. Wie bereits angesprochen, so sind Kontakte bei der Karriere in vielfacher Weise von Bedeutung. Sie helfen beim Informationsaustausch: Welche Themen sind gerade besonders wichtig? Auf welchen Zug sollte man lieber nicht aufspringen? Sie helfen als Türöffner: In welchen Firmen werden demnächst interessante Stellen ausgeschrieben? Und sie helfen im Idealfall auch als Unterstützer: Wie kann man welches Problem bestmöglich lösen? Gibt es für bestimmte Probleme vielleicht schon gute Lösungen?

Zum Karriere-Faktor Leistungsmotivation lässt sich sicherlich auch das Thema Weiterbildungen zählen, die im Bereich Social Media von ganz besonderer Wichtigkeit sind. Hiermit sind klassisch strukturierte Seminare und Workshops gemeint, aber auch das eigenständige Studium von Fachzeitschriften, die Auseinandersetzung mit erfolgreichen und erfolglosen Wettbewerberkampagnen, mit neuen Portalen oder erfolgreichen Case Studies sowie das intensive Studium relevanter Communities. Entscheidend ist darüber hinaus auch der Austausch mit interessanten Berufsvertretern und der innere Wunsch neue Portale, technische Entwicklungen aber auch Trends früh und im Detail zu verstehen. Mit dem Motto: „Wozu benötige ich das neue, angeblich hippe XY.com, wenn ich doch seit Jahren mit XZ.com gut arbeiten kann?", wird man auf Dauer eher den Anschluss an innovative Bewegungen verlieren.

Wichtig ist hierbei, dass neben den Social Media-Skills und gestalterischen Grundlagen, wie beispielsweise Fotografie, Bild- und Videobearbeitung, auch generelle, allgemeine Management-Skills – passend zu den beruflichen Zielen – trainiert bzw. optimiert werden. Eine erfolgreiche Karriere im Social Web ist stets auch mit dem kompetenten, allgemeinen Umgang im Berufsleben, z. B. beim Projektmanagement, bei Verhandlungen oder bei der Steuerung von Mitarbeitern verbunden.

„Bei der Auswahl von Weiterbildungen gilt es sich zu fragen: Was habe ich vorher gemacht und was will ich nachher machen?", sagt Lars Hahn. Auf dieser Grundlage ist das individuell passende Weiterbildungsangebot auszuwählen. „Eine gute Social Media-Weiterbildung knüpft an den vorhandenen Kenntnissen an, vermittelt aber auch gleichzeitig nochmals einen generellen Überblick, um von einer sicheren Basis zu starten", erklärt Hahn. Wobei dies auch von der beruflichen Ausrichtung abhängt. Community Manager müssen andere Schwerpunkte setzen, als Social Media Manager oder Social Media Consultants/Konzeptioners/Specialists.

Bei allem Engagement gilt es, auch den eigenen roten Faden nicht zu verlieren, erklärt Jürgen Hesse: „Konzentration ist wichtiger als Verzettelung." Gerade in der

Social-Media-Welt ist die Verlockung groß, überall unterwegs zu sein, unzählige Kontakte zu haben und sich auf allen Plattformen zu präsentieren; dort auch aktiv zu sein. „Wer überall nur ein wenig präsent ist, der kann an keiner Stelle Vollgas geben und das wird sich auf die Karriere auswirken", warnt Hesse.

Des Weiteren ist es auch wichtig, die eigene Karriere strategisch, mittel- und langfristig zu planen. Wie auch sonst in der Arbeitswelt sollte man sich weiterentwickeln, sowohl fachlich als auch vom Verantwortungsbereich her. Wer immer nur an einem Platz verbleibt und sich nicht weiterentwickelt, der wird auch kaum Karriere machen.

Jürgen Hesse rät eine zielorientierte Karrierestrategie zu erstellen und engagiert zu verfolgen. „Konzentrieren Sie Ihre beruflichen Ziele auf Ihre wichtigsten Kompetenzen, zeigen Sie sich durch einen roten Faden im Lebenslauf als dauerhaft leistungsmotiviert und im Austausch mit Kollegen, Vorgesetzen sowie natürlich Usern als sympathisch, kommunikative Persönlichkeit", fasst es Jürgen Hesse zusammen. „Vorzeigbare Erfolge in der Vergangenheit, bedeutsame Projekte in der Gegenwart, interessante Pläne für die Zukunft – diese Aspekte der beruflichen Entwicklung beeinflussen unser Denken und Handeln. Wer schon immer ein guter Netzwerker war, in diesem Bereich aktuell aktiv ist und hierin auch seine berufliche Zukunft sieht, der wird fast automatisch Karrierechancen in diesem Bereich finden und nutzen", erklärt Hesse. In diesem Sinne wird man dann auch berufliche Weiterbildungen auswählen, Rückschläge besser verkraften und auch eigenes Vertrauen in die eigene Karriere haben, dass sich dann im Idealfall auf andere überträgt.

Karriere-Expertin Svenja Hofert ergänzt: „Man muss ständig auf dem Laufenden bleiben und vor allem den strategischen Gedanken wirklich verinnerlicht haben. Das eigene Profil muss zielgerichtet aufgebaut werden, um zum richtigen Zeitpunkt damit die passenden Leute auf sich aufmerksam zu machen und dann den nächsten Karriere-Schritt, zum Beispiel zu einer Führungsposition, einzuleiten."

Ein für die Karriere zeitlos wichtiger Soft Skill ist die Kommunikationsfähigkeit. Das Social Web besteht aus vielfältiger, ständiger Kommunikation und Interaktion. Wer jedoch generell kein guter Kommunikator ist, der wird es schwer haben in diesem Bereich Karriere zu machen. Zuhören können, Argumentationen, offline und online, zu verstehen, eigene Botschaften zielgerichtet und verständlich zu vermitteln – all dies prägt die eigenen kommunikativen Fähigkeiten und ist im Arbeitsalltag unglaublich wichtig.

Shitstorm-Belastbarkeit hat auch etwas mit kommunikativen Kompetenzen zu tun und ist ohne Zweifel ein wichtiger Karriere-Faktor: Wie gut kommt man mit geballter, negativer Kritik zurecht? Hier gilt es Methoden und Taktiken zu entwickeln, die gleichzeitig auch immer wieder individuell angepasst werden müssen.

Als Oberbegriffe schwingen hierbei die Themen Transparenz und Fehler mit. Wie geht man mit Transparenz um? Will man sie wirklich? Und wie werden Fehler verarbeitet? Kann man tatsächlich daraus lernen? Die echte, empathisch orientierte Auseinandersetzung mit Feedbacks, gepaart mit einer gewissen Stress-Resistenz, sind wichtige Aspekte, die die eigene Karriere beeinflussen.

Wenn wir über Karriere reden, so soll auch das Thema Geld nicht unbeachtet bleiben: Gehaltsfragen werden oft mit dem Thema Karriere verbunden. Wichtig ist für sich selbst zu klären, ob man ein Angestelltenverhältnis anstrebt, also ein regelmäßiges, halbwegs sicheres Einkommen bevorzugt, oder als Einzelkämpfer den Schritt in die chancenreiche, jedoch auch riskante Selbstständigkeit wagt. Konkret wird zum Beispiel in Mediaagenturen, die sich u. a. auch auf Social Media spezialisiert haben, in der Regel mit größeren Budgets gearbeitet. Gleichzeitig sind die Verdienstmöglichkeiten hier stabil gesichert und insgesamt auch auf einem vernünftigen Level. „Die Range bei den Verdienstmöglichkeiten ist tatsächlich sehr groß. Vom hippen digitalen Prekariat, bis zu den wenigen Stars der Szene, die mit sechsstelligen Jahresgehältern unterwegs sind, ist im Prinzip alles möglich", fasst es Lars Hahn zusammen.

Gerade als Freiberufler muss man sich auf schwankende Einkommenssituationen von Jahr zu Jahr einstellen. Manche werden sich anfangs noch euphorisch fragen: Wozu brauche ich ein Büro, wenn ich in der Cloud arbeiten kann? Hinzu kommen ein bis zwei Smartphones sowie schicke Notebooks mit Internet-Stick – fertig ist der Social Media Experte, der sich vielleicht auch hinsichtlich Work-Life-Balance sowie in finanzieller Hinsicht ein Stück weit selbst ausbeutet. Einkommensunsicherheiten sind also beim Karriereweg Selbstständigkeit an der Tagesordnung, weshalb vielleicht auch ein Mix-Modell aus fester Teilzeitstelle und Selbstständigkeit eine interessante Option sein kann, um gewisse Sicherheiten im Alltag zu erlangen. Neben den genannten Risiken ist die Perspektive der beruflichen Selbstständigkeit auch mit einer sehr hohen individuellen Selbstverwirklichung verbunden. Wer also seine Karriere plant, sollte in Ruhe abwägen und eigene Prioritäten setzen.

Insgesamt folgt die Erkenntnis, dass die Social-Media-Welt viele Karrierechancen allein aus technischer Perspektive bietet. Die Kunst ist jedoch auch andere Skills bzw. Kompetenzen zu entwickeln, zu optimieren, um rundum ein Profil im Arbeitsmarkt anbieten zu können, mit dem man die komplexen Herausforderungen dieses vielseitigen Aufgabenfeldes erfolgreich bearbeiten kann. Es gilt die Balance zwischen Theorie (z. B. Weiterbildungen) sowie Praxis (z. B. neuen Entwicklungen) zu halten. Karriere fängt hierbei immer erst im eigenen Kopf an, geht über innovative Ideen hin zu wirklich passgenauen Projektrealisierungen, die zu Erfolgen führen und relevante Persönlichkeiten, z. B. direkte Vorgesetzte, Chefs anderer Firmen oder lukrative Auftraggeber, nachhaltig beeindrucken.

Expertengespräch mit Mirko Kaminski: „Wir halten nichts von Social-Media-Ausbildung."

Mirko Kaminski (Jahrgang 1971) ist Gründer und Chef der Kommunikationsagentur „achtung!", unter anderem Sprachrohr für Kunden, wie die Deutsche Bahn, Nestlé, Jaguar oder Axe. Im Gespräch mit uns verrät der studierte Politikwissenschaftler und Ex-Journalist, warum Social Media heute in den PR nicht mehr wegzudenken ist und warum er nichts von Social-Media-Ausbildungsgängen oder -Zertifikaten hält.

Fragen und Antworten

Sie sind CEO bei achtung!. Welche Rolle spielt das Thema Social Media in Ihrem Arbeitsalltag?

Eine sehr große. Zum einen gehört Social-Media-Kommunikation mittlerweile selbstverständlich zu jedem Kommunikationsprojekt, zu jeder Kampagne. Zum anderen sind Facebook & Co. wichtiger Bestandteil meiner eigenen Geschäftsführertätigkeit geworden. Ich zeige auf Facebook, Twitter, Xing und auch Pinterest meinen Arbeitsalltag und berichte über Geschehnisse in der Agentur. Und in meiner Videoreihe „Auf ein Wort vorm Regal" sage ich auf YouTube meine Meinung. Das heißt: Ich stelle mein iPhone ins Büroregal und mich davor. Dann spreche ich über Themen, die mich gerade bewegen. Das Video stelle ich dann ins Netz. Ich bekomme viel Resonanz darauf. Auch Bewerbungen. Und auch Unternehmen sind so auf uns aufmerksam geworden und heute unsere Kunden.

Wie sehen für Sie typische berufliche Aktivitäten im Social Web aus?

Ich weiß gar nicht, ob es da typische geben kann. Es hängt ganz vom eigenen Beruf und Job ab, wo und wie man im Social Web kommuniziert. Ein Ingenieur

© Springer Fachmedien Wiesbaden GmbH, ein Teil von Springer Nature 2022
N. Lumma et al., *Berufsziel Social Media*,
https://doi.org/10.1007/978-3-658-38256-8_5

ist vielleicht eher in B-to-B-Foren und auf LinkedIn unterwegs, der Produktmanager eines Musiklabels wiederum ganz woanders. Das Spannende an der Arbeit in einer Agentur ist, dass man so vielseitig agieren darf, wie es die Vielfalt
der Kunden mit sich bringt. Das lässt einen permanent dazulernen und selbst an
den schnellsten Entwicklungen teilhaben.

**Welche Herausforderungen im Social Web sind besonders interessant,
welche besonders schwierig?**

Für jemanden mit PR-Hintergrund ist vieles erst einmal vertraut – nur dass
es auf einmal sehr viel mehr Multiplikatoren als noch vor fünf oder sieben Jahren gibt. Und diese zahlreichen neuen Multiplikatoren üben zum Teil einen großen Einfluss auf kleinere Gruppen aus. Im Agenturalltag ist eine der großen
Herausforderungen, dass sehr viel mehr Alltägliches transparent wird, weil die
Mitarbeiter darüber berichten. Für uns ist das prima, denn wir denken, dass so
noch sichtbarer wird, dass wir eine klasse Agentur und ein prima Arbeitgeber
sind. Generell ist eine Konsequenz, dass es für die Öffentlichkeit sehr viel einfacher ist, Geschichten nachzurecherchieren, die von Agenturen und Unternehmen erzählt werden. Besonders spannend ist, dass wir Social Media nutzen
können, um Geschichten zu beschleunigen – eigene und die unserer Kunden.

**Welcher Ausbildungshintergrund, welche Qualifikationen sind für eine
beruflich kompetente Beschäftigung mit dem Thema Social Media wichtig?**

Wir glauben hier bei achtung! nicht an Social-Media-Zertifikate oder Ähnliches. Wir halten eine gute – vielleicht akademische – Ausbildung für wichtig.
Der Betreffende sollte nicht nur in Social Media ausgebildet sein. Da muss
mehr sein. Wichtig sind außerdem die eigene Erfahrung in Social Media und
solide Erfahrung in der professionellen Kommunikation über Social Media hinaus. Das sind eigentlich die wichtigsten Qualifikationen. In unserem mehrfach
ausgezeichneten Social-Media-Team hat keiner eine besondere Zusatzausbil-
dung rund um Social Media. Diese Qualifikationsangebote sprießen zwar gerade aus dem Boden. Aber oft wird da nur das Instrumentelle gelehrt. Und nur
weil jemand weiß, wie ein Motor funktioniert, ist er noch lange kein guter Au-
tofahrer.

**Welche Anforderungen sind vielleicht besonders wichtig und können
gleichzeitig eher weniger gut angelernt, antrainiert oder im Rahmen einer
Aus- oder Weiterbildung erlangt werden?**

Stressresistenz ist sehr wichtig. Und vielleicht ist sie eher vom Typ abhängig, als dass sie trainiert werden kann. Im Social Web können sich Geschichten
rasant entwickeln. Und sie können explosionsartig eskalieren. Ob und wie jemand mit diesem enorm hohen Tempo umgehen kann, könnte sich zu einer
Schlüsselqualifikation entwickeln.

Auf welche Soft Skills kommt es an?

Vor allem auf Kreativität und Empathie kommt es an. Ohne eines oder gar beides kann niemand in Social Media wirklich gut sein. So ist jedenfalls meine Erfahrung.

Wie sollte man sich weiterbilden, um im Bereich Social Media fit zu bleiben?

Wer wach ist, selbst überdurchschnittlich aktiv ist im Social Web, neugierig bleibt und aktuelle Diskussionen verfolgt, zeigt die besten Voraussetzungen, in Sachen Social Media fit zu bleiben.

Wie werden sich die Jobs bzw. die Aufgabenstellungen im Bereich Social Media vielleicht in der Zukunft verändern? Wird man noch extra Fachkräfte hierfür benötigen oder werden Social Media-Kompetenzen vielleicht zum Standard-Profil von Mitarbeitern gehören?

Beides. Ohne Social-Media-Kompetenz wird in der Zukunft niemand mehr in der Kommunikation arbeiten können. Aber für Spezialaufgaben wird es mehr und mehr Spezialisten geben, zum Beispiel für Mediaplanung auf Facebook, für Mikrozielgruppenansprache, für Community-Management oder für Content Marketing. Und diese Spezialisten werden eng mit den Generalisten zusammenarbeiten.

Was raten Sie Social Media-Nachwuchs für den erfolgreichen Berufseinstieg? Wie sollte man sich zum Beispiel bewerben? Wie findet man gute Jobangebote?

Ich glaube, die Köpfe, über die wir hier sprechen, müssen sich immer weniger oder schon jetzt gar nicht mehr bewerben. Die meisten der Köpfe, die wir bei achtung! in letzter Zeit eingestellt haben, sind unserem Team zuvor im Social Web aufgefallen. Wir haben sie dann angesprochen.

Was ist wichtig für eine erfolgreiche berufliche Karriere im Social Web?

Die Freude an der Arbeit mit Menschen, Stressresistenz, ein sehr gutes Sprachgefühl und ästhetisches Empfinden und sehr viel Empathie, vor allem, um Reaktionen zu antizipieren. Und eine solide Ausbildung in einem anderen Bereich.

Wie mache ich den Social-Media-Berufseinstieg zum Erfolg?

Der Berufseinstieg wird dann gelingen, wenn man realisiert, dass Social Media stark interdisziplinär geprägt ist. Hier gilt es nicht nur medienkompetent die neuesten, besten sozialen Netzwerke oder die Stärken und Schwächen der unterschiedlichen Kanäle zu kennen, sondern auch in der Zusammenarbeit mit Marketing, Werbung und PR zu glänzen. Das ist der entscheidende Punkt: Technikkompetenz allein ist zu wenig. Das viel zitierte „Think Outside the Box" ist hierbei sehr hilfreich. Ein Beispiel: Es geht nicht nur darum, wie erfolgreich man innerhalb einer Community Meinungen bzw. Debatten beeinflussen kann, sondern auch um das Reporting an andere Abteilungen, den Austausch mit diesen und die fruchtbare Zusammenarbeit, um die Community für Firmenziele zu nutzen.

Der erfolgreiche Berufseinstieg in die Social Media-Arbeitswelt beginnt im Idealfall schon längere Zeit vor den ersten Tagen im Job, ja vor der Jobsuche. Hierzu gehört die intensive Beschäftigung mit beruflich relevanten Aufgabenstellungen, die Auseinandersetzung mit interessanten Arbeitgebern und auch die Integration in passende Netzwerke. Mit dieser Vorarbeit wird man quasi fast automatisch den richtigen Weg zu innovativen Projekten und guten Jobangeboten finden, um dann den Arbeitgeber im Vorstellungsgespräch sowie in der Probezeit von sich überzeugen können.

Wie kann das konkret am Beispiel aussehen? Philipp Horn (32) twittert für sein Leben gern. Diese Internet-Kurznachrichten sind seine Welt. Natürlich hat er einen eigenen Twitter-Account und er verfolgt wie seine Freunde, Bekannten, aber auch

---

Die Zitate in diesem Kapitel entstammen Hintergrundgesprächen zwischen Branko Woischwill und den zitierten Personen mit deren freundlicher Genehmigung.

© Springer Fachmedien Wiesbaden GmbH, ein Teil von Springer Nature 2022
N. Lumma et al., *Berufsziel Social Media*,
https://doi.org/10.1007/978-3-658-38256-8_6

Promis, Agenturen, Medien sowie Marken sich mit maximal 140 Zeichen erfolgreich darstellen. Auch hat er einen fundierten Überblick zu aktueller Twitter-Software; wird hierzu auch von anderen um Rat gefragt. Per Smartphone und Tablet-PC behält er mobil den Überblick zu aktuellen Nachrichten und Debatten. Durch eigene Tweets und die generell investierte Zeit bekommt er schrittweise ein Bauchgefühl für Nachrichten, die dann von vielen anderen Twitter-Usern weiter verteilt werden. Er erkennt die Erfolgsprinzipien von viral gut laufenden Kampagnen und tauscht sich hierüber auch mit anderen Twitter-Usern aus.

Philipp interessiert sich nicht nur für die Nachrichten, sondern die Macher der Nachrichten, besonders von gut platzierten Tweets. Und so sammelt er Insiderwissen über die großen Agenturen oder manchmal auch namenlosen Assistenten im Hintergrund von professionell gepflegten Twitter-Profilen. Mit einigen ist er sogar in Kontakt, teilweise sogar häufiger und erfährt auf diesem Wege exklusiv von einer baldigen Stellenausschreibung für einen Social Media-Profi mit Twitter-Spezialisierung bzw. Twitter als hauptsächliches Aufgabengebiet …

Karriere-Expertin Svenja Hofert konkretisiert das Thema eReputation bei einer beruflichen Ausrichtung im Social Web Bereich Kommunikation/PR: „Idealerweise sollte man sich bereits einen Namen im Netz erarbeitet haben, also über einen vorzeigbaren Klout-Score verfügen. Werte über 50–60 sind ein eindrucksvoller Beleg der eigenen digitalen Aktivitäten, Kompetenz und Netzwerke." Die Klout-Score ist eine Punktzahl auf einer Skala zwischen 0 und 100 und soll ein Indikator für die eigene Online-Reputation sein. Dazu werden unter anderem die Facebook-Freundeszahl, die Aktivitäten und Anzahl der Weiterempfehlungen in unterschiedlichen sozialen Netzwerken ausgewertet. Je weniger Aktivitäten und Interaktionen, desto geringer fällt der Klout-Score aus.

Neben der Social-Kompetenz kommen Kenntnisse strategischer Markenkommunikation sowie Agentur-Erfahrungen hinzu, um dann als Junior Berater oder Trainee einen Berufseinstieg zu finden. Bei einer eher technischen Berufsperspektive sind Arbeitsproben in Form von konkreten Projekten, realisierten Aufträgen oder relevanten Praktika von besonderer Bedeutung. „Und wer Analyst werden will, der sollte über gute Kenntnisse statistischer Auswertungen verfügen; sich mit den Themen Usability, SEO sowie Online-Marketing auskennen", fasst Svenja Hofert es zusammen.

Ein anderer, wichtiger Punkt beim erfolgreichen Berufseinstieg ist die Fachkompetenz, die man außerhalb der Social Media-Welt bereits erworben haben sollte. Wenn man sich beispielsweise super gut in Chemie auskennt und über relevantes Branchenwissen verfügt, so eröffnen sich mit einer zusätzlichen Social Media-Kompetenz beispielsweise Berufseinstiege in der Chemie- oder Pharma-Branche. Dort spricht man deren Sprache, kennt die relevanten Themen, kann sich

schnell an den Zielen orientieren und stellt somit eine wertvolle, begehrte Arbeits-
kraft dar. Wenn man nun jedoch über einen sehr breit gefächerten Kompetenz-
hintergrund verfügt, wie zum Beispiel Geisteswissenschaftler und gleichzeitig
Praktika in verschiedenen Bereichen absolviert hat, so wäre mit der Zusatz-
kompetenz Social Media ein Berufseinstieg bei einem Auftraggeber denkbar, der
ebenfalls sehr vielfältige Themen bedient, weshalb dann ein sehr gutes Allgemeinwissen sowie eine sichere Basis bei gesellschaftlich, wirtschaftlich und politischen
Themen eine gute Voraussetzung darstellt – etwa in einer Redaktion eines
Medienhauses.

Für Karriere-Berater Jürgen Hesse von Hesse/Schrader ist der erfolgreiche
Berufseinstieg generell ein schrittweises Integrationsprojekt: „Es gilt die eigenen
Stärken genau zu kennen und gleichzeitig von erfolgreichen, von wirklichen Profis
zu lernen, zuhören zu können, aber auch eigene Ziele kurz-, mittel- und langfristig
zu verfolgen, den Markt zu beobachten und sich auch an ändernde Markt-
bedingungen anzupassen."

Expertengespräch mit Andreas Maurer: Social Media ist wichtig im Marketing-Mix

Andreas Maurer (Jahrgang 1969) ist seit Mai 2018 Head of Public Relations bei 1&1 IONOS. Im Interview spricht er darüber, warum für 1&1 Social Media so wichtig ist und was man als Social Media Manager mitbringen muss, um erfolgreich zu sein.

Fragen und Antworten

Was ist Ihre Aufgabe bei 1und1 und wie sind Sie zu dieser Position gekommen?

Ich leite das Team Social Media Communications in der 1&1 Pressestelle, dass ich Ende 2009 aufgebaut habe. Vorher war ich für die klassische PR in unserem deutschen Webhosting-Geschäft zuständig. Schon als Pressesprecher habe ich mich mit Social Media beschäftigt und so auch, ganz ohne Arbeitsauftrag, den ersten Twitter-Account von 1&1 gestartet. Sehr viele Kontakte in die deutsche Blogospäre haben wir außerdem 2008 während der Diskussion um die Netzsperren – Stichwort „Zensursula" – geknüpft.

Bereits seit 2009 gibt es ein Social-Media-Team bei 1und1. Damit waren Sie recht früh am Start – wie die meisten Internet- oder Telekommunikationsfirmen. Wie startete damals die Social Media Truppe und wie lebt heute die sozialen Netzwerke?

Der Anstoß für unsere Social-Media-Aktivitäten kam aus den USA, wo es einige Blogartikel von enttäuschten Ex-Kunden auf vordere Ränge bei Google geschafft haben. Einige amerikanische Agenturen haben uns eine defensive Strategie mit dem Schwerpunkt auf SEO-Maßnahmen vorgeschlagen, aber letztlich haben wir uns für einen offensiven und vor allem aktiven Ansatz entschieden – für den Dialog mit unseren Kunden und der Netzgemeinde, und für die aktive Kommunikation unserer eigenen Stärken.

Parallel zum Start unserer Social-Media-Aktivitäten ist unsere große Service-Kampagne mit Marcell D'Avis, dem Leiter Kundenzufriedenheit bei 1&1, gestartet. Die Begleitung dieser Service- und Werbekampagne über die neuen Social-Media-Kanäle war dann unser Lackmus-Test.

Auf der Facebookseite von 1und1 häufen sich Kundenanfragen (Wünsche, Beschwerden und Co). Wie gehen Sie damit um? Wie schnell reagieren Sie dort in der Regel? Wie viele Personen kümmern sich um all die Anfragen?

© Springer Fachmedien Wiesbaden GmbH, ein Teil von Springer Nature 2022
N. Lumma et al., *Berufsziel Social Media*,
https://doi.org/10.1007/978-3-658-38256-8_7

Die 1&1 Facebook-Seite ist, ebenso wie unser Blog, parallel zur Kundenzufriedenheitskampagne gestartet. Entsprechend haben wir gerade zu Beginn natürlich auch viele Beschwerden erhalten. Wir haben Facebook, Twitter oder unser Blog zwar nie als Servicekanal angelegt oder beworben, dennoch bemühen wir uns, Kundenanfragen schnellstmöglich zu beantworten. Wie lange es dauert, bis ein individuelles Problem abschließend gelöst ist, hängt natürlich immer vom jeweiligen Fall ab.

Im Social-Media-Team sind wir derzeit vier feste Mitarbeiter, künftig werden uns aber zusätzlich einige Kollegen aus dem Kundenservice direkt auf Facebook und Twitter unterstützen – Mitarbeiter, die schon heute als „Backoffice" für uns tätig sind.

Gibt es Social Media Guidelines für 1und1-Mitarbeiter und wie sehen diese aus?

Wir haben im April 2010 – also relativ früh – Social Media Guidelines verabschiedet und diese dann auch in unserem Blog veröffentlicht. Die meisten unserer über 5000 Mitarbeiter nutzen privat diverse Social-Media-Plattformen. Oft gibt es aber auch bei privaten Äußerungen im Netz Berührungspunkte zum Job – hier versuchen wir, den Kollegen nützliche Hinweise zu geben, wie sie einige Stolpersteine vermeiden können.

Wichtige Elemente sind etwa das Transparenzgebot, die Berücksichtigung von Firmengeheimnissen, Beachtung des Urheberrechts und die Einhaltung der Netiquette – überwiegend Punkte, die eigentlich selbstverständlich sein sollen.

Zu welchen Zwecken nutzen Sie Social Media und was war Ihr erfolgreichster „Coup" im Social Web?

Im Vordergrund unserer Aktivitäten stand und steht die Verbesserung unserer Online-Reputation und des Markenimage. Dazu gehört aktive Kommunikation ebenso wie ein möglichst guter Kundenservice – nicht nur im Web 2.0, sondern auch auf den klassischen Kontaktwegen. Denn nur den Kunden zu helfen, die sich auf Facebook & Co. besonders „laut" äußern, erhöht nicht die allgemeine Kundenzufriedenheit.

Natürlich begleiten wir auch Marketing- und Produkt-Kampagnen über unsere Social-Media-Kanäle, allerdings sehe die Rolle von Social Media hier wirklich nur unterstützend. Die Leute gehen schließlich nicht auf Facebook, um dort einzukaufen, sondern weil sie sich mit ihren Freunden unterhalten möchten.

Ein „Coup" waren sicher unsere Blogger-Treffen mit Marcell D'Avis Anfang 2010. Viele Menschen waren der Überzeugung, dass Marcell ein Schauspieler sei. Wir haben dann die heftigsten Kritiker und Zweifler im Netz gesucht und zu uns in die Firmenzentrale eingeladen. Das Ergebnis waren zahlreiche Blogbeiträge, die uns Respekt gezollt haben.

Suchen Sie derzeit Verstärkung in Ihrem Team? Was müsste man mitbringen, um Social Media Manager bei 1und1 zu werden?

Hier empfehle ich zunächst einen Blick auf jobs.1und1.de, wo immer unsere aktuellen Stellenangebote zu finden sind. Übrigens twittert unsere Personalabteilung auch Job-Angebote – unter @1und1jobs.

Die klassische Ausbildung für den Social Media Manager gibt es auch heute noch nicht. Ich kann mir in dieser Funktion PR-Leute ebenso vorstellen wie erfahrene Servicemitarbeiter oder Marketing-Experten. Wichtig ist vor allem ein echtes Interesse an Social Media – auch privat -, Offenheit gegenüber anderen und ein gutes Sprachgefühl. Darüber hinaus gibt es sicher viele Spezialkenntnisse, die hilfreich sein können – etwa Video- und Bildbearbeitung, HTML-Programmierung oder Fachwissen in einem bestimmten Bereich. Und manchmal kann auch ein dickes Fell nicht schaden.

Arbeitsmarkt: Social-Media-Experten dringend gesucht

8

Wer bei Jobbörsen wie stepstone.de, monster.de oder jobscout24.de nach „Social Media"-Stellen sucht, findet mehrere Tausend Treffer. Großkonzerne wie die Deutsche Telekom, Bosch, Siemens oder der Baumarkt-Riese Obi suchen genauso wie PR- bzw. Online-Marketing-Agenturen und Startups. Die Deutsche Bahn hat beispielsweise allein für die Texte vom Twitter-Account für Personenverkehrs-Themen 12 Leute beschäftigt. Nur für die Ausführung, nur für Twitter und auch nur für Personenverkehrs-Themen.

Jedes zehnte deutsche Unternehmen beschäftigt bereits Mitarbeiter, die sich gezielt um die Firmen-Aktivitäten im Social Web kümmern. Fast jedes zweite Unternehmen mit mehr als 50 Millionen Euro Jahresumsatz leistet sich schon eigene Social-Media-Experten oder plant, in den kommenden Monaten solche Stellen einzurichten. Das ergab eine Studie des High-Tech-Branchenverbands BIT-KOM. Vorreiter in den verschiedenen Branchen sind Internet- und Telekommunikationsunternehmen, dicht gefolgt vom produzierenden Gewerbe.

Aber auch Klein- und mittelständische Betriebe erkennen die Chancen von Social Media – denn gerade die sind es oftmals die Liebhaberstücke, innovative Gadgets für Nischenmärkte oder ähnliches über Mund-zu-Mund-Propaganda besonders gut verkaufen. Und genau dafür eignen sich die sozialen Netzwerke besonders gut. Doch obwohl Studien zufolge fast acht von zehn Mittelständlern die Social-Media-Kanäle nutzen, geben drei Viertel von ihnen an, dass sie noch nicht so genau wissen, an welchen Schrauben sie drehen sollen und wie genau Social Media Marketing am besten funktioniert.

Social-Media-Aktivitäten werden in Unternehmen immer häufiger von spezialisierten Teams übernommen. In mehr als einem Drittel (35 Prozent) der IT- und Telekommunikationsunternehmen sind solche Teams für die Kommunikation in

© Springer Fachmedien Wiesbaden GmbH, ein Teil von Springer Nature 2022   39
N. Lumma et al., *Berufsziel Social Media*,
https://doi.org/10.1007/978-3-658-38256-8_8

sozialen Netzwerken wie Facebook, Xing oder auf Kanälen wie Twitter zuständig. Im vergangen Jahr gab es erst in jedem vierten Unternehmen (24 Prozent) solche speziellen Einheiten. Verlagert wurde die Social-Media-Kommunikation dabei aus dem Marketing, der PR und Unternehmenskommunikation. Wurden 2013 noch in 47 Prozent der Unternehmen die Social-Media-Kanäle aus diesen Abteilungen betreut, so sind es jetzt nur noch 32 Prozent. „Social Media bekommt in den Unternehmen eine zunehmend größere Bedeutung und ist vielfach als Stabsstelle der Geschäftsführung unterstellt. Das bedeutet auch, dass die Kommunikation auf diesen Kanälen professioneller und intensiver betrieben wird", sagt BITKOM-Hauptgeschäftsführer Dr. Bernhard Rohleder. Die wachsende Bedeutung von Social Media für das Marketing zeigt sich auch daran, dass hierfür mehr Mittel zur Verfügung gestellt werden. Das wichtigste Thema für die Marketing-Verantwortlichen der ITK-Unternehmen ist derzeit der steigende Ressourcenbedarf für Social Media. Mehr als jedes zweite Unternehmen (54 Prozent) sieht sich vor dieser Herausforderung.

Das Marktforschungsinstitut Gartner prognostiziert den weltweiten Social-Media-Umsatz auf etwa 13 Milliarden Euro. Das sind bereits drei Prozent des weltweiten E-Commerce-Umsatzes – erwirtschaftet hauptsächlich durch Social-Gaming und Erlöse aus Produkt- bzw. Markenwerbung sowie Abonnements für digitale Produkte.

Laut einer Studie von Statista geben allein in Deutschland Unternehmen mehr als 1.5 Milliarden Euro im Jahr für Werbung in den sozialen Netzwerken aus, Tendenz steigend. Auch Pressestellen haben Social Media für sich entdeckt: Ungefähr ein Drittel der zweitausend vom Institut Faktenkontor und Newsaktuell befragten Pressestellen schüttet jährlich ein Budget zwischen 10.000 und 50.000 Euro ins Social Web. Damit sind die Social-Media-Kanäle an Platz 5 der größten Budgetfresser in Presseagenturen.

Wer also im Internet zuhause ist und mit den sozialen Netzwerken seine berufliche Bestimmung gefunden hat, am besten schon etwas Erfahrung im Marketing gesammelt hat und weiß, welche Chancen und Risiken der Job eines Social Media Managers mit sich bringt, der rennt bei vielen Firmen offene Türen ein. Oder anders formuliert: Kein Unternehmen wird künftig um Social Media herumkommen. Das Gute daran: Die heutigen Entscheider kennen Social Media oftmals nur vom Hörensagen, oder haben erste Gehversuche hinter sich, während die junge Generation mit Facebook aufsteht und ins Bett geht. Die besten Chancen also für Jobstarter in die Social-Media-Welt.

Expertengespräch mit Aaron Brückner: Fangt an!

9

Aaron Brückner ist deutscher Autor, promovierter Wirtschaftswissenschaftler und Social-Media-Berater. Er gibt uns einen Einblick in seine Beratungsgeheimnisse und verrät Karrieretipps.

Fragen und Antworten

Wie verlief Ihr Weg zum Social-Media-Profi, der nun auch andere Leute unterrichtet? Welche Stationen sind für Sie rückblickend besonders wichtig gewesen?

Da gab es einen entscheidenden Moment. 2016 begriff ich, wie ich Werbung machen kann, ohne dabei Werbung zu machen. Ich hatte zu dem Zeitpunkt mein letztes Buch geschrieben, mit dem ich Menschen dabei helfe, ihr Leben zu ihrem wichtigsten Projekt zu machen. Da der Verlag eine lange Vorlaufzeit hatte, entschied ich mich dazu, aus meinem Buch ein Seminar zu konzipieren: In drei Tagen zum CEO deines Lebens! Ich hatte alles vorbereitet: Die Location gebucht, das Seminar inhaltlich vorbereitet, Catering bestellt usw. – das Einzige, was gefehlt hat, waren die Kunden.

Ich musste mir eingestehen, dass mir die Vermarktung des Seminars über einen auf Werbeanzeigen basierenden Sales Funnel bis auf eine Ausnahme nicht gelungen ist. Das hat weh getan. Aber der Grund ist rückblickend ganz einfach: Egal, was wir machen, was wir verkaufen oder vermarkten wollen, wir sind alle austauschbar. Das Einzige, was uns von anderen unterscheidet, ist unsere Marke. Und der Begriff „Marke" ist nur ein anderes Wort für „Reputation".

Ich hatte eine gute Idee und bin ein erfahrener Workshop-Moderator, aber dennoch kannte mich zu dem Zeitpunkt niemand. Ich hatte keinerlei Reputation

N. Lumma et al., *Berufsziel Social Media*,
https://doi.org/10.1007/978-3-658-38256-8_9

bei der Durchführung eines Seminars zum Thema Persönlichkeitsentwicklung. Wie soll jemand mein Seminar buchen, wenn die Person gar nicht weiß, dass es mich und meine Idee gibt? Und wie soll bitte jemand über Werbeanzeigen Vertrauen zu mir aufbauen?

Obwohl ich Pfarrerssohn bin, wurde mir erst 2016 durch ein Buch des amerikanischen Unternehmers Gary Vaynerchuk ein uraltes biblisches Prinzip in Erinnerung gerufen: Geben ist seliger als Nehmen. Mit anderen Worten: „Content baut Beziehungen auf. Beziehungen bauen Vertrauen auf. Vertrauen treibt Umsatz voran." Das habe ich verinnerlicht. Deswegen ist es auch kein Wunder, was auf unserer Webseite steht: „Wir machen Werbung, ohne dabei Werbung zu machen."

Wem kann man das Berufsziel Social Media empfehlen? Ist das eine Herausforderung für jede/jeden? Gibt es gewisse individuelle Vorrausetzungen, die zwingend notwendig sind?

Nein, es muss sich nicht jeder mit Social Media beschäftigen. Aber wir leben nun einmal im 21. Jahrhundert und wenn ich heute potenzielle Kunden erreichen, Spenden sammeln, Wählerstimmen gewinnen, Mitarbeiter finden oder einfach für ein Thema bekannter werden möchte, dann ist das Smartphone der kürzeste Weg. Das kann man gut oder schlecht finden – Tatsache ist, dass wir jederzeit nur ein Fingertippen von unserem Ziel entfernt sind.

Die Blaupause eines „Social Media Profis" gibt es meines Erachtens nicht. Viel eher geht es hier um Selbsterkenntnis: Worin bin ich gut? Welche Art von Content liegt mir? Wer nur ungern vor einer Kamera steht, kann LinkedIn-Artikel oder Blog-Beiträge schreiben und diese mit Pinterest verknüpfen. Wer nur ungern schreibt, kann für YouTube, TikTok oder Instagram direkt in die Kamera sprechen. Wer nur ungern sein Gesicht zeigt, kann einen Podcast aufnehmen. Social Media ist so bunt wie das Leben.

Konkret gefragt: Welche persönlichen Stärken sind ratsam, um erfolgreich im Social Web zu sein?

Das kommt ganz auf das Thema und den Kanal an. Dennoch gibt es zwei Gedanken, die ich an dieser Stelle gerne betone:

Wertschätzung: Jeder fängt mit dem ersten Follower an. Wer nicht in der Lage ist, den ersten Follower genauso zu behandeln wie den 1000, der sollte seine Motive hinterfragen.

Ausdauer: Sich eine Marke auf Social Media aufzubauen, ist keine Kampagne, sondern erfordert Commitment. Wer nach 4 Wochen aufgibt, „weil Social Media für sie oder ihn nicht funktioniert", hat das Spiel nicht verstanden.

Beschreiben Sie kurz Ihr Social Media-Weiterbildungsangebot: Welche Inhalte stehen hier im Vordergrund? Worauf legen Sie Wert bei der Ausbildung?

Normalerweise arbeiten wir mit Unternehmen wie Henkel oder der Sparkasse Düsseldorf zusammen. Für viele Selbstständige sind wir aber zu teuer. Deswegen haben wir eine Lösung geschaffen und geben in unserer Social Attention School in 12 Wochen unser komplettes Knowhow aus kanalübergreifend über 800.000 Followern weiter.

In unseren Kleingruppen befinden sich aktuell immer 3 Personen, mit denen wir virtuell ihre Social-Media-Strategie erarbeiten. Dazu gehört u. a. eine individuelle Markenanalyse, die Definition der Top 3 Kanäle, das interaktive Entwickeln von relevanten Content-Formaten oder die effiziente Distribution von Content. Kurzum: Wir verkaufen Angeln und keine Fische – die Teilnehmer sollen Social Media nicht nur kennen, sondern am Ende können.

Besonders wenig Wert legen wir auf den Erfahrungshorizont – der ist nicht entscheidend. Dagegen legen wir besonders viel Wert auf die Bereitschaft, sich kritisch zu hinterfragen. Unsere Teilnehmer wissen schnell zu schätzen, dass wir ganz anders über Social Media denken, als sie erwartet haben, und unsere Einschätzung direkt und ehrlich mit ihnen teilen.

Welche Herausforderungen treten häufig innerhalb Ihrer Social Media-Beratung bzw. der Social Media-Unterstützung anderer Leute auf?

Zu dieser Frage könnte ich stundenlang referieren – ich konzentriere mich im Folgenden weniger auf unsere Unternehmenskunden, sondern auf die zentralen Herausforderungen unserer „School-Teilnehmer". Hier lassen sich zwei Schwerpunkte erkennen: Entweder sie machen zu viel oder zu wenig.

Die eine Gruppe nutzt schlichtweg das Potential nicht, das Social Media ihnen bietet. Die Gründe sind vielfältig und reichen von Vorurteilen „Ist das nicht unseriös, wenn ich als Paartherapeut auf YouTube über Sex spreche?" zu persönlichen Ängsten „Was ist, wenn sich niemand für mein Yoga-Video interessiert?". Diesen Menschen helfen wir bei der Effektivität, also die richtigen Dinge zu machen.

Obwohl die andere Gruppe sehr aktiv ist, nutzt sie das Potential ebenso wenig. In vielen Fällen wird der falsche Kanal bespielt – z. B. ist die Person auf Instagram aktiv, obwohl sich mit Blick auf Algorithmus, Thema und Zielgruppe ein anderer Kanal anbietet. In anderen Fällen fehlt das Verständnis von gutem Content und die Person wundert sich über das fehlende Engagement. Diesen Menschen helfen wir bei der Effizienz, also die Dinge, die sie machen, richtig zu machen.

Wenn man im Social Web erfolgreich ist, wie wirkt sich das auf das so genannte reale Leben aus? Stichwort Work-Life-Balance.

Die Dosis macht das Gift. Ich kann ja nur von mir sprechen und klar ist, dass ich viel Zeit auf Social Media verbringe. Aber sobald ich das Gefühl habe, dass es überhandnimmt, gebe ich nicht der „bösen Social-Media-Welt" die Schuld, sondern trage für mein Konsumverhalten die Verantwortung.

Wie wichtig ist eine professionelle technische Ausrüstung und was gehört in Ihrem Fall beispielsweise dazu?

Das hängt von vielen Faktoren ab. Es leuchtet sicherlich ein, dass es aus technischer Sicht ein großer Unterschied ist, ob ich eine neue Podcastfolge aufnehme, für unseren Kanal TikTok-Videos produziere oder Beiträge auf LinkedIn veröffentliche. Viele der Teilnehmer unserer Social Attention School starten mit der Erwartung, dass „das eine Tool" oder „die richtige Kamera" über ihren Erfolg entscheidet – dem ist nicht so. Viel wichtiger ist die Haltung, mit der ich auf Social Media aktiv bin.

Ein YouTube-Video mit etwas schlechterer Qualität aber viel Mehrwert wird besser funktionieren als das produzierte Hochglanz-Video, was nur plumpe Werbebotschaften beinhaltet. Es gibt unzählige Beispiele, wo einfach produzierte Inhalte viral gegangen sind – wenn ich Kinoqualität haben möchte, gehe ich ins Kino.

Welche Trends sind momentan im Social Web beobachtbar, z. B. Länge der Beiträge, Humor, Interaktivität, Feedbacks der User?

In den letzten drei Jahren kristallisieren sich drei Mega-Trends heraus:

1. Unser Internetkonsum wird mobiler.
2. Unser Content-Konsum wird video-lastiger.
3. Unsere Aufmerksamkeitsspanne ist gesunken.

Das sind die Gründe, weshalb eine Plattform wie TikTok so durch die Decke geht. TikTok besteht nur aus Videos, die Stand heute maximal 59 Sekunden lang sind und durch das Hochformat für die mobile Nutzung ideal geeignet sind. Aber keine Sorge, auch ein 3,5-stündiger Video-Podcast mit Joe Rogan und Elon Musk hat noch seine Berichtigung, denn so viel hat sich gar nicht verändert. Schon Aristoteles wusste, worauf es bei Social Media ankommt: „Eine gute Rede informiert, bewegt und unterhält." Das Medium mag sich ändern – aber nicht der Mensch. Wir wollen informiert, bewegt und unterhalten werden – die entscheidende Frage ist, wie ich das auf meine Marke, mein Thema und meine Branche übertragen kann.

Welche Rolle spielt Networking zu anderen Social Media-Profis, um selbst auch erfolgreich zu sein?

Es macht immer Sinn, von den Menschen zu lernen, die da sind, wo ich hinmöchte. Genauso hilfreich ist der Austausch unter Gleichgesinnten, um sich gegenseitig zu inspirieren, Kooperationen zu schließen oder auch mal in den Hintern zu treten. Ich empfinde das Networking aber alles andere als erfolgskritisch.

Welchen abschließenden Tipp möchten Sie noch zukünftigen Social Media-Profis mit auf den Weg geben?

Fangt an! Postet das erste Bild. Nehmt die erste Podcast-Folge auf. Schreibt den ersten LinkedIn-Beitrag. Bucht die erste Fortbildung. Veröffentlicht die erste Instagram-Story. Dreht das erste Video. Kauft das erste Mikro. Machen ist einfach die beste Medizin.

Ohne Moos nichts los: Wie viel verdienen Social-Media-Experten?

10

Was bleibt bei allem digitalen Zauber und virtuellen Likes am Ende des Tages für ganz reale Notwendigkeiten, wie z. B. Miete, Essen oder Urlaub übrig? Zwar wurden Berufsbilder wie das des Community- oder Social Media Managers von der Bitkom unlängst als etabliert bezeichnet, dennoch variieren Tätigkeiten im Bereich der sozialen Medien von Stellenausschreibung zu Stellenausschreibung. Gleiches gilt auch für das Gehalt. Die Datenlage über das, was Social-Media-Experten wie beispielsweise Social Media Manager im Durchschnitt verdienen, ist eher mau. Erfahrungswerte gibt es trotzdem – hier bei uns.

Den klassischen Ausbildungsweg zum Social Media Manager gibt es nicht, jedoch findet verstärkt eine Professionalisierung der Social-Media-Aus- und -Weiterbildung statt. So verzeichnet zum Beispiel das Weiterbildungsangebot der Social Media Akademie einen großen Zulauf – oder das Kompakt-Seminar der Deutschen Akademie für Public Relations, das optimal auf die Prüfung zum Social Media Manager bei der Prüfungs- und Zertifizierungsorganisation PZOK vorbereitet. Einen fundierten und ständig aktualisierten Überblick über die Aus- und Weiterbildungswege gibt es auf der Internetseite zum Buch unter www.berufsziel-socialmedia.de.

Ob Ausbildung oder Weiterbildung: Der Weg zum Job wirkt sich aufs Gehalt aus. Durch eine Weiterbildung können sich Angestellte aus fachverwandten Sparten auf Social Media spezialisieren und intern die Position eines Social Media Managers einnehmen. Durch den steigenden Bedarf an Social-Media-Experten wird die Nachfrage nach qualifizierten Fachkräften in den nächsten Jahren wohl noch weiter steigen. Da es jedoch keinen konkreten Studiengang oder Ausbildung gibt, ist es auch schwerer Prognosen in Bezug auf das Gehalt abzugeben. So macht es einen Unterschied, ob Angestellte innerhalb des Unternehmens in die Position des Social Media Managers wechseln oder neu eingestellt werden. Auch entscheidet die vorherige Ausbildung, ein Studium, die Erfahrung sowie die jeweilige Branche über das zukünftige Gehalt.

Das Portal Gehalt.de gibt als 42.800 Euro als Brutto-Jahresgehalt für Social Media Manager an, auf glassdoor.de liegt der Wert bei 44.000 Euro. Aufgrund der steigenden Nachfrage und der fortschreitenden Digitalisierung, von der auch die meisten Unternehmen betroffen sind, wird dieses Gehaltsniveau jedoch in den nächsten Jahren weiter steigen. Soders Schätzung schließt aber nicht den Geschlechterunterschied, das Bundesland oder die Größe des Unternehmens ein und differenziert auch nicht weiter zwischen verschiedenen Ausbildungen und dem Erfahrungszeitraum.

Die Angaben über das Gehalt eines Social Media Managers auf gehaltsvergleich.com sind etwas aufschlussreicher, wenn auch unvollständig. Das Einstiegsgehalt in brutto pro Monat für einen männlichen Social Media Manager soll laut dem Portal rund 3000 Euro betragen, für eine Frau gäbe es 2800 Euro.

Auch einige Bundesländer wurden schon in die Gehaltstabelle (s. Tab. 10.1) aufgenommen:

Die Gehälter variieren selbstredend auch nach Karrierestufe – hierzu gibt es aufschlussreiche Daten von social-media-manager.com (Tab. 10.2):

Es wird wohl noch eine Weile dauern, bis das Berufsbild Social Media Manager gefestigt ist und in Bezug auf das Gehalt bessere Daten zur Verfügung stehen – dennoch kann man mit den vorliegenden Gehaltsdaten gut vorbereitet in ein Vorstellungsgespräch gehen.

Tab. 10.1 Gehaltsübersicht: Was verdient man im Social Web (pro Bundesland, unvollständig)

Gehaltstabelle Bundesland	Brutto (min.)	Brutto (max.)	Brutto (Ø)
Baden-Württemberg	2400 €	3400 €	3000 €
Bayern	2600 €	3500 €	3100 €
Berlin	2300 €	3300 €	2500 €
Hamburg	2400 €	3300 €	2900 €
Hessen	2100 €	3900 €	2900 €
Niedersachsen	2000 €	3400 €	2900 €
Nordrhein-Westfalen	2200 €	2800 €	3300 €

Quelle: gehaltsvergleich.com (2022)

Tab. 10.2 Gehaltsübersicht: Was verdient man im Social Web (in Abhängigkeit von der Berufserfahrung)

Jeweilige Karrierestufe	Frauen	Männer	Durchschnitt
Einstiegsgehalt	2500 €	2700 €	2600 €
Berufserfahrung	3300 €	3500 €	3400 €
Durchschnitt	2900 €	3100 €	3000 €

Quelle: social-media-manager.com (2022)

Literatur

Gehaltsvergleich.com (2022) Social Media Manager Gehalt bundesweit, Düsseldorf: Stepstone Deutschland GmbH. https://www.gehaltsvergleich.com/gehalt/Social-Media-Marketing. Zugegriffen am 23.05.2022

Social-media-manager.com (2022) Gehalt des Social Media Managers, Köln: OAK Online Akademie GmbH. https://www.social-media-manager.com/gehalt. Zugegriffen am 23.05.2022

Expertengespräch mit Tobias Arns: Social Media: Jobs mit Zukunft!

Tobias Arns (Jahrgang 1975) ist Head of Marketing and Communications bei Cxense. Warum Unternehmen Social Media Manager brauchen, wie viele es in Deutschland davon derzeit gibt, wie die Zukunftsaussichten aussehen und wie sich die sozialen Netzwerke weiterentwickeln – all das beantwortet Social-Experte Arns im Gespräch mit uns.

Fragen und Antworten

Warum brauchen Firmen, z. B. mit Social Media Managern, Mitarbeiter, die sich hauptsächlich mit den sozialen Netzwerken beschäftigen?

Wer das Social Web ernsthaft für das eigene Unternehmen einsetzen möchte, wird schnell erkennen: Ohne qualifiziertes Personal können die Möglichkeiten von Social Media nicht in vollem Umfang genutzt werden. Zwar können nebenbei erste Erfahrungen mit Facebook, Twitter, Xing & Co. im Unternehmenseinsatz gesammelt werden, etwa indem diese Kanäle mit bereits vorhandenen Inhalten befüllt werden. Ein substanzieller Dialog mit den eigenen Kunden und unternehmerisch sinnvolle Aktivitäten sind aber ohne den Einsatz entsprechender Ressourcen nicht möglich. Dazu werden Mitarbeiter benötigt, welche die Gepflogenheiten des Internets und des eigenen Unternehmens verstehen und gleichzeitig in Business-Zusammenhängen denken können. Ohne Mitarbeiter, die ausdrücklich für das Social Media Engagement verantwortlich sind und die auch über entsprechende Kompetenzen verfügen, wird der Erfolg immer hinter den Möglichkeiten zurückbleiben. Wer professionell vorgeht, berechnet den finanziellen und personellen Aufwand der Social-Media-Aktivitäten daher genauso gewissenhaft, wie man dies auch für andere Projekte tun würde.

© Springer Fachmedien Wiesbaden GmbH, ein Teil von Springer Nature 2022   51
N. Lumma et al., *Berufsziel Social Media*,
https://doi.org/10.1007/978-3-658-38256-8_11

Ein Beispiel aus dem Kundenservice: Ein gutes Social Media Monitoring und internetkundige Mitarbeiter versetzen ein Unternehmen in die Lage, innerhalb kurzer Zeit auf Beschwerden von Kunden zu reagieren, die diese im Social Web, etwa bei Facebook oder in einem Forum hinterlassen haben. Mit dem richtigen Personal und der passenden Strategie kann diese Reaktionsfähigkeit zu einem wichtigen Wettbewerbsvorteil werden. Mit anderen Worten: Ihre Kunden werden es ihnen danken, wenn sie für den Dialog in sozialen Medien kompetentes Social Media Personal einsetzen. Einige Unternehmen haben es hier bisher versäumt sich gut organisiert aufzustellen und vernachlässigen Social Media Plattformen als Kontaktpunkte zu ihren Kunden.

Es geht aber für Unternehmen nicht nur darum, Mitarbeiter einzustellen, die aktuelle Online-Plattformen in- und auswendig kennen. Vor allem sollte im eigenen Unternehmen Know-how aufgebaut werden, um die eigenen Chancen und Herausforderungen im Internet im Blick zu haben. Denn dort finden künftig immer mehr relevante Entwicklungen für Unternehmen statt, etwa im Marketing, Service und Support aber auch zunehmend in der unternehmensinternen Kommunikation.

Ich halte es aber für wenig sinnvoll, die Social Media Fähigkeiten von Mitarbeitern isoliert zu betrachten. Denn soziale Medien sind ja für Unternehmen immer in einen praktischen Kontext eingebunden. Für einen Marketing Manager sind andere Dinge wichtiger als für einen Servicemitarbeiter.

Man verfolgt im Social Web bestimmte Ziele und hat eine Strategie – zumindest im Idealfall. Also muss ein Social Media Manager eine ganze Reihe von Fähigkeiten, Erfahrungen und Qualifikationen mitbringen, die je nach Unternehmenstyp stark variieren können. Auch für Social Media Fachkräfte sind daher ein gewisser Branchenhintergrund und solides Fachwissen immer noch maßgeblich.

Wozu setzen Firmen vermehrt Social Media ein?

Die externe Unternehmenskommunikation ist der Treiber des Social Media Einsatzes in den Unternehmen. Dazu zählen z. B. das Marketing oder die Presse- und Öffentlichkeitsarbeit. Häufig finden hier die ersten Projekte und Aktivitäten statt. Die Interaktion zwischen Marken und Nutzern von Social Networks wie Facebook ist dabei die verbreitetste Form. Häufig sind es internetaffine Mitarbeiter aus den entsprechenden Abteilungen, die anregen, dass sich das Unternehmen mit Social Media auseinandersetzen sollte.

Social Media sind ebenfalls bei Service und Support von hoher Bedeutung. Hier haben eine Reihe von Großunternehmen seit einiger Zeit gut funktionierende Strukturen, mit der sie auf vielen Plattformen im Social Web für Kunden verfügbar sind. Das Anfragevolumen ist gegenüber den klassischen Kommunikationswegen Telefon und E-Mail natürlich noch geringer, aber der Ausbau des Service in Social Media wird in Zukunft für viele Unternehmen zu einem „Must have" werden.

Der Einsatz von Social Media für das Recruiting ist in Deutschland noch überraschend wenig verbreitet. Hier erwarten wir im kommenden Jahr eine deutliche Steigerung. Insbesondere der Fachkräftemangel in vielen Branchen könnte hierfür eine Triebfeder sein. Im ITK-Sektor in Deutschland etwa fehlen derzeit 39.000 Fachkräfte. Da ist es für die Unternehmen nur folgerichtig sich verstärkt auch in Social Media als attraktiver Arbeitgeber darzustellen und an potenzielle Bewerber heranzutreten.

Crowdsourcing und Open Innovation sind zwar im Vergleich mit anderen Anwendungsfeldern eher noch Nischenthemen. Dennoch werden sich in Zukunft mehr Unternehmen dieser vielversprechenden Art der Zusammenarbeit mit Nutzern und Kunden widmen. Denn insbesondere Kunden, welche die eigenen Produkte tagtäglich nutzen, haben oft gute Ideen für weitere Innovationen.

Vertrieb mit Unterstützung von Social Media, also Social Commerce, ist auch eine Möglichkeit die von vielen Unternehmen geprüft wird. Allerdings sind hier die wirklich guten Ideen, die auch von den Nutzern angenommen werden, erst in der Entstehung.

Social Business, also der Versuch Social Media Prinzipien innerhalb von Unternehmen anzuwenden, hat in den vergangenen zwei Jahren viel Aufmerksamkeit bekommen. Viele Unternehmen beginnen nun, sich für entsprechende Lösungen zu interessieren. Sie sehen ein großes Potenzial darin, Mitarbeitern mit entsprechenden Angeboten einen Mehrwert zu bieten und sie bei ihrer täglichen Arbeit zu unterstützen.

Alles in allem lässt sich in den Unternehmen eine Professionalisierung des Umgangs mit Social Media beobachten. Es wird weniger experimentiert und mehr geplant und ausgewertet. Im Zuge dieser Entwicklung erhöhen sich auch die Budgets für Social-Media-Aktivitäten und es werden verstärkt entsprechend ausgebildete Mitarbeiter gesucht.

Wie wird sich der Social Media Markt weiterentwickeln? Ein Ausblick auf die Social-Media-Welt in fünf Jahren.

In fünf Jahren werden wir wahrscheinlich nicht mehr mit dieser Aufgeregtheit und Neugierde über Social Media reden. Sie werden zur Normalität geworden sein – sowohl für die Nutzer als auch für die Unternehmen. In Firmen, die sich diesem Thema früh und offen gestellt haben, kann diese Normalisierung bereits jetzt schon beobachtet werden. In vielen Bereichen wie im Service und Support oder beim Recruiting wird man ganz selbstverständlich das Social Web in den Planungen berücksichtigen und entsprechende Budgets und Ressourcen bereitstellen.

Die Kompetenzen von Social Media Fachkräften werden dann auch in viel mehr Unternehmen gebraucht, als das heute der Fall ist. Auch wenn ich glaube, dass das Berufsbild des Social Media Managers nur ein Übergangszustand ist. Die heute an spezialisierte Social Media Manager gestellten Anforderungen werden vielmehr in den sich wandelnden Berufsbildern der entsprechenden Fachabteilungen wie Marketing, Service und Support oder Marktforschung aufgehen. Aber natürlich kann niemand vorhersehen, wie die Landschaft der Social Media Plattformen und die Präferenzen der Nutzer in fünf Jahren aussehen werden – deswegen müssen sich gerade Menschen, die im Umfeld von Social Media arbeiten wollen, eine hohe Flexibilität und Offenheit gegenüber neuen Entwicklungen bewahren.

Social Media Manager: Der Netzwerker der Zukunft

12

Social Media bleibt weiterhin wichtig. Das geht unter Anderem aus der globalen Studie von Hootsuite und We are Social hervor. Dem Digital 2021 Report zufolge gibt es in Deutschland rund 66 Millionen Social Media User. Im Hinblick auf die Gesamtbevölkerung entspricht das fast 80 Prozent. 1,5 Stunden täglich verbringen die User auf sozialen Netzwerken. Diesen Vorteil wissen Unternehmen zu nutzen. Auch, da Instagram, Facebook und Co., Menschen immer häufiger zum Kauf bewegen. Dies bestätigt beispielsweise die Global Consumer Insights Survey von PwC (PricewaterhouseCoopers GmbH 2021) aus dem Jahr 2019: Rund 61 Prozent der 21.000 befragten Verbraucher gaben an, sich in ihrer Kaufentscheidung von sozialen Netzwerken beeinflussen zu lassen. Entwicklungen wie diese zeigen, dass sowohl die Verantwortung als auch der Einfluss von Social Media Managern und Beratern stetig zunimmt. Social-Media-Experten haben heute einen messbaren Anteil am wirtschaftlichen Erfolg von Unternehmen. In einer Umfrage im Jahr 2020 gaben 31 % der 4050 Befragten an, direkt über Social Media Ads gekauft zu haben. Im Jahr zuvor waren es noch 21 %. Diese Entwicklung entspricht dem Trend, dass Verbraucher heute Werbung nicht mehr nur konsumieren, sondern mit Unternehmen, Menschen und Marken interagieren wollen. Der Boom von Influencern zeigt außerdem, dass Netzwerk-Effekte und Empfehlungsmarketing heute wichtiger sind als je zuvor. Social Media Manager sind dabei Vermittler zwischen Kunden, Produkt und Unternehmen. Während Berater vor allem im Vorfeld entsprechende Strategien ausarbeiten und Community Manager sich auf einen Bereich fokussieren, koordinieren Manager alle Social Media Prozesse und Strategien: Das bedeutet, sie koordinieren, steuern und überwachen die Social Media Marketing Aktivitäten der Firmen und verfolgen dabei die unterschiedlichsten Unternehmensziele: Von der Steigerung der Markenloyalität durch Interaktion (bei-

© Springer Fachmedien Wiesbaden GmbH, ein Teil von Springer Nature 2022
N. Lumma et al., *Berufsziel Social Media*,
https://doi.org/10.1007/978-3-658-38256-8_12

spielsweise dank Facebook-Gewinnspielen) über Marktforschung, Produktentwicklung („Crowd Sourcing") und Weiterempfehlung („Word of Mouth") bis hin
zu Kundenbindung, Umsatzsteigerung (kurz- und langfristig) oder gar zur Mitar-
beitergewinnung und zur internen Kommunikation – das ergaben Studien von Mill-
ward Brown Optimor, der Universität St. Gallen und dem Bundesverband Digitale
Wirtschaft (BVDW).

12.1 Erfolgsfaktoren für Social Media Manager

Diese Ziele zu gewichten, daraus eine Strategie zu entwickeln und diese nach innen
und außen zu leben, zu analysieren und stetig weiterzuentwickeln, ist Aufgabe des
Social Media Managers. Denn – auch das hat eine Studie von der Universität St.
Gallen ergeben: Für den Erfolg eines Social Media Engagements ist die Einbindung und Motivation der eigenen Mitarbeiter und die Erzeugung einer positiven
Grundhaltung ein wesentlicher Erfolgsfaktor. Social Media heißt Wandel. Daher
ist die eigene Veränderungskompetenz für den Erfolg entscheidend. Das heißt als
aller erstes: Das Top-Management hinter der Social-Media-Strategie zu verstehen.
Denn Unternehmen mit ganzheitlicher Strategieentwicklung sind in Social Media
deutlich erfolgreicher – und: Firmen können den Erfolg von Social Media besser
bewerten, wenn eine Integration in das eigene Geschäftsmodell bereits erfolgt ist.
Der Beitrag von Social Media als kommunikative Insellösung ist dagegen kaum
messbar. Sprich: Unternehmen müssen Denken und Handeln in Silos und Fokus-
sierung auf funktionale Bereichsgrenzen ablegen.

„Versuch und Irrtum" ist dabei kein Ersatz für fundierte Strategie – aber das
heißt nicht, dass Kreativität verboten ist, im Gegenteil. Die Erfolgsmischung einer
guten Social-Media-Strategie:

- 60 % Idee und Umsetzung der Kampagnenplanung: Social Media Marketing
  klingt ein klein wenig wie ein Gegensatz in sich. Unternehmen oder Marken
  wollen auf sich aufmerksam machen in einem Umfeld, das den Nutzern vor allem zum gemeinsamen Austausch vorbehalten ist. Werbebotschaften stören dort
  eigentlich, es sei denn, sie tragen etwas bei, sind also witzig, informativ oder
  irgendwie anders. Ein plumpes „jetzt klicken!" reicht allerdings nicht aus, um
  von den Nutzern wahrgenommen und Teil des Gesprächs zu werden. Nur über
  die Nutzer findet die wirkliche, durch persönliche Relevanz aufgeladene Verbreitung der Inhalte statt, die Social Media Marketing so effizient und mächtig
  werden lassen können. Andersherum ausgedrückt: wer nichts zu erzählen hat,
  für den ist Social Media Marketing sehr schwer.

- 30 % Community Management: Der Nutzer ist im Mittelpunkt, dies bedeutet aber nicht, dass Unternehmen und Marken sich anbiedern sollten, sondern sie müssen ihre eigene Sprache finden, um mit dem Nutzer auf Augenhöhe kommunizieren zu können. Der Nutzer ist im Mittelpunkt, aber er hat nicht immer Recht. Und es muss ihm auch nicht immer alles gefallen. Was interessiert die Nutzer? Das sagen sie gerne, man muss sie nur fragen oder einfach zuhören. Social Media ist eine Querschnitts-Disziplin. Diese simple Erkenntnis wird sich auch im Marketing widerspiegeln. Social Media Marketing kann nicht singulär funktionieren, sondern sollte Teil einer Gesamt-Strategie sein. Social Media Marketing bildet Facetten unterschiedlichster Disziplinen ab, daher sollte im Vorfeld geklärt sein, wer bei der Kampagnenführung im Lead ist.
- 10 % Glück.

12.2   Expertengespräch mit Rob Vegas: Ab 21 Uhr muss niemand mehr erreichbar sein

Robert Michel alias Rob Vegas ist ein deutscher Internet-Showmaster und Social-Media-Profi – der zuletzt Kaufland einen Monat Social Media gegen eine ganze Wagenfüllung Schokolade versprach und einlöste. Sein Erfolgsgeheimnis? Verrät er hier.

Fragen und Antworten

Wie verlief Ihr Weg zum Social Media-Profi? Welche Stationen sind rückblickend besonders wichtig gewesen?

Ich habe ganz klassisch privat mit einem Blog begonnen. Es gab den Beruf des „Social Media Managers" 2006 noch gar nicht. Am Ende waren es rückblickend gar nicht die ganzen Marken von Huawei bis Coke, sondern wirklich die einzelnen Menschen. Ich habe sehr viel von Robert Basic gelernt, welcher leider verstorben ist. Vor allem aber habe ich von Misserfolgen gelernt. Erst wenn man drei Shitstorms ausgehalten hat, kann man mit ein wenig Erfahrung helfen.

Wem kann man das Berufsziel Social Media empfehlen? Ist das ein Job für jede/jeden oder gibt es gewisse individuelle Vorrausetzungen, die ratsam sind?

Der Beruf an sich macht jede Menge Spaß und es verändert sich von Jahr zu Jahr mit den neuen Services, Apps und Anforderungen. Man sollte nicht nur Instagram bedienen können. Grammatik ist wichtig. Videoschnitt kann sehr hilfreich sein. Man ist als Social Media Manager auch immer schnell Grafiker, Texter, Cutter und in jedem Meeting dabei. Dabei verdient man oft gar nicht so gut, wenn man in einem Angestelltenverhältnis unterwegs ist.

Konkret gefragt: Welche persönlichen Stärken sind ratsam, um erfolgreich im Social Web zu sein?

Man sollte einen Sinn für Humor haben. Daneben muss man zwangsläufig flexibel sein, weil die Hütte immer am Wochenende, im Urlaub, oder an Weihnachten brennt. Vor allem sollte man psychisch belastbar sein, weil man so viel Wut und Hass trifft.

Können Sie den typischen Arbeitsalltag mal kurz vorstellen?

Es gibt ihn kaum. Postings, Diskussionen und Wünsche der PR. Social Media kennt keinen Wochenplan und schlecht macht man es, wenn man einfach den ganzen Monat stumpf vorplant. Das passiert leider auch oft. Dann hat man aber schnell sehr viel Freizeit auf der Arbeit.

Mit welchem Investment an Zeit muss man pro Tag rechnen, wenn man professionell im Social Web Geld verdienen will?

Zeit ist die Währung. Man muss enorm viel Zeit verbrennen. Man muss immer online und dabei sein. Daher ist es mit 20 Jahren auch schöner als mit 30 und 40 Jahren, weil irgendwann Kinder und Familie mehr Zeit benötigen. Viele Social Media Manager wechseln daher auch irgendwann in feste Anstellungen, weil sie diesen flexiblen Lifestyle nicht mehr mitmachen können.

Wenn man im Social Web erfolgreich ist, wie wirkt sich das auf das so genannte reale Leben aus? Stichwort Work-Life-Balance.

Das hängt immer mit der persönlichen Auffassung von Freizeit zusammen. Ich liebe meinen Job und er fühlt sich nur selten wie Arbeit an. Wenn einem ein Job Spaß macht, dann zieht man nur vage Grenzen zum Privatleben. Das hat auch das Smartphone verändert, weil wir die Arbeit ja immer dabeihaben. Es kann allerdings durchaus nervig sein, wenn man im Edeka an der Kasse steht und auf einmal zwischen Bezahlvorgang und einem schreienden Kind kurz noch die internationale Community eines Herstellers beruhigen muss.

Wie wichtig ist eine professionelle technische Ausrüstung und was gehört in Ihrem Fall beispielsweise dazu?

Ich kann Videos nicht nur am Smartphone bearbeiten. Die Verpackung muss gut aussehen und dafür brauche ich immer ein sehr gutes Notebook, welches nicht nur leicht ist, sondern auch Power für Videoschnitt an Bord hat. Daher wird es bei mir alle paar Jahre sehr teuer. Das kommt aber auch immer auf den Bereich an. Mitunter reicht auch ein sehr gutes Smartphone.

Welche Trends sind momentan im Social Web beobachtbar, z. B. Länge der Beiträge, Humor, Interaktivität, Feedbacks der User?

Wir haben es jetzt mit steigenden Raten und 5G zu tun. Wir leben nicht mehr im Zeitalter von wenigen Gigabytes pro Monat bei dem eigenen Mobilfunktarif. Das Internet wird eine Selbstverständlichkeit wie das Stromnetz erreichen. Daher werden immer mehr Services und Apps auf eine Interaktion in Echtzeit setzen. Wir werden immer mehr Video sehen, AR und Gaming wird eine neue Dimension erreichen. Das klassische Posting mit Smileys wird immer unwichtiger werden. Man muss als Unternehmen immer schneller Antworten parat haben. Ein lustiger Post pro Tag reicht nicht mehr.

Welche Rollen spielt Networking zu anderen Social Media-Profis, um selbst auch erfolgreich zu sein?

Das ist extrem wichtig. Vor allem muss man zu den jungen Kollegen Kontakt finden.

Man altert sonst schnell mit der eigenen Filterblase an gleichaltrigen Kontakten mit. Wenn man gern von den Trends redet, dann muss man viel mehr auf die jungen User schauen. Womit beschäftigen sich Jugendliche? Ihre „Trends" sind die Normalität in wenigen Jahren. Da gelte ich mit 35 schon als alt, weil ich auch mitunter gern noch lineares Fernsehen schaue. Ich bin mit Werbeblöcken groß geworden. Junge Leute empfinden lineares Fernsehen als komplett öde. Hier muss man sich selbst auch immer wieder in den eigenen Hintern treten, ansonsten wird man nur mürrisch.

Wie bilden Sie sich weiter, um insbesondere technisch auf der Höhe der Zeit zu sein?

Ich setze mich mit jeder neuen App auseinander. Ich muss sie nicht perfekt beherrschen können, aber ich muss sie verstehen. Ich muss besonders gut verstehen, warum sie so viel Anklang findet und was auf dieser Plattform gut läuft. Das macht nicht immer Spaß, aber es ist der Job. Ich muss einen Kunden beraten können, ansonsten benötige ich selbst Beratung. Zudem darf man die Lust nicht verlieren. Social Media kann auch über die Jahre nerven. Man wünscht sich dann immer mehr Ruhe. Es hilft allerdings immer zu lesen. Das ist beim Arzt nicht anders als beim Social Media Manager.

Welchen abschließenden Tipp möchten Sie noch zukünftigen Social Media-Profis mit auf den Weg geben?

Aktiviert die „Nicht Stören"-Funktion ab 21 Uhr. Niemand muss da noch erreichbar sein. Man kann einen Social Media Brand zur Not auch noch am nächsten Morgen löschen. Wirklich. Ihr geht sonst auf Dauer kaputt.

12.3   Bausteine des effektiven Social Media Marketing

Die typischen Fragen eines Social Media Managers sind also: Was will das Unternehmen mit Social Media erreichen? Wen will es ansprechen? Wo kann es sich am besten platzieren? Welche Bilder und Videos können in die Unternehmensnachrichten eingebunden werden? Wie kann man ein Blog auf die Unternehmenswebseite integrieren? Welche Gewinnspiele lassen sich umsetzen? Er spürt interessante Themen in der eigenen Firma auf und überlegt, wie diese multimedial präsentiert werden können. Das reicht bis zur Durchführung großer Kampagnen, die nur im Social Web laufen – auf allen oder nur ausgewählten Netzwerken bzw. Plattformen. Außerdem beantwortet der Social Media Manager Anfragen, Kommentare und Co, die in den sozialen Netzen an das Unternehmen gerichtet werden. Er ist das Gesicht des Unternehmens nach außen, nicht nur die Pressestelle. Zudem unterstützt er andere Mitarbeiter beim Einsatz sozialer Medien für ihre Arbeit. Dazu gehört zunächst die Ausarbeitung von Regeln für die Nutzung sozialer Medien, so genannter Social Media Guidelines.

Eine weitere zentrale Aufgabe ist, zu analysieren, was über das eigene Unternehmen bzw. die Produkte im Internet gesprochen wird. Unterstützt wird er beim Social Media Monitoring von speziellen Web-Programmen, die der Social Media Manager aussucht und deren Ergebnisse er dann regelmäßig auswertet und präsentiert bzw. verantwortet.

Zusammengefasst sind die Bausteine des effektiven Social Media Marketing:

- Netzwerke
- Social Media Guidelines
- Dialoge/Community
- Kampagnen
- Monitoring

12.3.1 Netzwerke – das digitale Zuhause

Das Entstehen der sozialen Netzwerke war die Geburtsstunde der Social Media Manager – logisch, dass diese dann die erste und wichtigste Säule seines Jobs ausmachen. Das, was im realen Leben passiert, bilden die Netzwerke digital ab und erweitern damit das Netzwerk eines jeden vom lokalen Umfeld in ein globales – jeder Nutzer ist Teil eines eigenen Beziehungsgeflechts, aber nicht nur mit den Menschen in der direkten Umgebung, sondern auch mit Freunden, Bekannten oder Nutzern mit ähnlichen Interessen – verteilt über die ganze Welt. Das macht den Job des Social Media Managers spannend – aber da ist noch mehr: Jeder Nutzer ist in einem oder in mehreren sozialen Netzwerken registriert oder sogar aktiv. Jedes dieser Netzwerke hat Plattform-spezifische Charakteristika, die es zu beachten gilt, unterschiedliche Zielgruppen sind über die Netzwerke zu erreichen. Es gibt keine universelle Ansprache: Facebook-Nutzer beispielsweise springen auf ganz andere Themen an als User von Google+. Genauso unterschiedlich wie die Ansprache in den unterschiedlichen Netzwerken variieren die Reichweiten stark zwischen Zielgruppen und Netzwerken auf den verschiedenen Plattformen. Anders ist auch die Verhaltensweise der Nutzer in den unterschiedlichen Netzen: Die Interaktivität ist unterschiedlich stark ausgeprägt oder funktioniert anders. Für den Social Media Manager heißt das: Eine Kampagne kann in allen sozialen Netzwerken nur funktionieren, wenn die spezifischen Eigenheiten der jeweiligen Netzwerke berücksichtigt wurden, indem Inhalte sowie die Sprache der Kampagne jeweils angepasst wird, um die spezifische Zielgruppe ideal anzusprechen. Ein kleiner Überblick über die meist genutzten sozialen Netzwerke und ihre Besonderheiten:

12.3.1.1   Facebook

Auch wenn Facebook in den letzten Jahren insbesondere bei Teenagern Popularität verloren hat, ist diese Plattform mit mehr als drei Milliarden Nutzern pro Monat das größte soziale Netzwerk der Welt und bildet die digitale Welt des Nutzers gut ab – in Deutschland nutzen mehr als 32 Millionen Menschen Facebook. Freunde können sich dort vernetzen, gemeinsame Interessen teilen („Gefällt mir"-Button oder andere Reaktionen), sich unterhalten (Facebook-Messenger), mitteilen, was sie gerade tun oder denken (Facebook-Status), kommentieren und diskutieren, sich in Gruppen austauschen, Fotos oder Videos hochladen und mit anderen teilen und vieles mehr. Fast jeder zweite User nutzt die App ausschließlich mobil. Der typische Facebook Nutzer hat an die 340 Freunde. Die wichtigsten Marketing-Instrumente für Social Media Manager: Facebook-Fanseiten, der Activity-Stream/Newsstream, Facebook-Ads, Facebook-Apps und das so genannte „Frictionless Sharing".

Facebook-Fanseiten
Facebook-Fanseiten sind Facebook-Profile für Unternehmen, Stars und Sternchen, Personen des öffentlichen Lebens, Bücher, CDs oder ähnliches. Sie können kostenfrei angelegt und verwaltet werden. Einmal eingerichtet bieten sie ähnliche Funktionen wie die Profile von gewöhnlichen Facebook-Nutzern: Interessierte können sich über den „Gefällt mir" Button mit dem Unternehmen oder dem Produkt verbinden und erhalten so alle Statusupdates oder andere Aktivitäten der Firma oder des im selben Newsstream bzw. Activitystream wie die Statusupdates oder Aktivitäten ihrer Freunde.

News- und Activity Stream

Der News- bzw. Activitystream ist das, was als erstes angezeigt wird, nachdem man sich bei Facebook eingeloggt hat: Alle Statusupdates von Freunden und Seiten, die einem gefallen, alle Aktivitäten von Freunden oder Seiten, die einem gefallen und alle Fotos/Videos oder sonstige Inhalte, die von ihnen bereitgestellt werden. Alle? Nein, nicht alle: Facebook merkt sich, wie oft Nutzer bei ihren Freunden oder Fan-Seiten kommentieren oder „liken" und welche sie als besonders wichtig markieren. Es werden also Inhalte angezeigt von den Freunden oder Fan-Seiten, mit denen man am meisten interagiert – wie im wirklichen Leben auch: Freunde, die mir wichtig sind, kontaktiere ich häufiger als lose Bekannte. Und genau hier hat sich Facebook etwas einfallen lassen, das als Werkzeug für Social Media Manager ganz entscheidend werden kann: „Promoted Posts". Sollen Status-Updates oder andere Inhalte von so vielen Fans oder Freunden gesehen werden – im News- bzw. Activitystream – kann man dafür bezahlen, einen kleinen Betrag pro Post. Schon sehen die Inhalte nicht mehr nur die Freunde, die oft mit einem interagieren, sondern alle, oder zumindest nahezu alle.

Der News- bzw. Activitystream ist das Herz von Facebook – nur sehr wenige Nutzer gehen regelmäßig auf die Profilseiten von Freunden oder Unternehmen, die ihnen gefallen. Sie sehen sie im News- bzw. Activitystream und kommentieren oder liken oder teilen die Inhalte von dort aus. Das Ziel eines jeden Social Media Managers ist es also, dass das eigene Unternehmen in so vielen News- bzw. Activitystreams auftaucht, wie möglich. Dazu bietet Facebook einige Möglichkeiten, Schnittstellen, um Facebook mit den Unternehmensseiten oder Interaktionen, die dort stattfinden zu verknüpfen (Kauf, Lesen eines Artikels, Kommentieren…). Der Oberbegriff für diese Schnittstellen heißt Facebook-Plattform.

Die Facebook-Plattform ist eine Sammlung an Schnittstellen, die einem mehr bieten als nur die Standardfunktionen von Facebook („Gefällt mir", „Empfehlen" …). Sowohl Entwickler als auch Facebook selbst nutzt diese offenen Schnittstellen, um weitere Services zu anzubieten bzw. umzusetzen.

Facebooks Ziel ist es seit Einführung der Timeline (ehemals „Facebook-Profil"), das digitale Leben seiner Nutzer nicht nur auf Servern abzuspeichern, sondern es auch auf den Profilen sichtbar zu machen. Auf der Timeline soll zu sehen sein, welche Texte man gerade liest, welches Musikstück man sich gerade anhört oder welchen Film man gerade sieht – und dazu braucht es mehr als nur den „Gefällt mir"-Button.

Open Graph

Ein Werkzeug dazu, aus der Facebook-Plattform, ist der Open Graph. Das ist eine Schnittstelle, die es Entwicklern erlaubt, Apps mit Facebook zu verbinden. So hat die „Washington Post" und das „Wall Street Journal" beispielsweise eine Social-Reader-App entwickelt, die auf Facebook läuft. Nutzt ein Anwender etwa den Social-Reader der „Washington Post", bekommt er verschiedene Artikel des Blattes auf einen Blick. Liest er einen Artikel aus dem Sammelsurium, wird diese Aktivität direkt von der App, in die Timeline übertragen und dort für alle Freunde sicht- und lesbar. Genau dasselbe Prinzip nutzt die Musik-App „Spotify": Online Musikhören, so viel man möchte – und die Freunde hören mit, denn die Aktivität wird in den News- bzw. Activity-Stream transportiert, sodass Freunde, Bekannte und Kollegen direkt sehen können, welchen Text man sich gerade liest oder welches Lied man gerade hört. Inhalte werden also automatisch geteilt, sobald man sie aufruft. Dieses Verfahren nennt Facebook „Frictionless Sharing".

Facebook-Ads
Facebook-Ads sind ein weiteres Mittel, um in Facebook die Aufmerksamkeit der Nutzer auf sich zu ziehen. Wie der Name schon sagt, handelt es sich dabei um Anzeigen innerhalb von Facebook. Im Gegensatz zu anderen Internetseiten setzt Facebook bei Werbung nicht auf die üblichen Banner wie Skyscraper oder Medium Rectangle. Eine Facebook Anzeige besteht immer aus einem Medieninhalt (Bild oder Video), Text und optional einer Nutzerinteraktion. Es kann zwischen vier Anzeigenpositionen unterschieden werden: Mobile Newsfeed, Desktop Newsfeed, Homepage, Logout-Page oder Right Column (rechte Spalte). Sie können selbst über den Facebook-Ad-Manager gebucht werden, bzw. im Falle der Homepage und Logout-Platzierung können große Werbeunternehmen und Agenturen, die innerhalb eines festgelegten Zeitraums eine bestimmte Anzahl an Impressionen garantieren möchten, bei einem Facebook-Vertriebsmitarbeiter über einen Insertionsauftrag Werbeanzeigen erwerben.

Facebook Ads können zu Facebook-Engagement-Ads erweitert werden. Diese erlauben es den Facebook-Nutzern, direkt mit einer Ad zu interagieren: Zum Beispiel können die Nutzer innerhalb der Anzeige einem Event zusagen, an einer Marktforschungsumfrage teilnehmen oder die Facebook-Seite des Werbenden liken bzw. eine unternehmenseigene Facebook-App nutzen oder ein Rabatt-Angebot zu nutzen. Bei den Facebook-Ads ist natürlich ein Targeting möglich: Das heißt, Social Media Manager können genau zielgruppengerecht aussteuern lassen, welche Nutzer die Anzeige sehen sollen – selektiert nach geographischen oder demographischen Merkmalen oder Interessen, oder auch nach Handy-Betriebssystem (Apples iOS oder Googles Android). Die soziale Reichweite informiert den Social Media Manager darüber, wie viele Menschen die Werbeanzeige oder gesponserte Meldung zusammen mit den Namen ihrer Freunde gesehen haben, denen die Fanseite gefällt, die zu einer Veranstaltung zu-/abgesagt oder die eigene Facebook-App verwendet haben. Zur Erstellung der Ads bietet Facebook gute Unterstützung: Im Leitfaden für Facebook-Werbeanzeigen findet man Anleitungen sowie Tipps und Tricks (www.facebook.com/business/ads-guide/) und unter www.facebook-studio. com findet man die besten und inspirierendsten Social-Media-Marketing-Aktionen als Showcases.

Facebook Apps
Facebook Apps sind vom eigenen Unternehmen programmierte Anwendungen innerhalb von Facebook, wie zum Beispiel Spiele – ein weiteres Marketinginstrument auf Facebook. Zu den bekanntesten Applikationen zählt die Candy Crush Saga. Das Spiel in Facebook hatte in Hochzeiten über 149 Millionen Nutzer. Charmant für den Social Media Manager: Je nach Anwendung (z. B. Gewinnspiel) gibt es die Möglichkeit, auf unterschiedliche Nutzerdaten zuzugreifen und diese wiederum für eigene Werbezwecke zu nutzen.

Facebook-Stories
Die kurzen Video-Sequenzen geben Nutzern die Möglichkeit, kurze Einblicke aus ihrem Leben zu teilen. Dies bietet auch Unternehmen die Chance, sich unmittelbar und in Echtzeit mit potenziellen Kunden zu vernetzen. Stories haben dabei einen höheren emotionalen Gehalt als Bild- oder Videoposts im Feed, da sie eine, dem Anschein nach, Momentaufnahme abbilden. Das Format hat Erfolg: Im Jahr 2019 gab es auf Facebook weltweit täglich rund 500 Millionen aktive Nutzer. Zum Vergleich: Ein Jahr zuvor nutzten lediglich 150 Millionen User die Story-Funktion aktiv aus.

Facebook-Gruppen
Ein weiteres Tool für Social Media Manager – zwar seltener genutzt, dennoch für manche Zwecke sinnvoll: Die Facebook-Gruppen. Die Hälfte aller Facebook-Nutzer sind Mitglieder in mindestens einer Gruppe. In einer Gruppe wird diskutiert, gepostet, geteilt undsich ausgetauscht. Wie man das für das eigene Unternehmen nutzen kann? Zum Beispiel dazu, die aktivsten Fans zu belohnen. Wer kommentiert, liked und teilt am meisten? Das ist leicht über diverse Monitoring-Tools herauszufinden. Die Nutzer sind mit am wertvollsten – und sollten besonders geschätzt werden, zum Beispiel mit einer eigenen privaten Gruppe, zu der nur sie eingeladen werden. Hat man nun etwa eine Gruppe mit beispielsweise 1500 Fans zusammengestellt, kann diese mit exklusiven Informationen, oder Angebote verwöhnen, die auf der Facebook-Seite nicht kommuniziert werden. Zusätzlich bildet man mit dieser Gruppe eine Art „Expertenkreis", indem sich die Nutzer über

das Unternehmen, die Produkte, oder ein relevantes Thema austauschen können oder gar zu neuen Produkten – die ihnen exklusiv vor Markteintritt zur Verfügung gestellt wurden. Hier kann ein intensiver Dialog zum Produkt gestartet werden und die Ergebnisse werden dann anschließend für alle Fans auf der Facebook-Fanseite präsentiert. Wie Facebook-Fanseiten auch, verfügen Gruppen über Administratoren. So können Unternehmen genau sehen, welche Mitglieder in der Gruppe sind und welche aufgenommen werden sollen. Unternehmen/Administratoren, also Social Media Manager, müssen in diesen Gruppen mit ihrem eigenen Profil agieren. Für das Community-Management sollte dies aber keine Hürde darstellen. Der persönliche Kontakt zu den Kunden sollte ein Ziel eines jeden Social Media Managers sein. So steigert sich das Vertrauensverhältnis und die Nutzer bekommen einen besseren Eindruck davon, mit wem sie es eigentlich zu tun haben und wer das Gesicht der Firma nach außen vertritt.

12.3.1.2 Youtube

Youtube ist mit mehr als zwei Milliarden Nutzern die beliebteste Social Media Plattform und das wichtigste Video-Portal der Welt. Es gehört zu Google. Jede Minute werden 400 Stunden neues Videomaterial auf YouTube hochgeladen. 1 Milliarde Stunden an Videos konsumieren Nutzer täglich. Im März 2013 knackte Youtube erstmals die 1 Milliarden Marke, monatlich aktiver Nutzer. In einem Monat werden mehr Videos auf YouTube hochgeladen als von den drei großen amerikanischen Sendern in 60 Jahren erstellt wurden. 70 Prozent der YouTube-Zugriffe erfolgen außerhalb der USA. YouTube gibt es in 91 Ländern und 80 Sprachen. 2011 verzeichnete YouTube mehr als 1 Billion Aufrufe. Das entspricht fast 140 Aufrufen für jeden Mensch auf der Erde. Kurzum: Eine erfolgreiche, virale Video-Kampagne, kann sehr schnell, sehr viele Leute erreichen, wenn nur das Video gut genug ist: Der TNT-Videospot mit einem Drama-Button in einer kleinen verlassenen belgischen Stadt, nach dessen Drücken ein Horror-Ereignis das nächste jagt, wurde innerhalb kurzer Zeit 38 Millionen Mal angesehen (http://www.youtube.com/watch?v=316AzLYfAzw).

12.3.1.3 Twitter

Mit mehr als 199 Millionen täglich monetarisierbaren Twitter Nutzern weltweit, davon 5,8 Millionen alleine aus Deutschland, ist der Kurz-Nachrichtendienst Twitter ein wichtiger Social-Media-Kanal. Der Fokus liegt darauf, Follower des eigenen Profils zu erhalten, die dann den eigenen Nachrichten folgen oder, bei Interesse sogar „retweeten", sodass auch deren Follower die Nachricht lesen. Twitter wird überwiegend von Multiplikatoren und Early-Adoptern genutzt – ist also ganz anders zu nutzen als beispielsweise Facebook

Twitter bietet für Social Media Manager drei Werbemöglichkeiten: Mit Promoted Tweets können einzelne Tweets optisch hervorgehoben werden. Sie sind klar mit dem Wort „Promoted by" gekennzeichnet und werden, ähnlich wie die Promoted Posts bei Facebook einem breiteren Publikum zur Verfügung gestellt, als der Absender der Nachricht eigentlich Follower hat.

Mithilfe sogenannter Promoted Accounts können Social Media Manager dafür sorgen, dass ihr Unternehmensprofil in der „Who to follow"-Liste bei Twitter erscheinen, mithilfe derer Twitter seinen Nutzern vorschlägt, anderen Mitgliedern zu folgen. Die Auswahl, welche Vorschläge der jeweilige Nutzer angezeigt bekommt, erfolgt nach einem Algorithmus, der die Interessen der Nutzer berücksichtigt.

Promoted Trends, ist eine Erweiterung der Promoted Tweets. Wählt man als Social Media Manager diese Werbemöglichkeit, bezahlt man dafür, mit einem Promoted Tweet auf der Liste der populären Trendthemen („Trending Topics") auf Twitter weit oben vertreten zu sein.

Und last, but not least: Die Brandpage/Unternehmensseite. Ähnlich zur Facebook-Fanseite handelt es sich dabei um ein Profil mit ein paar zusätzlichen Optionen: Optisch unterscheidet sich ein normales Nutzerprofil und eine Brandpage/Unternehmensseite nur durch die Möglichkeit, eine Header-Grafik einzubinden. Außerdem können Unternehmen eine Art „Willkommenstweet" bestimmen, der immer an erster Stelle gehalten wird. Das können auch Promoted-Tweets sein. Zudem werden Bilder und Videos automatisch ausgeklappt dargestellt. Eine sehr gute Kampagne hat großes Potential, weltweite Aufmerksamkeit zu erregen, sobald es eine hohe Anzahl an Retweets erhält.

Kreative Hashtagkampagnen können sich ebenfalls schnell und weit verbreiten.

Seit 2020 gibt es auf Twitter ebenfalls eine Stories-Funktion, die sogenannten Fleets. Wie auf Facebook und Instagram handelt es sich dabei um kurze Momentaufnahmen, die nach 24 Stunden wieder vom Profil verschwinden.

12.3.1.4 Blogs

Auch Blogs zählen zur Klaviatur eines Social Media Managers, auch wenn nicht alle Unternehmen, die im Social Web aktiv sind, eines pflegen. Das Blog ist eine alternative Publikationsform – ein weiteres kommunikatives Standbein neben der Unternehmenswebseite und Pressemitteilungen.

Blogs sind schnell und unabhängig, aber auch Kommunikationsinstrument für die Unternehmenskommunikation. Die Reichweite und der Einfluss von Blogs sind stark schwankend, je nachdem, Traffic, also Seitenaufrufe und Besucher das Blog erreichen, was wiederum davon abhängt, welche Rolle Unternehmen, der Pflege und der Entwicklung eines Blogs zuschreiben. Als weiterer Kanal, der in den Pressemitteilungen ab und an Erwähnung findet, macht ein Blog sicherlich keinen Sinn. Hier gilt es, eine Geschichte zu erzählen, die sonst nirgendwo anders erzählt wird – nicht in sozialen Netzwerken, nicht auf der Unternehmenswebseite und nicht als Pressemitteilung. Nur dann zahlt sich die Arbeit letztlich aus – denn ein solches Blog hat hohe SEO-Relevanz und lässt am Ende das Unternehmen aus Suchmaschinensicht gut oder besser dastehen. Interessant könnte es beispielsweise sein, einen Blog zu betreiben, in dem es darum geht, besondere Nutzererlebnisse mit dem eigenen Produkt nachzuerzählen. Ein schönes Beispiel: http://www.facebookstories.com.

12.3.1.5 Pinterest

Pinterest ist eine Pinnwand für Bilder, die einem im Netz auffallen und gefallen. Diese pinnt man an eines von mehreren möglichen Boards (ein Board pro Interessensgebiet oder ähnlich), gefällt einem ein Pin, kann man diesen repinnen – ähnlich wie bei Twitter. Der Frauen-Anteil unter den Mitgliedern ist mit 70 Prozent enorm hoch. Die Bildersuchmaschine ist neben Google einer der wichtigsten Traffic-Lieferanten: Rund 478 Millionen Menschen nutzen Pinterest weltweit, in Deutschland nutzen über 15 Millionen Menschen, Pinterest, jeden Monat. Unternehmen die aktiv Pinterest Marketing betreiben, generieren doppelt Traffic – durch Affiliate Links. Beispiel:

Beispiel: Ein Nutzer postet ein Bild von ein Paar Schuhen, die er auf Amazon. de toll findet. Pinterest ersetzt den Ursprungslink mit einem Affiliate-Link und kassiert bei einem Kauf Provision. Pinterest ist mit den Netzwerken Twitter und Facebook sehr gut verzahnt, so können Nutzer beispielsweise einstellen, dass alle Pins auch automatisch auf den beiden Netzwerken gepostet werden. Auch Unternehmen, die Inhalte direkt auf Pinterest posten profitieren: So entdecken rund 77 Prozent der aktiven Nutzer, neue Produkte und Marken über Pinterest. Um 44 % sind die Interaktionen mit organischen Pinterest Shopping Pins gestiegen. Es lohnt sich demnach für Social Media Manager, Zeit und Ressourcen für das eigene Unternehmensprofil einzusetzen – insbesondere dann, wenn die Zielgruppe vor allem weiblich ist und es ein Ziel des Unternehmens ist, den organischen Traffic auf Internetseite, Blog und Onlineshop nachhaltig zu steigern.

12.3.1.6 Tumblr

Tumblr ist ein Netzwerk aus Mikroblogs, das sich durch Einfachheit auszeichnet. In mehr als 528 Millionen Blogs veröffentlichen Nutzer Texte, Bilder, Zitate, Links und Videos mit nur wenigen Klicks und können andere Tumblr-Blogs abonnieren. Auf Tumblr gebloggte Inhalte können andere Nutzer wiederum mit nur einem Klick rebloggen – selbes Prinzip wie bei Twitter. Im Grunde ist Tumblr eine Sammelstelle für Interessantes oder Absurdes. Werbung erlaubt Highlighten von Artikeln – ähnlich wie bei Promoted Tweets auf Twitter. Die USA haben mit knapp 50 Prozent den höchsten Anteil am Traffic von tumblr.com.

12.3.1.7 Instagram

Instagram Instagram ist mit monatlich rund 9 Millionen Nutzern in Deutschland und weltweit mehr als einer Milliarde eine der beliebtesten kostenlosen Foto-und Video-Sharing-Apps für Android-, iOS- und Windows-Phone-Mobilgeräte, mit der Fotos und Videos erstellt und durch Filter verfremdet werden können, um sie anschließend zu teilen, z. B. auf Facebook, dessen Dienst Instagram ist. In Anlehnung an die Kodak Instamatic und Polaroid-Kameras haben mit Instagram gemachte Fotos und Videos eine quadratische Form. Instagram ist eine Mischung aus Microblog und audiovisueller Plattform und ermöglicht es, Fotos auch in anderen sozialen Netzwerken zu verbreiten. Die meisten großen Unternehmen nutzen es auch für z. B. Produktbilder- und tests, Einblicke hinter die Kulissen, Gewinnspiele, etc. Für Werbetreibende bietet Instagram unterschiedliche Formate, etwa den

12.3.1.8 TikTok

TikTok verzeichnet ein rasantes Wachstum: Im Jahr 2020 nutzen weltweit rund 800 Millionen Menschen die chinesische App, auf der sie kurze Videos drehen, bearbeiten und veröffentlichen. Auf TikTok spielt vor allem der kreative Umgang mit Bewegtbildformaten, Musik und Effekten eine wichtige Rolle, weshalb Social Media Manager hier eine hohe Affinität zu kulturellen und visuellen Trends mitbringen müssen. Insbesondere Unternehmen mit Zielgruppen der Generationen Y und Z profitieren von der Plattform. Neben dem Posten von Produktvideos und Tests, können Social Media Manager hier beispielsweise zu Challenges aufrufen, um Marken durch nutzergenerierte Inhalte zu stärken.

12.3.1.9 Snapchat

Über den Instant-Manager Snapchat kommunizieren Nutzer primär über Schnappschüsse, den „Snaps" und über Videosequenzen, die bis zu einer Minute dauern. Bilder und Videos lassen sich mit Texten, Musik und Filtern nachträglich bearbeiten und mit Freunden teilen. Snaps sind dabei nur über einen begrenzten Zeitraum von 24 Stunden online. Täglich sind rund 150 Millionen Nutzer auf der Plattform aktiv. Unternehmen nutzen Snapchat Stories, um Kunden am Unternehmensalltag teilhaben zu lassen. Mit Snaps gewähren Social Media Manager potenziellen Kunden beispielsweise einen Blick hinter die Kulissen, informieren über Angebote, teilen Erfahrungsberichte oder geben Einblicke in Live-Veranstaltungen.

12.3.1.10 LinkedIn

Mit mehr als 756 Millionen Nutzern weltweit, ist LinkedIn das wichtigste soziale Netzwerk für B2B-Kommunikation. Unternehmen, Selbstständige und Arbeitnehmer nutzen die Plattform nicht mehr nur für Textnachrichten, sondern teilen Videos, Bilder, Beiträge, Stories und Live-Events. Social Media Marketing zielt hier vor allem darauf ab, sich als Experte zu positionieren, neue Kunden oder Arbeitnehmer durch Fachwissen und gutes Storytelling für sich zu gewinnen. Auch sogenannte Corporate-Influencer gewinnen in diesem Zusammenhang zunehmend an Bedeutung für Unternehmen, indem sie maßgeblich zu deren Bekanntheit beitragen. Sie sorgen dafür, dass die Marke in der Geschäftswelt nicht nur auf Fakten und Informationen basiert, sondern auf Menschen aufbaut.

12.3.1.11 Xing

Das Business-Netzwerk ist vor allem für den deutschsprachigen Raum relevant und verzeichnet derzeit rund 19 Millionen Mitglieder. Wie LinkedIn spielt Xing primär im B2B-Bereich eine Rolle. Unternehmen, Führungskräfte, Freiberufler und Arbeitnehmer kommen hier miteinander ins Gespräch und positionieren sich mittels nutzwertiger sowie informativer Inhalte als Experten.

12.3.1.12 Clubhouse

Seit März 2020 ist die App verfügbar – während der Corona-Pandemie erfuhr sie einen Hype, da zahlreiche Persönlichkeiten und Influencer die Plattform nutzten, um sich unmittelbar mit ihren Followern auszutauschen. Ein weiterer Aspekt, der der Plattform in kurzer Zeit zu großer Popularität verhalf, beruhte auf der Strategie, dass User nur über die Einladung anderer Nutzer auf die Plattform zugreifen konnten. Seit Juli 2021 ist die App ohne Einladung zugänglich. In der Audio-App können sich Nutzer an Diskussionen beteiligen, Live-Gesprächen zuhören und Gleichgesinnte im virtuellen Chat treffen. Die Besonderheit gegenüber anderen sozialen Netzwerken besteht darin, dass sich die Nutzer weder fotografieren noch filmen müssen, um mit anderen Menschen zu interagieren. Die Gespräche finden in einer Art Podcast statt – eben nur in Echtzeit und ohne, dass Nutzer die Gespräche im Nachhinein nochmals abrufen können.

Ausblick

Wer soziale Netzwerke mit ihren Funktionen unter die Lupe nimmt, erkennt: Es geht weg von Text und Fotos hin zu Bewegtbildformaten. Nutzer wollen heute in Echtzeit am Leben anderer teilhaben. Dies zeigen Erfolge von videobasierten Plattformen wie Snapchat und TikTok, ebenso wie die Anzahl von Menschen, die Story-Formate auf Instagram, Facebook und LinkedIn nutzen. Auch Live-Formate und die Interaktion in Echtzeit rückt zunehmend in Fokus. Ein Trend, den sich neue Plattformen wie Houseparty, Caffeine und Clubhouse zu Nutze machen. Zeitgemäßes Social Media Marketing muss sich daran orientieren und den Fokus neben hochwertigen Inhalten, vor allem auf die unmittelbare Interaktion mit den Nutzern legen: Sei es durch virtuelle Live-Events, Webinare oder Diskussionen.

12.3.2 Erstellung der Social Media Guidelines

Die bekanntesten Social Media Plattformen und die entsprechenden Marketing-möglichkeiten sind nun bekannt – bevor aber Social Media Kampagnen gefahren werden, sollten Social Media Manager sicherstellen, dass alles vorbereitet ist, was dazu nötig ist: Ein klares Ziel – nicht nur der Kampagne, sondern generell: Was will das Unternehmen mit Social Media erreichen? Ist klar, wer verantwortlich für die Kampagnen ist und wer Nutzerfragen oder Kommentare beantwortet? Gibt es einen Ablaufplan, oder einen gelernten Prozess, der schnell zu Reaktionen führt? Was passiert, wenn etwas aus dem Ruder läuft? Wer eskaliert wohin und wer kann entscheiden, wie und was kommuniziert wird? In vielen Unternehmen gibt es auf alle diese Fragen und noch mehr Antworten – an unterschiedlichen Stellen, von verschiedenen Personen – und die Antworten unterscheiden sich eventuell auch noch. Das ist keine gute Grundlage für erfolgreiches Social Media Marketing. Social Media bedeutet Veränderung, auch im Unternehmen. Das Top-Management muss diese Veränderung wollen, in direkten Kundenkontakt gehen und vorantreiben, dass die Pressestelle nicht mehr die einzige Abteilung ist, nach außen hin das Gesicht des Unternehmens ist und in dessen Namen spricht. Das ist ein individueller Prozess, weil jedes Unternehmen anders ist – was aber in jedem Fall hilft, sind Social Media Guidelines. Eine Handreichung für Mitarbeiter, aus der hervorgeht, wer welche Verantwortlichkeiten hat, was das oder die strategischen Ziele des Unternehmens in Sachen Social Media sind. Aber auch ganz „profane" Fragen können hier beantwortet werden: Wie grenzt man ab zwischen privater und beruflicher Nutzung? Wie macht man eigene Meinung kenntlich? Welche Verhaltensregeln gibt es (Respekt, Kommunizieren auf Augenhöhe, Einhaltung von gesetzlichen Standards, Umgehen mit unternehmensschädlichen Äußerungen…). Sollte es im Unternehmen einen Betriebsrat geben, ist dieser vor der Einführung von Social Media und den Social Media Guidelines anzuhören, er hat hier ein Mitbestimmungsrecht – ein einfaches Informieren reicht also nicht. Einen Leitfaden zur Erstellung von Social Media Guidelines hat der Internet-Branchenverband BIT-KOM herausgegeben: http://bit.ly/T8vfrM.

12.3.3 Social-Media-Kampagnen

Ist klar, wie das Unternehmen in Sachen Social Media aufgestellt ist, wer verantwortlich ist für die Kommunikation in den sozialen Netzen, geht es, vor dem Start von Kampagnen, darum, zu analysieren, wie das Unternehmen bislang mit Nutzern kommuniziert und welcher finanzielle Aufwand in die Social-Media-Kampagne gesteckt werden kann. Diese Fragen muss der Social Media Manager beantworten: Werden Kunden geduzt, gesiezt, ist die Ansprache eher locker, kreativ und auch mal ausgefallen, um die Ecke gedacht, oder konservativ, klassisch und abverkaufsorientiert? Genauso wichtig: Was wird bislang im Netz über das Unternehmen gesagt? Was erwarten die Nutzer oder potenzielle Kunden vom Unternehmen? Und: Welche Vorteile bietet die Social Media Kampagne dem Nutzer, der eigentlich mit seinen Freunden kommunizieren möchte und von Werbung eher gestört wird? Grundsatz einer jeden Social-Media-Kampagne muss es sein, den Nutzer anzusprechen, ihn zu involvieren, mit ihm zu interagieren und einen Mehrwert oder Vorteil zu bieten: Spaß, zum Beispiel im Rahmen einer Facebook-Spiele-App, oder mögliche Vorteile im Rahmen eines Gewinnspiels, Informations-Vorsprung mit exklusiven News auf Facebook, Twitter Unterstützung im Rahmen von Antworten auf Nutzerfragen (Aufruf: „Was wollten Sie schon immer über das Produkt XY wissen?"), Einbindung in die Produktentwicklung (Aufruf: „Was stört Sie an Produkt XY? Was würden Sie besser machen? Kreieren Sie Ihren persönlichen Burger"). Auch eine Möglichkeit: Den sozialen Status des Nutzers ansprechen, zum Beispiel über exklusive Gruppen für besonders interaktive Fans, in denen sie mit exklusiven Informationen oder Mehrwerten belohnt werden.

Die wichtigste Voraussetzung für eine erfolgreiche Kampagne: Ein Social Media Manager muss seine Zielgruppe und deren Bedürfnisse ebenso gut kennen, wie das Unternehmen und die Branche, für die er arbeitet. Dazu zählt auch das Wissen um Begriffe und Themen, welche die Branche bewegen.

Hintergrundinformationen
Weiterführende Internetseiten mit Guidelines, Tipps und Tricks rund um das Mitmach-Marketing, Social Media Kampagnen, Best-Practice-Beispielen:
> www.socialmedia-blog.de,
> www.smo-handbuch.de,
> www.futurebiz.de,
> www.social-secrets.com,
> www.ethority.de/weblog
> oder, speziell auf Facebook bezogen:
> www.allfacebook.de,
> englisch: www.socialmediaexaminer.com und socialmedia-today.com.

12.3.4 Ein Social Media Manager ist immer auch Community Manager

Ganz egal, wie die Social-Media-Kampagne am Ende aussieht – ob Gewinnspiel, Video, Wettbewerb oder Produkttesting – entscheidend für den Erfolg ist ein durchdachtes, konsequentes und dauerhaftes Community Management rund um die Kampagnen und losgelöst von den Kampagnen. Als Social Media Manager ist man immer auch Community Manager. Konkret heißt das: Social Media Kampagnen können erst dann so richtig funktionieren, wenn eine Community aufgebaut ist – ohne Zielgruppe keine Kampagne. Eine Community aufzubauen, passiert nicht über Nacht – es handelt sich dabei viel mehr um einen steten Prozess, der niemals abgeschlossen ist. Gerade vor Beginn des Community-Aufbaus ist es sehr wichtig, dass möglichst viele Unterstützer dabei sind, aus dem Unternehmen (Stakeholder), aus befreundeten Unternehmen, aus dem Bekanntenkreis derer. Sie ziehen andere Leute mit und helfen dabei, die Community aufzubauen. Als Social Media Manager ist man mit Haut und Haaren involviert und immer interessiert daran, die Community wachsen zu lassen – das gelingt nur, wenn man das Ohr der Community ist, ständig präsent ist, auf Anfragen, Nachfragen, Kommentare und Co beantwortet, auch wenn es für das Unternehmen vielleicht nicht das angenehmste Thema ist, bei Streitigkeiten oder ähnlichem dazwischen geht, vermittelt, Impulse und Inhalte gibt, zuhört, Fragen stellt und – ganz wichtig: Community Leader aufbaut, indem man Power-User belohnt. Das Community Management ist unersetzbar.

Grundregeln für das Community-Management: Die Community sollte ein Ziel verfolgen, die Bedienung sollte einfach und simpel gehalten werden, aktive Community-Leader sind wichtig für das Wachstum und die Interaktivität der Community, das Topmanagement muss eingebunden werden, nicht die PR-Abteilung, vor dem Start der Community muss eine kritische Masse an Unterstützern und Mitgliedern eingebunden werden. Community-Guidelines stellen den Nutzer in den Mittelpunkt der Community, denn um ihn und seinen Mehrwert und seine Unterhaltung geht es; sie regeln das Miteinander und schließen Themen oder Umgangsformen aus.

Als Community Manager sollte man Allrounder mit gesundem Allgemeinwissen sein und auf Augenhöhe mit den Mitgliedern kommunizieren. Klar, ebenso sollte man selbst Poweruser sein, dabei authentisch und anfassbar als Ansprechpartner präsent und mit Haut und Haaren involviert sein.

Die Aufgaben des Community Managers sind sehr vielfältig: Er kümmert sich um die technische Pflege und Umsetzung der Netzwerkauftritte, die Ideen-Generierung, Erstellung von Inhalten (Umfragen, Status-Updates, Posts, Tweets…)

und Korrespondenz mit Mitarbeitern/Kollegen in Sachen Community. Er berät mit Kollegen zu Blog-, Post- und Tweetvorschläge und setzt diese um, korrespondiert mit Gewinnern von Gewinnspielen, recherchiert für neue Inhalte und Impulse, pflegt Aktionen und Kampagnen und reportet die wichtigsten Ereignisse, Reaktion auf Fragen und Probleme der User und überwacht somit ständig die Reaktionen auf Posts, Tweets und andere Inhalte.

Die Vorteile einer gepflegten Community: Kunden-Loyalität (ernst genommene Kunden sind zufriedene Kunden), Gegenseitigkeit (direkter Austausch mit dem Kunden), Word-of-Mouth (Mund-zu-Mund-Propaganda, Empfehlungsmarketing).

12.3.5 Monitoring: Social Media Manager sind auch Zahlen-„Onkel"

Social Media ist keine Blackbox. Der Erfolg von Kampagnen und generell der Einsatz und Impact von Social Media ist messbar. Mit kostenlosen, aber natürlich auch kostenpflichtigen Social Media Monitoring-Tools ist die systematische Beobachtung und Analyse von Social Media Beiträgen und Dialogen in Diskussionsforen, Weblogs, Mikro-Blogging und Social Communitys, wie Facebook oder Twitter möglich. Einige Informationen geben auch die sozialen Netzwerke selbst: Wie viele Likes, Kommentare, geteilten Inhalte, aktive Nutzer/Follower/Fans das Unternehmen hat und wie sich diese Zahlen entwickelt haben, ist etwa mit den Facebook-Statistik-Tools einsehbar.

Um aber Stimmungen in sozialen Netzwerken erkennen zu können, ist eine Sentiment-Analyse (Stimmungsanalyse) nötig, die Einzelmeinungen einer definierten Gruppe in sozialen Netzwerken bewertet. Diese Analyseform wird oftmals manuell vorgenommen, da automatische Sentimentanalysen noch ungenau sind. Allerdings sind die Entwicklungen in diesem Feld rasant: Computerlinguisten, Programmierer und Statistiker arbeiten nahezu um die Wette, um hier automatische Analysetools noch genauer werden zu lassen. Diese Tools suchen nach bestimmten Keywords, die man als Social Media Manager selbst festlegt – zum Beispiel den Unternehmens- oder Produktnamen. Die Fundstellen untersucht das Tool nach anderen Wörtern, die Aufschluss darüber geben könnten, in welchem Kontext das Suchwort genutzt wurde. Steht in einem Post zum Beispiel „Firmenname XY ist doof, weil sie auf meine Produktkritik nicht reagieren", würde das Programm das Wörtchen „doof" finden und den Beitrag als negativ kennzeichnen. Um Krisen- oder Problemsituationen rechtzeitig zu erkennen, werden Alerts eingesetzt. In definierten Situationen (Sentiment negativ oder positiv) informieren diese den Ersteller, wenn eine festgelegte Zahl an Negativ- oder Positiv-Fundstellen identifiziert wurden.

Für das Social Media Monitoring stehen sowohl kostenlose Werkzeuge als auch kostenpflichtige Dienstleistungen zur Verfügung.

Aus den Ergebnissen der Sentiment-Analyse bzw. der statistischen Erhebung der Aktivitäten in den sozialen Netzwerken erstellt der Social Media Manager ein regelmäßiges Reporting, um sowohl Kollegen als auch das Top-Management über die Lage in der Social-Media-Welt zu informieren, meist wöchentlich – je nach Größe der Community auch monatlich.

Welche Kennzahlen die meisten Unternehmen messen, hat die Universität Leipzig in einer Studie herausgefunden: Besucherzahlen von den sozialen Netzwerken auf die eigene Internetseite, Popularität und Reichweite (Fans, Likes, Followers, Retweets,…), Engagement (Dialoge, Kommentare, Teilnehmerzahlen bei Aktionen), Kundenzufriedenheit und Empfehlungsverhalten (Sentiment-Analyse), Themen und Contennutzung in den sozialen Netzen (Welche Artikel, Posts,… sind am besten angekommen), Kundenanfragen und Verkaufszahlen, die auf Social-Media-Aktivitäten zurückführbar sind.

Die besten und bekanntesten Gratis-Tools sind hier zusammengestellt: http:// bitly.com/WjUx8j oder http://bitly.com/SEjOFO.

Ein sehr umfangreich gefülltes Blog rund ums Social Media Monitoring: http:// social-media-monitoring.blogspot.de.

12.3.6 Netzwerken: Social Media Manager sind Influencer-Experten

Über die Hälfte (59 %) der Unternehmen in Deutschland setzen Influencer Marketing ein, etwa um neue Kunden zu gewinnen, um Produkte und Marken im Netz bekannter zu machen. Influencer verkörpern dabei Emotionen und geben Marken ein Gesicht. Warum Menschen Informationen von Social-Media-Nutzern annehmen, ist vielfältig: Ein Großteil der Nutzer gibt jedoch an, dass es Spaß mache, Beiträge von Influencern zu konsumieren. Der weiteren lieferten sie Informationen und wertvolle Tipps (20 %) und seien beliebt (19 %). Demnach erfüllen Influencer eine Art Vorbildfunktion, die sich Unternehmen im Rahmen des Influencer Marketings zunutze machen. In den vergangenen Jahren hat sich deshalb neben dem Social Media und Community Manager ein weiterer eigener Berufszweig entwickelt, der sich ausschließlich mit dem Bereich Influencer-Marketing und der Beziehung zwischen Unternehmen und Influencern beschäftigt, etabliert: Influencer Marketing-, auch: Influencer Relations Manager. Vor allem in größeren Unternehmen, bei denen sich Werbe- und Marketing-Aktivitäten auf soziale Netzwerke fokussieren, gehören Influencer Marketing Manager zum festen Bestandteil des Marketingteams. In kleineren und mittelständischen Unternehmen dagegen, übernehmen Agenturen oder Social Media Manager diese Aufgabe.

Influencer Marketing Manager entwickeln Influencer Kampagnen und setzen diese gemeinsam mit den passenden Influencern und Bloggern um. Zu ihren Kernaufgaben zählt deshalb, jene Influencer zu entdecken und zu akquirieren, die zur Mission des Unternehmens passen. Gute Menschenkenntnis, ästhetisches Gespür und ein detailliertes Wissen um Zielgruppen und Communities sind hier erfolgsentscheidend. Wie PR-Manager ein Netzwerk aus Journalisten, Unternehmen und bekannten Persönlichkeiten aufbauen, knüpft der Influencer Marketing Manager, Kontakte zu wichtigen Influencern der jeweiligen Branche. Dabei agiert er als Bindeglied zwischen Unternehmen, Influencern und Zielgruppen. Kurz: Seine Aufgabe ist es, die Menschen ausfindig zu machen, die einerseits die Marke eines Unternehmens perfekt repräsentieren und denen die Zielgruppe vertraut. Die Aufgaben eines Influencer-Marketing-Managers sind vielfältig. So umfassen diese neben der Akquise von Influencern, die Planung von Kampagnen und Kooperationen. Teils sind Influencer Marketing Manager auch für die Planung und Umsetzung sowie für das Marketing von Influencer-Events verantwortlich. Des Weiteren besteht ein weiterer Teilbereich von Influencer Marketing Managern in der Analyse von Kampagnen und deren Auswirkungen auf Bekanntheit und das Image einer Marke. Kurz: Sie behalten das große Ganze im Blick. Des Weiteren geht der Beruf des Influencer Marketing Managers teils mit einer hohen Budgetverantwortung einher. Denn immer mehr Unternehmen investieren in Influencer Kooperationen – zum Teil sogar mehr als in Print-, Radio oder Fernsehwerbung.

Vergleichbar mit dem Berufsbild des Social Media Managers gibt es auch für den Influencer Marketing Manager keinen festgeschriebenen Werdegang. Hier zählt vor allem die Praxis und die Kontakte. Ein akademisches Grundgerüst kann helfen, etwa durch ein Studium in Medien- und Kommunikationsdesign. Auch Studiengänge für Marketing und Management sind hilfreich, um sich solides Fachwissen im Bereich Onlinemarketing anzueignen. Künstlerische Skills wie Foto- und Videografie sind ebenso entscheidend, wie ein gutes Verständnis für Zahlen und Analysen. Wie der Alltag als Influencer Marketing Manager aussieht, lernen Studierende und Berufsanfänger am besten mit Praktikas und Werkstudenten-Tätigkeiten, beispielsweise in einer Agentur. Der Vorteil besteht hier vor allem darin, das Agenturen unterschiedliche Kunden bedienen und demnach bestenfalls über ein besonders großes Netzwerk an Influencern verfügen. Hier gilt: Je mehr Kontakte angehende Influencer Marketing Manager sammeln, umso bessere (Gehalts)chancen haben sie später bei anderen Unternehmen.

Was das Gehalt angeht, verhält es sich ebenso wie mit anderen Berufsbildern in der Social-Media-Welt: Sie variieren je nach Berufserfahrung, Branche und Unternehmen. Laut der Jobbörse Stepstone können Influencer Marketing Manager ein Gehalt zwischen 39.100 und 56.300 Euro erwarten. Der Durchschnitt liegt demzufolge bei 47.200 Euro.

Nano, Micro, Mega? Der Influencer-Kosmos im Überblick
Neben Stars und den sogenannten Mega-Influencern mit mehreren Millionen Followern, haben sich in den letzten Jahren weitere Kategorien von Influencern etabliert. Je nachdem wie viele Menschen einem Influencer folgen, gehört dieser zur Gruppe der Nano-, Micro-, Mid-tier oder Macro-Influencern. Influencer mit einer geringeren Anzahl an Followern zeichnen sich häufig durch eine aktive Community aus, die dem Influencer vertraut. Demnach setzen Unternehmen immer häufiger auf kleinere Accounts und Communitys, um Streuverluste zu vermeiden und Kampagnen noch gezielter auszuspielen. Ein weiterer Vorteil, insbesondere von Nano- und Micro-Influencern ist der, dass diese jeweils in bestimmten Nischen aktiv sind – etwa als Fotografen, Konditoren oder Berater.

- **Nano-Influencer** betreiben Accounts mit 1000 bis 10.000 Follower sind. Sie haben meist eine kleine aber umso aktivere Community, die dem Influencer vertraut. Nano-Influencer sind Meinungsführer auf einem bestimmten Gebiet und eignen sich optimal dazu, um Nischenprodukte zu vermarkten und deren Bekanntheit zu steigern.
- **Micro-Influencer** haben zwischen 10.000 und 100.000 Followern und zeichnen sich wie Nano-Influencer durch eine hohe Engagement-Rate aus. In der Regel ist ihre Nische etwas größer als die eines Nano-Influencers. Ein Beispiel: Während ein Nano-Influencer sich beispielsweise auf das Thema „Plastikfreies Zuhause" fokussiert, behandelt ein Mikro-Influencer das Thema „Nachhaltigkeit" im Allgemeinen und vermarktet beispielsweise sowohl nachhaltige Kleidung, Interior sowie andere nachhaltige Produkte. Nano- und Mikro-Influencer kooperieren dabei häufig nur mit wenigen ausgewählten Marken, von denen sie selbst besonders überzeugt sind. Ein Grund, warum ihre Follower ihnen diesbezüglich in hohem Maße vertrauen.
- **Mid-tier Influencer** zeichnen sich durch eine Community zwischen 50.000 und 500.000 Followern aus und richten sich an eine breitgefächerte Zielgruppe. Wichtig: Hier müssen Influencer Marketing Manager analysieren, welche Zielgruppen besonders aktiv sind, kommentieren oder sich auf andere Art mit dem Influencer vernetzen.
- **Macro-Influencer** mit 500.000 bis 1.000.000 Followern gehören zu den bekanntesten Influencern und sprechen mehrere Zielgruppen mit unterschiedlichen Interessen an. Bei ihnen stehen bestimmte Themen im Fokus, gleichzeitig

stehen sie für einen bestimmten Lebensstil, indem sie beispielsweise Luxus, Erfolg, Schönheit oder digitales Nomadentum verkörpern.

- **Mega-Influencer & Celebrities:** Sie sind die Oberliga der Influencer und kooperieren dank mehrerer Millionen Follower mit großen Marken wie Nike, Coca Cola und Co. Zu den Mega-Influencern zählen Stars wie Kim Kardashian, aber auch Influencer, die es dank hoher Reichweite zum Social-Media-Celebrity geschafft haben, in Deutschland beispielsweise Pamela Reif.

12.4 Was einen guten Social Media Manager ausmacht

Dass ein Social Media Manager in den sozialen Netzen leben muss, mit Haut und Haaren – das sollte klar sein, nach dem, was er an Aufgaben zu meistern hat. Schließlich ist er das Gesicht des Unternehmens im Social Web, Ansprechpartner für Kundenfragen, Beobachter, Zuhörer, Mitdiskutant, Marktforscher, Trendsetter, aber auch Sprachrohr des Kunden nach innen ins Unternehmen. Aber Vorsicht: Wer Instagram, Twitter und Co privat nutzt und die Funktionsweisen kennt, selbst wer eine Fanseite bei Facebook erstellen kann, ist noch lange kein Social Media Manager.

Dazu gehört noch mehr: Ein Social Media Manager sollte die Geschäftsprozesse kennen und gut im Unternehmen vernetzt sein, um die Social-Media-Kanäle sinnvoll für seine Firma anwenden zu können. Nur dann kann er auch einschätzen, in welcher Abteilung (PR, Marketing, Vertrieb, Kundenservice, Personal, Produktentwicklung) sich der Einsatz von Instagram, TikTok & Co. wirklich lohnt. Und – viel wichtiger, oder mindestens genauso wichtig: Der Social Media Manager muss sich im Konzern auskennen, muss schnell die richtigen Ansprechpartner finden. Denn im Social Web erwarten viele Nutzer eine Antwort binnen weniger Minuten (oder Stunden, aber nicht Tage). Und am besten wäre es, wenn er nicht nur intern die besten Ansprechpartner kennt, sondern auch im Social Web schon mit den interessanten Kontakten verknüpft ist, die als Multiplikatoren nutzen können.

Berufserfahrung und Prozesskenntnisse sind von Vorteil. Auch ein abgeschlossenes Studium wird oftmals verlangt, etwa in Kommunikationswissenschaften, Medien, BWL oder Wirtschaftsinformatik. Da Social-Media-Kenntnisse auch je nach Branche variieren, sind Berufserfahrungen in der jeweiligen Branche des Zielunternehmens von Vorteil. Plant beispielsweise ein Medienkonzern sich im Social Web zu engagieren, kann es durchaus sinnvoll sein, wenn der Bewerber zuvor bereits im Verlagswesen gearbeitet hat und seine Erfahrungen für den neuen Job nutzen kann. Schließlich geht es im Social Media Marketing um kompetente Kundenkommunikation auf Augenhöhe des Kunden.

Eine weitere zentrale Eigenschaft des Social Media Managers ist also eine hohe Kommunikations-Kompetenz. Er steht in direktem Kundendialog, hat mehrere Ansprechpartner im Unternehmen über alle Fachbereiche hinweg und muss seine Kollegen im Umgang mit Social Media unterstützen oder schulen können. Ein apathischer Sozialautist ist daher fehl am Platz. Gefragt sind Teamfähigkeit, Offenheit und gepflegte Umgangsformen.

Einem Unternehmen ein „Gesicht" im Social Web zu verleihen, benötigt ein gewisses Maß an Kreativität. Wichtig ist, das Unternehmen zu verstehen, Besonderheiten herauszuarbeiten und die Authentizität in den Vordergrund zu stellen – Standardkampagnen bringen im Social Web nichts.

Auch sehr wichtig: Technisches Fachwissen. Ein Social Media Manager muss nicht programmieren können – aber auf Augenhöhe mit Technikern und Entwicklern sprechen können. Dazu gehört es auch, in der Lage zu sein, ein Pflichtenheft für die IT-Abteilung schreiben zu können, das klarmacht, welche technischen Anforderungen eine Kampagne mit sich bringt.

Für das Social-Media-Monitoring und die Auswertung von Social-Media-Kanälen, hilft nicht nur technisches Knowhow, sondern auch eine gewisse Zahlenaffinität und eine Vertrautheit mit Fachbegriffen wie Sentimentanalyse, Keywordtracking und Co.

Was natürlich nicht fehlen darf: Neugierde, der stete Antreiber eines jeden Social Media Managers. Welche neuen technischen Errungenschaften bietet das Social Web? Wie kann ich diese zu Marketingzwecken nutzen? Dazu muss der Social Media Manager stets mit dem Ohr am Puls der Zeit sein. Hierbei helfen regelmäßig Social-Media-Veranstaltungen, Seminare, Messen oder ähnliches.

Hilfreich, aber nicht Grundvoraussetzung: eine juristische Vorbildung, schließlich beinhalten viele Social-Media-Aktivitäten Fragen zum Urheber- und Wettbewerbsrecht oder zur Meinungs- und Pressefreiheit.

Auch eine gute Allgemeinbildung ist unabdingbar, denn Social Media Manager sind ein Sprachrohr der Nutzer und bringen die Themen aus der Gesellschaft näher ans Unternehmen.

Literatur

PricewaterhouseCoopers GmbH (2021) December 2021 Global Consumer Insights Pulse Survey. PricewaterhouseCoopers GmbH, Frankfurt. https://www.pwc.com/gx/en/industries/consumer-markets/consumer-insights-survey.html. Zugegriffen am 23.05.2022

Experten-Gespräch mit Mirko Lange: Unternehmen „Social Media"

13

Der Tausendsassa Mirko Lange (Jahrgang 1965) ist Geschäftsführer von Scompler, aktiver Blogger und lehrt Social Media und Kommunikation an mehreren Instituten. Im Interview verrät er Anforderungen an künftige Social Media Manager, stellt Ausbildungswege vor und schaut für uns ein wenig in die Zukunft der sozialen Netzwerke.

Fragen und Antworten

Social Media Manager – ein neues Berufsbild: Wie definieren Sie die Aufgabengebiete und die dazu nötigen Eigenschaften und Fähigkeiten?

Wer als Social Media Manager in Unternehmen tätig ist oder tätig sein will, muss noch auf Zeit sein Aufgabenfeld zwischen einer ganzen Reihe von alten und neuen Kommunikationsdisziplinen finden. Je nach Unternehmensgröße ist der Social Media Manager entweder nur „Manager", also vor allem strategisch, konzeptionell oder koordinativ tätig, oder er ist dabei auch sehr viel operativ eingebunden, von der Redaktion und Content-Produktion über das Community Management bis hin zur Sprecher-Funktion. Dementsprechend dürften die Aufgabengebiete in der Praxis sehr unterschiedlich sein, je nachdem, ob man im Unternehmen ein „Einzelkämpfer" ist oder ein Team hat. Aber so oder so: seine zentrale Aufgabe ist nicht das Operative! Das sind dann die „Social Media Redakteure", „Content Manager" oder „Community Manager". Ich halte das für sehr wichtig, vor allem die Abgrenzung zum Community Manager. Und um die Verwirrung noch komplett zu machen, gibt es auch noch die Online-Marketing-Spezialisten, denen auch die Verantwortung für Social Media zugeschoben wird – zusammen mit den Adwords. Da erkennt man den unterschiedlichen Stellenwert.

Wenn ich mir den Status der Integration von Social Media in Unternehmen anschaue, dann ist die Kernaufgabe eines Social Media Manager heute und die nächsten Jahre vor allem, „Social Media" im Unternehmen einzuführen. Der Social Media Manager ist dann vor allem Vermittler und Koordinator. Er hilft einerseits den einzelnen Abteilungen im Unternehmen, „Social Media" in ihre Strategien und operativ zu integrieren. Also Vertrieb, Marketing, Human Resources, Interne Kommunikation, Kundenbetreuung, Pressearbeit usw. Und dann

© Springer Fachmedien Wiesbaden GmbH, ein Teil von Springer Nature 2022
N. Lumma et al., *Berufsziel Social Media*,
https://doi.org/10.1007/978-3-658-38256-8_13

sorgt er dafür, dass diese Abteilungen zusammen einigermaßen homogen im Social Web auftreten und sich verhalten. Dabei muss er auch häufig vermitteln, weil es Kompetenzstreitigkeiten und Konflikte geben wird. Dafür braucht er vor allem eine gewisse Seniorität und viel diplomatisches Geschick. Fachlich muss ein Social Media Manager ein extrem breites Wissen mitbringen: Auf der einen Seite muss er die Bedürfnisse der Abteilungen verstehen, auf der anderen Seite muss er wissen, welche spezifischen Anforderungen durch „Social Media" auf die Abteilungen zukommen. Hierzu gehören auch viele „neue" Fähig- und Fertigkeiten wie Empathie und Konfliktmanagement aber auch ganz viel Kreativität und technisches Verständnis. Und zusätzlich muss er auf der Höhe der Zeit sein, was die diversen Social Media Tools und Plattformen angeht, die sich rasend schnell weiterentwickeln. Unter dem Strich ist das potenziell wohl die spannendste Aufgabe, die man heute in der Kommunikation haben kann.

Die PZOK bietet eine zertifizierte Ausbildung zum Social Media Manager an. Wie sehen Sie die derzeitigen Ausbildungsmöglichkeiten?
Zunächst muss ich sagen, dass ich die Initiative der PZOK sehr begrüße. Sie dient der Professionalisierung der Branche. Ich kenne die Zertifizierung nicht im Detail. Aber dem Beirat gehören sehr fähige Persönlichkeiten an, und die Prüfungsbereiche sind gut gewählt. Ich denke also, dass die Prüfung für Qualität steht. Für richtig halte ich auch, dass die PZOK einen Hochschulabschluss und mindestens zwei Jahre Berufserfahrung oder ohne Hochschulabschluss fünf Jahre Berufserfahrung verlangt. Wie oben schon gesagt: „Social Media Manager" ist kein Job für Berufseinsteiger. Die Ausbildungsmöglichkeiten sind allerdings sehr überschaubar. Mit zu den besten dürfte die Social Media Akademie gehören, die haben den Trend als erster erkannt und bieten inzwischen eine Vielzahl wirklich guter Programme an, die wohl auch alle sehr gute für die PZOK geeignet sind. Ansonsten gibt es eine riesige Fülle von Seminaren und Fortbildungen, die aus meiner Perspektive nur begrenzt als Vorbereitung für die PZOK dienen. Und auch in Studiengängen findet „Social Media" immer mehr Eingang, aber auch meistens eher operativ. Ich selbst bin ja sowohl an der Social Media Akademie sehr aktiv, als auch Lehrbeauftragter an der Fachhochschule für Medien und Kommunikation in München sowie Lehrgangsleiter an der Bayerischen Akademie für Werbung und Marketing. So habe ich einen gewissen Einblick. Ich will damit gar nicht die Qualität der einzelnen Veranstaltungen bewerten, aber wer viele Einzelkurse macht, dem geht das Gesamtbild verloren. Viele Programme sind auch eine reine Ansammlung von Einzelvorlesungen, denen der rote Faden fehlt. Mit anderen Worten: Wer sich hier gut ausbilden will, muss selbst Verantwortung übernehmen. Das ist allerdings nicht leicht. Umso besser, wenn es Leitfäden gibt, sei es auch nur in Form einer Prüfungsvoraussetzung.

Was halten Sie von der Akademisierung der Ausbildung im Bereich Social Media?
Insgesamt werte ich den Trend zur Akademisierung positiv. Allerdings sind die meisten Hochschulen auch nicht besonders weit, das ganze Thema ist noch sehr am Anfang. Aus meiner Sicht haben die Hochschulen da ein gewisses Problem: Junge Menschen mit 18 bis 22 Jahren fehlt oft einfach die Erfahrung, die es für einen Social Media Manager braucht. Da kann man ein paar Grundlagen vermitteln, aber es wird noch viel Berufserfahrung und Fortbildung nötig sein. Und ich sehe gleichzeitig noch eine lange Wegstrecke, bis die Hochschulqualifizierung bei Social Media Managern den Standard darstellt. In der Praxis übernehmen das heute doch eher entweder Menschen, die entweder eine hohe Kompetenz in Kommunikation haben aber

sich erst in Social Media einarbeiten müssen. Für die braucht es mehr Weiterbildungsmöglichkeiten. Oder es sind „Digital Natives", die zwar Facebook & Co. beherrschen, aber kein wirkliches Verständnis haben, was das für und in Unternehmen bedeutet. Die brauchen dann einfach Zeit. Aktuell gibt nur ganz wenige Professionals, die wirklich beides verstehen. Die Akademisierung trägt sicherlich zu einer besseren Struktur der Ausbildung bei, aber auf der anderen Seite spielt „Praxis" in keiner anderen Kommunikationsdisziplin eine so große Rolle wie bei Social Media.

Ist Social-Media wirklich ein eigenes Berufsfeld – oder eher ein Werkzeug oder ein weiterer Kommunikationskanal innerhalb anderer Berufsfelder, beispielsweise in den PR oder im Journalismus?
Social Media ist sicherlich auch ein „Kommunikationskanal" und ein „Werkzeug". Und auch ein Journalist, ein PR-Mensch, ein Direkt-Marketer usw. muss diese Kanäle kennen beherrschen – so wie er auch E-Mail und Telefon beherrscht. Insofern könnte man meinen, es sei kein eigenes Berufsfeld. Ich finde es ehrlich gesagt sehr schade, wenn viele Menschen „Social Media" so – und durchaus etwas abfällig – betrachten. Ich beobachte, dass der Social Media Manager in der Hierarchie noch deutlich unter dem „Presse-Fuzzi" steht. Die PR hat sich in den vergangenen Jahren sehr viel Respekt erarbeitet, in einigen Unternehmen gehört sie zur Königsdisziplin der Kommunikation. Und Social Media steht heute da, wo die PR vor 30 Jahren stand. Das zeigt aber auch, dass die meisten Unternehmen „Social Media" noch nicht verstanden haben. Tatsächlich ist „Social Media" viel mehr als ein Kommunikationskanal. Denn „Social Media" ist eben auch ein gesellschaftliches Phänomen. Es verändert die Menschen – und das grundlegend. Und es verändert Nachrichtenströme. Es verändert die Art, wie Medien generell funktionieren. Ich will nicht sagen, „Social Media" verändert „alles", das wäre übertrieben, aber die Folgen von Social Media betreffen über kurz oder lang so gut wie jeden Aspekt in einem Unternehmen. Social Media ist im Grunde eine neue Kulturtechnik, und bei der strategischen wie operativen Integration dieser neuen Kulturtechnik treten in der Praxis enorme Probleme auf. Und damit umzugehen ist eben Aufgabe der Social Media Managers – als eigenes Berufsbild.

Ein Ausblick in die Zukunft der Social-Media-Welt in 5 Jahren: Was wünschen Sie sich von Firmen, Ausbildungsinstituten und vom Nachwuchs?
Vor allem wünsche ich mir ein Fallen der „Silos". Das Trennen in die verschiedenen Disziplinen macht einfach keinen Sinn mehr – und das Verteidigen von Positionen noch viel weniger. Heute ist jede öffentliche Kommunikation auch Öffentlichkeitsarbeit. Und guter Service ist Marketing. Dazu hilft ein gutes Marketing beim Employer Branding und und und. Kommunikations-Professionals müssen viel mehr Teamarbeit lernen und Empathie – nicht nur für den Kunden, sondern auch für den Kollegen. Sie müssen lernen, die Perspektive des anderen zu sehen und sich selbst nicht so ernst zu nehmen. Ich selbst weiß nicht, wie der Weg dahin aussieht. Bei den oft starren Strukturen in Unternehmen scheint das teilweise unmöglich. Aber da muss es hingehen. Und das gelingt nur, wenn sich alle Beteiligten klar darüber sind, dass sich etwas ändern muss. Und dafür braucht es vor allem auch eine Änderung in der „Bewertung", eine Änderung in den „Werten". Ich denke, dass „social", also „gemeinsam" die Zukunft ist – und das gilt in jeder Beziehung. In der Beziehung der Abteilungen im Unternehmen untereinander, aber auch in der Beziehung zwischen den Unternehmen und sei-

nen Stakeholdern. Wenn die Unternehmen mal so weit sind, dann braucht es wahrscheinlich keine Social Media Manager. Aber die nächsten 500 Jahre oder so ist da keine Gefahr.

Was sehen Sie als größten Vorteil von Social Media für Unternehmen?
Ich halte die Frage für falsch gestellt. Das klingt so, also ob die Unternehmen eine Wahl hätten. Sie haben aber keine Wahl. Social Media betrifft sie. Es ist komplett naiv zu denken, man könne sich entscheiden, ob man „Social Media macht" oder nicht. Social Media findet statt. Und es betrifft sie. Direkt oder indirekt. Und Unternehmen können sich entscheiden, ob sie über Social Media Einfluss auf die Menschen gewinnen wollen, oder ob sie eben komplett „die Kontrolle verlieren" wollen. Das klingt nach einer Plattitüde, es ist aber so. Überlegen Sie sich doch mal, wie die Frage vor 20 Jahren ausgesehen hätte: „Was sehen Sie als größten Vorteil von E-Mail für Unternehmen" – und wie sie aus heutiger Perspektive anmutet. Natürlich hätte man vor 20 Jahren viele „Gründe" oder Vorteile finden können. Aber aus heutiger Sicht stellt sich die Frage gar nicht mehr. E-Mail ist aus der heutigen Geschäftswelt nicht mehr wegzudenken. Es ist eine schlichte Notwendigkeit – kein „Vorteil". Und so wird es auch mit Social Media in 10 Jahren sein. Und vieles ist heute vielleicht nicht einmal ein „Vorteil", weil jedem Vorteil auch ein Nachteil gegenübersteht. Wer anfängt, sich im Social Web zu bewegen, wird mit Problemen konfrontiert werden, die er vorher nicht hatte. Oder genauer: Nicht gesehen hat. Deswegen kann man eigentlich auch nicht pauschal sagen, was denn die „Vorteile" sind. Unter dem Strich kommt aber kein Unternehmen drum herum. Wie heißt es so schön: „Den Weisen führt das Schicksal, den Dummen zerrt es dorthin". Und wenn mich konkret ein Unternehmen die Frage nach den Vorteilen fragt, dann gebe ich den Rat, es einfach anzugehen und langsam zu lernen. Heute geht das noch.

Always on? Was ist mit der Work-Life-Balance?

14

Immer im Netz, denn das Internet schläft nie? Das Berufsbild von Social-Media-Experten ist sicherlich von der stereotypen Vorstellung geprägt, dass nicht nur PC/Notebook im Büro immer online sind, sondern der digitale Held der Arbeit auch generell mit dem Smartphone auf dem Laufenden bleibt. Die Frage ist, wie sich das mit den Freizeitinteressen verträgt, wie man dann noch ausreichend Zeit für Partner, Freunde, Familie sowie Hobbys findet. Nicht zu vergessen ist bei aller virtuellen Interaktivität auch, die eigenen Akkus aufzuladen.

Das Thema Work-Life-Balance hängt natürlich vom gewählten Berufsweg ab. Mit welchem Aufgabenschwerpunkt fange ich bei welchem Arbeitgeber an und was für Projekte mit welcher Deadline-Philosophie werden hier bearbeitet? Gibt es dort dann häufig besonders wichtige Kunden, die auch Aufmerksamkeit am Wochenende verlangen? Die Stressresistenz hängt auch davon ab, wie sehr man selbst im ständigen Arbeitsalltag an der Front mit User-Feedback zu tun hat. Wer vor allem Konzepte erarbeitet, wie z. B. Social Media Consultants, ist natürlich weniger den teilweise geballten Interaktionen innerhalb der Communities ausgesetzt. Übergeordnet gilt es aber auch, die eigenen Ziele zu klären. Die individuelle Bedeutung von Arbeit, Gesundheit und Privatleben ist vorab zu klären, um bei der Jobsuche klare Grenzen ziehen zu können. Hat man vielleicht schon eine eigene Familie, die auch zu bestimmten Zeiten ungeteilte Aufmerksamkeit verlangt? So werden sich bestimmte berufliche Herausforderungen hiermit nicht vereinbaren lassen.

Die langfristige Auseinandersetzung mit dem Thema Work Life Balance bedarf immer wieder der eigenen kritischen Hinterfragung: Was ist mir im Leben wirklich wichtig? Wie kann ich berufliche Zufriedenheit mit privatem Glück möglichst gut vereinen? „Eine befriedigende Arbeit zu finden ist wichtig. Eine befriedigende Arbeit zu finden, die nicht die eigene Gesundheit oder das Privatleben ruiniert, ist

© Springer Fachmedien Wiesbaden GmbH, ein Teil von Springer Nature 2022
N. Lumma et al., *Berufsziel Social Media*,
https://doi.org/10.1007/978-3-658-38256-8_14

noch viel wichtiger", bringt es Karriere-Berater Jürgen Hesse von Hesse/Schrader auf den Punkt. Deshalb rät er: „Drum prüfe wer sich bindet." In Stellenanzeigen sollte man Hinweise zu den Arbeitsbelastungen ernst nehmen und im Vorstellungsgespräch das Thema Work Life Balance selbstbewusst ansprechen. „Des Weiteren sollte man in der Probezeit und generell im Arbeitsleben mit seinen Vorgesetzten zum richtigen Ausgleich von Arbeit und Freizeit im Gespräch bleiben", erklärt Jürgen Hesse. Manchmal ändern sich Projektparameter, wobei offen ist, wie lange, wie intensiv oder wie häufig dies auch in der Zukunft relevant ist. Wer hierzu dann keinen Austausch innerhalb der Firma sucht, der verpasst eine bedeutsame Chance, die eigenen Rahmenbedingungen positiv beeinflussen zu können.

Generell kann zur Arbeitswelt im Social-Media-Bereich gesagt werden, dass eine gewisse Aufmerksamkeit gegenüber bestimmten Entwicklungen eher konstant in Vorder- und Hintergrund der Aufmerksamkeit mitschwingt. Auch werden ganz besondere Entwicklungen, wie z. B. dringendes Krisenmanagement, stets auch möglichst zeitnahe Berücksichtigung verlangen. Auf der anderen Seite gilt es, als Arbeitnehmer klar die Kernarbeitszeit vertraglich festzuhalten und auch den Umgang mit Überstunden eindeutig zu regeln. Wer nur arbeitet, ohne einen sinnvollen geistigen, körperlichen Ausgleich zu finden, der wird auf Dauer im Job nicht erfolgreich sein.

Gerade die Herausforderung Shitstorms ist ein schwieriges Problem im Bereich der Work Life Balance. Es geht hierbei nicht nur um die reine Arbeitszeit, mit der man vielleicht sogar am Feierabend oder am Wochenende diese Krise lösen will. Es geht auch um die emotionale Belastung, die mit solch besonderen Aufgaben verbunden ist. Wer sich hierbei zu sehr persönlich involviert, Kritik auf die eigene Person bezieht, der wird auch nach dem Logout mit der Arbeit verbunden bleiben, und nicht vollständig abschalten können. Wenn der berufliche Stress mit ins Privatleben integriert wird oder nachts den ruhigen Schlaf verhindert, wird dies auf Dauer gesundheitlich nicht gut gehen. Von daher gilt es, nicht nur klare Regeln im Umgang mit Arbeitszeiten und Mehrbelastungen zu etablieren, sondern auch eine eigene emotionale Stabilität zu finden, bei der Arbeit und Freizeit getrennt werden können.

Karriere-Expertin Svenja Hofert sieht das Problem der Work Life Balance vor allem im Agenturbereich: „Es hängt ganz klar von den jeweiligen Arbeitsaufgaben sowie den Rahmenbedingungen im Job ab. Generell wird dieses Thema immer wichtiger und auch mehr berücksichtigt. Mein Tipp an Berufseinsteiger lautet: Man sollte mit Leuten sprechen, die in dem Bereich arbeiten, wo man selbst aktiv werden will. Mit persönlichen, authentischen Auskünften lässt sich viel besser entscheiden, ob man ebenfalls diesen Weg gehen kann bzw. will."

Agentur-Chef Mirko Kaminski rahmt das Thema Work Life Balance in einen größeren Gesamtkontext ein: „Es gilt nicht nur für Digitalarbeiter, sondern ich sage dies immer auch allen Einsteigern und Agentur-Junioren: Glaubt nicht, dass Euer Tätigkeitskosmos das Leben der breiten Bevölkerung repräsentiert. Wenn ihr Bodenhaftung behalten wollt, und das solltet ihr, dürft ihr nicht nur allein untereinander im Kontakt bleiben." Für ihn ist es wichtig, dass man am Abend sowie am Wochenende auch mit ganz anderen Berufsvertretern, z. B. Lehrern, Künstlern oder Naturwissenschaftlern, zu tun hat und hier neue Sicht- und Lebensweisen wahrnimmt. „Auch dies meint für mich Work-Life-Balance: Nicht permanent nur mit Menschen zu tun zu haben, die auch was mit Kommunikation bzw. Medien machen", bringt es Mirko Kaminski auf den Punkt.

Das Thema Weiterbildung gehört zum Umgang mit Work Life Balance ebenfalls dazu. Wer nie richtig gelernt hat, Zeit- und Stressmanagement effektiv anzugehen, der wird auch mit digitalen Herausforderungen Probleme bekommen. Projektmanagement kann man lernen. Für den richtigen Umgang mit schwierigen Auftraggebern, Kooperationspartnern oder der Presse gibt es ebenso Kurse, wie für erfolgreiche Verhandlungsführung. Im Resultat wird die effizientere und effektivere Nutzung der Arbeitszeit zu weniger Überstunden führen und die freie Zeit weniger mit belastenden Sorgen füllen.

Sport ist an dieser Stelle ebenfalls ein relevantes Stichwort: Wenn man den ganzen Tag am super stilvollen Notebook sitzt und flotte Sprüche in digitale Welten verschickt, so kann man noch so erfolgreich sein, am Ende war es ein Tag mit sehr wenig körperlicher Bewegung. Und auf die Dauer wird das gesundheitliche Konsequenzen haben. Es gilt einen passenden Ausgleichsport zu finden, bei dem genau die Muskeln und Bereiche gestärkt bzw. trainiert werden, die am Arbeitsplatz sträflich vernachlässigt wurden. Gleichzeitig kann Sport ein wichtiger Informations- und Networking-Faktor sein. Wer weiß, welche interessanten Trends im Sportverein mal so nebenbei erwähnt werden? Wer kann schon vorhersagen, welche beruflich relevanten Kontaktpartner man im Fitnessstudio treffen kann? Und selbst wenn dies nicht einlösbar ist, so hilft doch am Feierabend ein sportlicher Ausgleich am nächsten Morgen nicht nur leistungsmotiviert, sondern auch belastbar die neuen Herausforderungen anzugehen.

Somit bleibt das Thema Work Life Balance eine Frage, mit der man sich sehr individuell beschäftigen muss, individuelle Antworten zu suchen sind, z. B. hinsichtlich der eigenen beruflichen, privaten Ziele, um dann den Arbeitsplatz zu finden, der genau zur eigenen Wertewelt passt. Zusätzlich ist das Feierabendprogramm bewusst zu gestalten, um durch neue intellektuelle Impulse und körperliches Training fit für zukünftige, anspruchsvolle digitale Herausforderungen zu sein.

Aber jetzt mal ehrlich: Social Media – das kann doch eigentlich jeder? 15

Eigentlich ja, möchte man meinen, denn Social Media hat viel mit gesundem Menschenverstand zu tun. Falls Ihnen jetzt Zweifel kommen, ob Social Media doch wirklich etwas für Sie ist, lassen Sie uns noch einmal im Detail beleuchten, was zum Aufgabenbereich von Social-Media-Berufen gehört und was man getrost ignorieren kann.

Social-Media-Berufe haben etwas Generalistisches, aber oftmals auch etwas sehr Spezielles. Genau dieser Widerspruch in sich macht Social Media so spannend. Von Freunden und Familie bekommt man gerne den Spruch zu hören, dass man ja einen Traumjob habe, weil man für Facebook, Chatten, Twitter und ein bisschen bloggen auch noch bezahlt werde. Da schwingt natürlich oftmals auch mit, dass eigentlich jeder den Job machen kann.

Chatten? Kann jeder. Oder? Sobald man im Auftrag eines Unternehmens oder eines Kunden chattet, wird das Chatten ungleich schwieriger, denn man ist unter Umständen angehalten, die Tonalität des Kunden oder einer Kampagne zu übernehmen und es gilt, die Unternehmensziele nicht aus den Augen zu verlieren. Als dies wohlgemerkt ohne es sich bei den Nutzern zu verscherzen, die oftmals keine Lust auf gestelzte PR-Sprache haben, auf Augenhöhe behandelt werden wollen und denen etwaige Kampagnen- oder Unternehmensziele völlig egal sind. Kommunikation auf Augenhöhe ist hier das Schlüsselwort und es fällt nicht immer leicht, das wirklich hinzubekommen.

Facebook? Kann jeder. Oder? Na klar, mittlerweile können viele Menschen Facebook nutzen, dort ihre Fotos hochladen, witzige Dinge mit anderen Teilen und kurz mal sagen, was sie gerade so umtreibt. Aber kontinuierlich mit tausenden Fans im Dialog zu stehen, interessante Postings verfassen oder involvierende Kampagnen zu konzipieren, das kann dann doch nicht jeder einfach so, weil er oder sie einen

© Springer Fachmedien Wiesbaden GmbH, ein Teil von Springer Nature 2022
N. Lumma et al., *Berufsziel Social Media*,
https://doi.org/10.1007/978-3-658-38256-8_15

Facebook-Account hat. Dazu gehört mehr und es ist harte Arbeit, eine Kampagne auf Facebook leicht und lässig rüberkommen zu lassen, wenn dahinter harte Ziele stecken, die vorher definiert wurden. Der Einsatz von Werbemaßnahmen auf Facebook zur Unterstützung von Kampagnenzielen und zur besseren Sichtbarkeit der Postings gehört dann ebenso dazu wie die Auswahl des richtigen Bildmaterials und das Schreiben knackiger Headlines.

Twitter? 140 Zeichen kann jeder. Oder? Na klar, Twitter gehört zu den einfachsten Diensten, die man derzeit nutzen kann. Aber mal eben so zu twittern, dass Nutzer Retweets machen oder einen Dialog anfangen, dazu braucht es im Normalfall mehr als nur das Twittern des Links zu aktuellen Pressemitteilung. 140 Zeichen sind wenig Platz, da muss man knackig direkt auf den Punkt kommen, das allein ist schon Herausforderung an sich.

Blog? Bloggen kann jeder. Oder? Der Kunde stellt Schrauben her und will, dass dies Woche für Woche im Blog gefeiert wird, aber so, dass die Kunden das interessant finden und das Blog lesen – Sie stehen vor einer Aufgabe, die sie erst mal lösen müssen. Storytelling ist ein wichtiges Element bei Social Media, es kommt immer darauf an, wer wie die Geschichte erzählt, damit sie weitergeleitet, geliked, geretweetet oder einfach nur gelesen wird.

Wir haben Chat, Facebook, Twitter und Blog jetzt nur einmal exemplarisch herausgegriffen, um zu zeigen, dass Dienste, die aus Sicht des Nutzers sehr einfach und intuitiv sind, im Rahmen eines größeren Kommunikationskonzeptes doch etwas komplexer sein könnten. Natürlich wollen wir auch nicht verschweigen, dass Social-Media-Berufe absolute Traumjobs sein können für Menschen, die gerne im Internet unterwegs sind und gerne mit anderen Menschen reden. Allerdings dürfte auch klar sein, dass es ein Schema F bei Social Media nicht gibt, hier ist sehr viel immer noch individuelle Handarbeit, da viele Dialoge zwischen Menschen stattfinden, die sich schlecht mit Textblöcken oder standardisierten Vorgehen zufriedenstellend durchführen lassen.

Expertengespräch mit Katharina Borchert: Social Media als wichtiges Werkzeug für Journalisten

Katharina Borchert (Jahrgang 1972) ist seit 2010 Geschäftsführerin von Spiegel Online. Im Gespräch verrät sie uns, warum sie Social-Media-Junkie ist, es bei sozialen Netzwerken derzeit nicht in erster Linie ums Geldverdienen geht und wie der Spiegel mit den neuen Kommunikationskanälen umgeht.

Fragen und Antworten

Sie bezeichnen sich als Social-Media-Junkie. Wann und wie hat das angefangen?

Wenn man den Begriff nicht auf die populären Netzwerke der letzten paar Jahre beschränkt, dann schon Ende 1994 mit langatmigen Debatten im Usenet und noch längeren Nächten im IRC. Dann kam das Bloggen, schließlich Twitter Facebook und Pinterest usw.

Welche Rolle spielen die sozialen Netzwerke in Ihrem beruflichen Leben als Geschäftsführerin von SpiegelOnline?

Sie sind aus meinem Leben einfach nicht mehr wegzudenken, egal ob privat oder beruflich. Twitter ist eine wichtige Informationsplattform geworden, dank derer ich heute eine viel größere Bandbreite von Publikationen zumindest punktuell lese und mich auch Fachinformationen deutlich früher erreichen. Das möchte ich nicht missen. Die allermeisten meiner Geschäftskontakte sind auf Linkedin bzw. Xing, aber längst auch mit mir über Facebook vernetzt und nicht zuletzt findet viel charmantes Geplänkel mit den Kollegen nebenher eben auch dort statt.

© Springer Fachmedien Wiesbaden GmbH, ein Teil von Springer Nature 2022
N. Lumma et al., *Berufsziel Social Media*,
https://doi.org/10.1007/978-3-658-38256-8_16

Darüber hinaus finde ich es wichtig, nicht hermetisch abgeriegelt in meinem Büro am Hafen zu sitzen, sondern über die diversen Kanäle auch für Menschen ansprechbar zu sein, denen ich nicht regelmäßig im Alltag begegne und die vielleicht nicht meine Handynummer haben.

Und im Übrigen ist auch der Spaßfaktor nicht zu unterschätzen.

Der SPIEGEL hat insgesamt weit mehr als 10 Facebook-Seiten und Twitter-Accounts. Wie sieht die Social-Media-Strategie dahinter aus und welche Bedeutung misst der Spiegel den sozialen Netzen zu?

Wir haben jeweils einen Hauptaccount, über den der Großteil der Informationen und Kommunikation läuft. Manche Menschen interessieren sich aber nun mal vorrangig für die Netzwelt oder die Wissenschaft und diesem Informations- und Kommunikationsbedürfnis kommen wir mit den unterschiedlichen Accounts entgegen. Zum Glück bietet Social Media ja genau diesen Raum für beides.

Die Bedeutung hat in den letzten zwei Jahren deutlich zugenommen. Social Media ist für uns sowohl Recherchequelle in der täglichen Arbeit als auch ein wichtiger Kanal, um Informationen zu unseren Nutzern zu transportieren und mit ihnen zu kommunizieren.

Wie viele Mitarbeiter gibt es, die sie ausschließlich um die sozialen Netzwerke kümmern – kann dort jeder Redakteur posten?

Zwei festangestellte Kolleginnen, die von freien Mitarbeitern unterstützt werden. Natürlich kann dort jeder Redakteur posten und zum Glück sind es inzwischen sehr viele Kollegen, die das intensiv nutzen.

Wie kann man als journalistisches Angebot mit Social Media Geld verdienen? Welche Rolle spielen die sozialen Netzwerke als Traffic-Bringer?

In erster Linie geht es dabei derzeit nicht ums Geld verdienen, sondern um Relevanz. Wir möchten die Menschen mit unseren Inhalten erreichen, egal wo sie sich bewegen. Und da verändern sich momentan die Medienkonsumgewohnheiten. Wenn aber nun immer mehr Menschen immer mehr Zeit in sozialen Netzen verbringen und Inhalte über Empfehlungen ihres Netzwerkes wahrnehmen, dann müssen wir eben dafür sorgen, auch dort gut vertreten zu sein, um für das Leben der Leute weiterhin relevant zu sein. Nur dann können wir damit langfristig auch Geld verdienen.

Zumindest in Deutschland hinkt der Social Media Traffic dem Search Traffic noch deutlich hinterher, so auch bei uns, aber der Anteil wächst signifikant. Der allergrößte Treiber ist dabei Facebook, das journalistisch spannendere Tool allerdings eher Twitter.

Social Media: Ein Werkzeug für Jedermann in der journalistischen Welt oder ein eigenständiges Berufsbild?

Da ist Raum für beides. Es ist ein wichtiges Werkzeug für jeden Journalisten und wird früher oder später selbstverständlicher Bestandteil der täglichen Arbeit sein. Wenn es aber um die strategische Entwicklung oder komplexere Konzepte geht, können auch Spezialisten gefragt sein.

Expertengespräch mit Antonia Pröls: Von Beruf Influencerin

17

Antonia Pröls ist DIY-Bloggerin und Influencerin und verrät, was all diejenigen mitbringen und zu leisten bereit sein sollten, die auch Influencer werden wollen.

Fragen und Antworten

Wie verlief Ihr Weg zum Social Media-Profi? Welche Stationen sind rückblickend besonders wichtig gewesen?

Ausgangspunkt war die Gründung meines Wordpress-Blogs im Jahr 2015. Im Januar 2018 folgte dann ein zugehöriger Instagram-Account. Anfangs bloggte und postete ich relativ sporadisch und war auch qualitativ mit meinen Inhalten nicht besonders zufrieden. Einen großen Fortschritt diesbezüglich brachte der Kauf einer Spiegelreflexkamera im Frühjahr 2018, durch welche meine Fotos allein von der Auflösung und Farbigkeit her deutlich besser wurden. Im Oktober 2018 stattete ich mich mit einem weiteren Objektiv aus, das nochmals eine deutliche Verbesserung meiner Fotos brachte. Außerdem gestaltete ich meine Website komplett um, sodass sie einen viel professionelleren Eindruck machte und bis heute habe ich nur noch Kleinigkeiten am Design verändert. Der Herbst 2018 brachte auch insofern viele Veränderungen für meinen Blog, als dass ich damals anfing, im Regensburger Zentrum für junge Kultur Vorträge über meinen Blog zu halten und regelmäßig Workshops zu geben. Dadurch wurden allein in meinem Umfeld viel mehr Menschen auf meinen Blog aufmerksam, ich erhielt positives Feedback und lernte, selbstbewusster mit meinem Bloggerinnen-Dasein umzugehen. Im Februar 2019 erhielt ich meine erste Kooperationsanfrage, für ein Studierenden-Magazin DIY-Anleitungen zu entwerfen – damals nahm ich diese noch unbezahlte Kooperation

© Springer Fachmedien Wiesbaden GmbH, ein Teil von Springer Nature 2022
N. Lumma et al., *Berufsziel Social Media*,
https://doi.org/10.1007/978-3-658-38256-8_17

an. Ich bloggte nun viel regelmäßiger und versuchte einmal die Woche einen Blogbeitrag mit einer Schritt-für-Schritt DIY-Anleitung herauszubringen sowie auf Instagram auch mindestens zweimal die Woche zu posten. Die Kooperationsanfragen wurden langsam aber sicher mehr. Im Sommer 2019 hob ich durch den Kauf einer besseren Spiegelreflexkamera mein Fotografie-Niveau dann wiederum auf ein höheres Level und fing an, mich eingehender mit Produktfotografie zu beschäftigen. Im August 2019 meldete ich ein Gewerbe für meinen Blog an. In den darauffolgenden Monaten wurde ich immer wieder für Workshops gebucht und hatte auch erste „richtige", „bezahlte" Kooperationen mit Unternehmen.

Das Jahr 2020 stellte definitiv eine enorme Professionalisierung meines Blogs und meiner Fotos dar. Durch meinen Erfolg auf TikTok im Frühjahr, der mir innerhalb kürzester Zeit über 150.000 Follower*innen bescherte, wuchs auch mein Instagram-Account deutlich von ca. 2000 auf über 6000 Abonnent*innen an. Meine Fotos wurden immer professioneller und ich bekam immer mehr seriöse Kooperationsanfragen und konnte im Jahr 2020 diverse Kooperationen durchführen. Ein besonderer Erfolg waren in diesem Jahr auch mein erstes eigenes Produkt zum Verkauf, einem Handlettering-Adventskalender, sowie das Mitwirken an einem Kreativ-Kalender und das Verfassen eines eigenen DIY-Buches zusammen mit einer anderen Bloggerin.

Wem kann man das Berufsziel Social Media empfehlen? Ist das ein Job für jede/jeden oder gibt es gewisse individuelle Vorausetzungen, die ratsam sind?

Generell ist die Grundvoraussetzung für das Berufsziel Social Media eine Affinität für Soziale Plattformen, ein Grundwissen über deren Funktionsweisen, Algorithmen und SEO sowie ein Gespür für neue und sich schnell wechselnde Trends und die Bereitschaft, diesen zu folgen. Im Wesentlichen sollte man als Influencer*in die gleichen Voraussetzungen mitbringen, wie jede und jeder andere Selbstständige: es erfordert viel Selbstorganisation, Struktur und Disziplin sowie ein konstantes An-sich-Arbeiten und Verbessern der eigenen Fähigkeiten. Man sollte sich im Vornherein auch mit den Vor- und Nachteilen der Selbstständigkeit auseinandersetzen und sich des Risikos bewusst sein, dass sich die Social Media-Landschaft durchaus sehr schnell verändern kann und evtl. in ein paar Jahren oder einem Jahrzehnt möglicherweise ihre aktuelle Bedeutung verlieren kann.

Zudem sollte man in sich selbst gefestigt sein und sich nicht von der Meinung anderer abhängig machen. Durch die Anonymität der User*innen auf Social Media und die enorme Reichweite, die man über Social Media generieren kann, kann es schnell zu Angriffen auf die eigenen Inhalte und Hate kommen.

Außerdem ist auch der Suchtfaktor bei der Social Media-Nutzung nicht zu vernachlässigen, was eine gewisse Selbstdiziplin und Selbstreflexion über den eigenen Umgang mit Social Media erforderlich macht.

Konkret gefragt: Welche persönlichen Stärken sind ratsam, um erfolgreich im Social Web zu sein?

Eine eingehende Auseinandersetzung mit allen Kommunikationskanälen im Social Web sind auf jeden Fall grundlegend. Zudem sollte man eine Affinität für Fotografie, Videoproduktion, Bildbearbeitung, Design und Ästhetik vorweisen können, um die Inhalte ansprechend produzieren zu können. Meiner Meinung nach ist auch das sprachliche Ausdrucksvermögen und die korrekte Verwendung von Orthographie und Grammatik von enormer Bedeutung – ich persönlich finde es im Hinblick auf die Seriosität einer Person ziemlich peinlich, wenn die Bildunterschrift auf Instagram von Rechtschreibfehlern gespickt ist. Zudem sollte man keine Scheu vor der Kamera und vor Selbstinszenierung haben, da Inhalte, auf denen Personen zu sehen sind immer deutlich besser ankommen.

Des Weiteren bedarf es einer Stärke im Konzeptionieren und Planen von Inhalten– die Grundlage eines jeden erfolgreichen Instagram-Kanals ist ein stringentes und erkennbares Konzept, das sich wie ein roter Faden durch die Posts hindurchzieht. Daneben benötigt man auch ein hohes Maß an Innovation und Kreativität, um sowohl ein Alleinstellungsmerkmal des eigenen Accounts zu kreieren und außerdem in solch großer Häufigkeit, wie es auf Social Media gefragt ist, Inhalte zu erfinden und zu posten.

Zu guter Letzt und wie oben bereits angesprochen, sollte man am besten eigenverantwortlich, strukturiert und selbstorganisiert arbeiten können, da als selbstständige*r Influencer*in die Ideen und Inhalte stets von einem selbst kommen müssen und man den eigenen Erfolg ganz allein in der Hand hat.

Können Sie den typischen Arbeitsalltag mal kurz vorstellen?

Da ich meinen Blog derzeit nur nebenberuflich selbstständig neben meinem Vollzeitstudium betreibe sowie durch eine Anstellung als wissenschaftliche Hilfskraft an meiner Universität und ehrenamtliches Engagement stark eingebunden bin, gibt es keinen wirklich typischen Arbeitsalltag bzw. keine festen Abläufe. Ich verbringe pro Tag circa zwei bis drei Stunden auf Social Media mit Posten, Interagieren, teils auch spontaner Content-Erstellung (v. a. für TikTok). Circa einmal die Woche shoote ich einen Nachmittag lang und einen halben bis ganzen Tag bin ich mit der Erstellung eines Blogbeitrags beschäftigt. Meistens ist diese Zeiteinteilung aber abhängig von Deadlines, die ich entweder für Kooperationen rund um meinen Blog oder aber in für mein Studium oder in der Arbeit einhalten muss.

Mit welchem Investment an Zeit muss man pro Tag rechnen, wenn man professionell im Social Web Geld verdienen will?

Hauptberuflich Influencer*in oder Blogger*in zu sein, erfordert mindestens genauso viel Arbeit und Zeitaufwand wie ein ganz normaler Job auch. Acht Stunden pro Tag sind also ein Minimum, wenn man auf allen Kanälen täglich hochwertigen Content posten möchte. Zur Arbeitszeit zählt nicht nur die Erstellung und das Posting der Inhalte sowie die Umsetzung von Kooperationen, sondern auch der E-Mail-Verkehr und Telefonate mit Kooperationspartner*innen, das Beantworten von Kommentaren und Nachrichten auf Social Media, die Ideensammlung, Buchhaltung, Steuer u. v. m. Zudem hängt das Zeit-Investment pro Tag davon ab, wie viele unterschiedliche Kanäle man bespielen muss/möchte. Jede Plattform fordert eigene Formate – was auf Instagram gut ankommt, muss auf TikTok noch lange nicht erfolgreich sein. Somit können Inhalte oft nicht einfach parallel gepostet werden, sondern müssen adaptiert werden bzw. ganz eigene Formate für unterschiedliche Plattformen erstellt werden.

Wie wichtig ist eine professionelle technische Ausrüstung und was gehört in Ihrem Fall beispielsweise dazu?

Die technische Ausrüstung und insbesondere der professionelle Umgang damit halfen mir persönlich sehr, meine Fotobeiträge auf ein viel höheres Niveau zu bringen. Neben einer sehr guten Spiegelreflexkamera, mehreren Objektiven und Stativen zählt für mich dazu auch die Anschaffung von zwei Studiolichtern, einem Diffusor und einem Reflektor, um nicht zwingend auf gutes Tageslicht angewiesen zu sein. Einen weiteren Beitrag zu guten Fotos leisten auch diverse Fotountergründe und zahlreiche „Props", also Requisiten, mit denen die Fotos gestaltet werden können. Letztere Elemente mögen besonders in meiner Branche von besonderer Wichtigkeit sein, da DIY-Blogger*innen auf Produktfotografie und Flatlays spezialisiert sind. Für Portraits auf einem Lifestyle-Blog muss möglicherweise weniger Ausrüstung angeschafft werden, hingegen muss man vielleicht aber eine*n Fotograf*in engagieren.

Ein gutes Bildbearbeitungsprogramm ist meiner Meinung nach essentiell, weshalb ich seit einem Jahr auch für Lightroom Premium bezahle. Auch für den Wordpress Business-Tarif zahle ich, da er viel mehr Möglichkeiten der Gestaltung und des Layouts, mehr Features und größeren Speicherplatz bietet. Daneben kommen bei mir als DIY-Bloggerin auch noch andere technische Geräte wie Nähmaschinen etc. hinzu, die Grundlage meiner Content-Erstellung sind.

Zudem habe ich mir letzten Sommer einen besonders leistungsstarken Laptop gekauft, um auch Videos schneiden zu können und mit Fotos in RAW-Qualität besser arbeiten zu können. Mein Handy hingegen ist nicht das Allerneuste, es dient mir lediglich zum Posten der Inhalte und zum Interagieren – Fotos nehme ich damit für meinen Blog nicht auf und für meine TikTok-Videos reicht die Videoqualität meines Handys aus.

Wenn man im Social Web erfolgreich ist, wie wirkt sich das auf das so genannte reale Leben aus? Stichwort Work-Life-Balance.

Als Influencer*in verschwimmen die Grenzen zwischen Arbeit und Freizeit vollkommen. Es gibt keine wirklich geregelte Arbeitszeit, keinen Feierabend, kein Wochenende, keinen Urlaub. Posts sollten mindestens im Abstand von zwei bis maximal drei Tagen aufeinander folgen, denn postet man über längere Zeit nicht, fällt man zurück und muss sich die eigene Reichweite mühsam wieder aufbauen. Durch die Schnelllebigkeit und Fülle an Inhalten, Nachrichten, Interaktionen sollte man auch mit einer Reaktion darauf nicht allzu lange warten.

Ist das Beantworten einer Nachricht und die Story zwischendurch Arbeitszeit oder Freizeit?

Die „Arbeitszeit" auf Social Media hängt auch stark von der Interaktion der Abonnent*innen ab: meistens sind User*innen entweder früh morgens oder am späten Nachmittag und abends am aktivsten. Zu einer „normalen" Arbeitszeit, z. B. mittags zu posten, würde also weit weniger Aufmerksamkeit bekommen und macht somit keinen Sinn. Man arbeitet quasi immer dann, wenn andere von der Arbeit kommen, Wochenende oder Urlaub haben, um sie in der Zeit abzufangen, in der sie am Handy sein können.

Welche Trends sind momentan im Social Web beobachtbar, z. B. Länge der Beiträge, Humor, Interaktivität, Feedbacks der User?

Kurzvideos (bis zu 30 Sek.) waren definitiv das Format des Jahres 2020 und werden meiner Meinung nach auch in Zukunft eine wachsende Rolle spielen. Besonders aufgefallen ist mir bei meinen eigenen Inhalten, dass Kontroversität eine große Rolle spielt: steige ich in das Video mit einem Thema oder einer Meinung ein, über das/die sich streiten lässt, erhält mein Video direkt mehr Kommentare, damit Interaktion, damit Reichweite. Zudem konnte ich eine teilweise Politisierung der Inhalte besonders im letzten Jahr feststellen. Es reicht nicht mehr, einfach nur den eigenen Content zu posten, sondern als Influencer*in spüre ich auch irgendwo eine Verantwortung meiner Community gegenüber, ab und zu meine Meinung zu bestimmten Themen kundzutun oder wichtiges Wissen zu vermitteln – gerade aufgrund der wachsenden Anzahl von Fake-Nachrichten und der Verbreitung von Falschwissen im Internet. Die größten Themen in diesem Jahr waren wohl die Black Lives Matter-Bewegung, natürlich Corona und für mich auch das Thema Nachhaltigkeit und Klimaschutz.

Außerdem ist v. a. auf Instagram ein enormer Qualitätssprung im letzten Jahr in der DIY-Szene zu verzeichnen. Immer mehr Blogger*innen haben im letzten Jahr begonnen, ihre Fotos deutlich zu professionalisieren. Dafür bieten auch einige Blogger*innen spezielle Fotografie-Online-Kurse an und verkaufen Foto-Equipment wie künstlerische Foto-Hintergründe. Somit steigt auch der Druck auf andere Blogger*innen, sich stetig zu verbessern. Die Arbeitszeit für ein Foto ist bei mir deutlich länger, kein Foto wird mehr unüberlegt gepostet und der Anspruch an einen ästhetisch ansprechenden Feed ist weiter gestiegen.

Welche Rollen spielt Networking zu anderen Social Media-Profis, um selbst auch erfolgreich zu sein?

Networking spielt auf Social Media (insbesondere Instagram) eine essenzielle Rolle: zum einen, um die Interaktion beim eigenen Content zu steigern: wenn ich bei anderen Blogger*innen kommentiere, werden sie mit hoher Wahrscheinlichkeit auch bei mir kommentieren und bei steigender Kommentar-Anzahl erhalten meine Beiträge auch eine höhere Reichweite. Zum anderen, um die Möglichkeit auf Teilnahme bei Gemeinschaftsaktionen, Shoutouts und ähnlicher Promotion durch andere Blogger*innen zu bekommen. Durch Interaktion, das Zeigen von Präsenz, auch Privatnachrichten zeige ich den anderen Blogger*innen, in der Community angekommen zu sein und wurde dadurch im letzten Jahr erstmals in bereits etablierte Gemeinschaftsformate wie eine Blogparade oder Blogger*innen-Wichteln mit aufgenommen. Durch eine gute Integration in die Community hat man die Möglichkeit, dass Follower*innen anderer Blogger*innen auf einen selbst aufmerksam werden und somit der eigene Account wächst. Außerdem bietet ein gutes Netzwerk auch den Erfahrungsaustausch über Kooperationen, Bezahlung und weitere Fragen zur Selbstständigkeit als Blogger*in, was sehr wertvoll sein kann und das Selbstbewusstsein und die eigene Professionalität (v. a. im Umgang mit Kund*innen) als Selbstständige*r in diesem doch sehr neuen Feld wachsen lässt.

Welchen abschließenden Tipp möchten Sie noch zukünftigen Social Media-Profis mit auf den Weg geben?

Die eigene Nische zu finden und Authentizität sind das A und O auf Social Media. Jetzt mit Social Media zu starten ist sowieso extrem schwierig, da es schon unzählige Nutzer*innen und Influencer*innen aller Art gibt. Authentischer Content, der sich von anderen Profilen abhebt oder in besonderer Weise hervorsticht, hat die größte Chance, Aufmerksamkeit zu erhalten.

11 Köpfe, die Sie kennen müssen

Neben den Interviewpartnern in diesem Buch gibt es einige bekannte Köpfe der Social Media Branche, die Sie auf jeden Fall kennen sollten: Sie setzen Themen, diskutieren, beeinflussen, generieren und folgen Trends und kennen die Branche wie ihre Westentasche:

Stefan Keuchel (Jahrgang 1969) ist Pressesprecher von XING und kununu. com. Keuchel wechselt von der PR-Agentur Hypr, wo er seit Dezember 2019 als Senior Attention Manager tätig war. Davor war er seit 2018 für die Unternehmens- und Produktkommunikation von Tesla in Deutschland, Österreich und der Schweiz verantwortlich. Von 2004 bis 2014 war Keuchel Pressesprecher von Google in Deutschland.

Tina Kulow (Jahrgang 1968) ist die deutschsprachige Stimme von Facebook. Mit einem mehrköpfigen Team kümmert sie sich sowohl um die Konformität der Datenschutzrichtlinien mit den Unternehmensleitlinien von Facebook als auch um die kontinuierliche Weiterentwicklung der Pressearbeit des Social-Media-Vorreiters in Europa. Wer sie auf Facebook als Freund hinzufügt oder abonniert (https://www.facebook.com/tinakulow), ist stets im Bilde darüber, was Facebook so treibt.

Jens Wiese und Philipp Roth haben das Facebook-Marketing-Blog allfacebook.de gegründet. Sie haben die Plattform mittlerweile verkauft, sind dort aber weiterhin als Gastautoren aktiv.

Dirk von Gehlen (Jahrgang 1975) ist Leiter „Social Media/Innovation" bei der Süddeutsche Zeitung, veröffentlichte mehrere Bücher über Digitalisierung wie „Gebrauchsanweisung für das Internet" und bloggt, u. a. über Social Media www. dirkvongehlen.de.

© Springer Fachmedien Wiesbaden GmbH, ein Teil von Springer Nature 2022   99
N. Lumma et al., *Berufsziel Social Media*,
https://doi.org/10.1007/978-3-658-38256-8_18

Kerstin Hoffmann (Jahrgang 1966) ist Kommunikationsberaterin, hat Journalismus gelernt, Geisteswissenschaften studiert und in Germanistik promoviert. Wissen und Handwerk der klassischen PR verbindet sie mit den Möglichkeiten des Social Web. Mit einem kleinen Team unterstützt sie Freiberufler und Persönlichkeiten des öffentlichen Lebens ebenso wie mittelständische Unternehmen und Marketingabteilungen in Konzernen. Ihr aktuelles Buch „Markenbotschafter – Erfolg mit Corporate Influencern" ist im 2020 erschienen. Im Blog pr-doktor.de gibt sie hilfreiche Tipps und Tricks in Sachen PR (Do's & Dont's, Case-Studies, …).

Richard Gutjahr (Jahrgang 1974) ist Absolvent der Deutschen Journalistenschule, hat in München Politik und Kommunikations-Wissenschaften studiert und ist heute freier Mitarbeiter der ARD und freier Journalist sowie Trainer, z. B. für Storytelling auf Instagram. In seinem Blog gutjahr.biz schreibt er über die digitale Revolution und ihre Produkte.

Thomas Knüwer (Jahrgang 1969) studierte BWL in Münster und Berkeley, USA und ist heute Blogger und Berater. Von 1995 bis 2009 war er als Redakteur, Reporter und Ressortleiter für das Handelsblatt tätig. 2009 gründete er die Unternehmensberatung kpunktnull. Auf indiskretionehrensache.de, einem der mittlerweile bekanntesten Medienblogs Deutschlands, gibt Knüwer einen ernüchternden, satirischen, aktuellen und interessanten Einblick in die Medienwelt.

Daniel Fiene (Jahrgang 1982) ist mit seinem eigenen Blog und dem Podcast „Was mit Medien" bekannt geworden – heute ist es das wöchentliche Medienmagazin bei DRadio Wissen. 2020 war er Redakteur bei ThePioneer. Heute ist er Medienunternehmer.

Stefan Niggemeier (Jahrgang 1969) ist ein deutscher Medienjournalist und leidenschaftlicher Blogger. Er war bis März 2006 verantwortlicher Medienredakteur der Frankfurter Allgemeinen Sonntagszeitung und gründete das Bildblog. Derzeit gibt er als dessen Gründer auf uebermedien.de allerhand Einblicke in die deutsche Medienwelt.

Sascha Lobo (Jahrgang 1975) ist Autor, Strategieberater und hält Fach- und Publikumsvorträge. Er beschäftigt sich mit den Auswirkungen des Internet auf Gesellschaft, Wirtschaft, Politik und Kultur. Auf Spiegel Online erscheint wöchentlich seine Kolumne „Mensch-Maschine" über die digitale Welt.

Steffen Hebestreit (Jahrgang 1972) twittert unter dem Account @RegSprecher und hat dort weit mehr als 1 Million Follower. Darüber halten Steffen Hebestreit, Sprecher der Bundesregierung und Chef des Bundespresseamtes (BPA) und seine Mitarbeiter die Öffentlichkeit über Aktivitäten der Bundesregierung auf dem Laufenden und antworten auf Fragen zur Bundespolitik.

Neben den hier vorgestellten Best-/Worst-Cases gibt es ständig aktuell weitere auf der Webseite zum Buch: http://bit.ly/ZhMyMn.

IKEA

Ein Gewinnspiel über Instagram zu organisieren ist nichts Neues: Uniquen Hashtag besetzen und los geht's. IKEA hat das genauso gemacht, nur ein weiteres Ziel damit verbunden: Jeder, der eine Katalogseite abfotografiert und mit dem Hashtag #Ikeakataloge versieht, kann ein Möbelstück gewinnen.

So hat es IKEA geschafft, ohne Mediabudget in die Hand zu nehmen oder selbst zu investieren, den eigenen Katalog komplett zu digitalisieren und auf Instagram verfügbar zu machen. Ziemlich gute Idee – und gar keine Kosten.

Ice Bucket Challenge

Die ALS Ice Bucket Challenge ist eine der erfolgreichsten viralen Spendenkampagnen zugunsten der Erforschung und Bekämpfung der Nervenkrankheit Amyotrophe Lateralsklerose (ALS). Die Herausforderung besteht darin, sich einen Eimer eiskaltes Wasser über den Kopf zu gießen, sich dabei zu filmen, das Video viral zu verbreiten und darin drei oder mehr Personen zu nominieren, es einem binnen 24 Stunden gleich zu tun, sowie einen selbst bestimmten Betrag an die ALS Association zu spenden. Will man sich keinen Eimer Wasser über den Kopf gießen, soll stattdessen ein höherer Betrag an die ALS Association gespendet werden – das soll ebenfalls viral verbreitet und mit der Nominierung dreier oder mehrerer Leute verbunden werden.

© Springer Fachmedien Wiesbaden GmbH, ein Teil von Springer Nature 2022   101
N. Lumma et al., *Berufsziel Social Media*,
https://doi.org/10.1007/978-3-658-38256-8_19

Vom 15. Juli bis zum 21. August 2014 nahm die ALS Association (ALSA) 41,8 Millionen US-Dollar durch Spenden ein, gegenüber 2,1 Millionen US-Dollar im selben Zeitraum des Vorjahres. Zusätzlich dazu verzeichnete die ALSA mehr als 300.000 Spender, die zuvor noch nie für die Organisation gespendet hatten. Bis zum 27. August 2014 wurden bereits 94,3 Millionen US-Dollar gespendet und die ALSA verzeichnete mehr als 2,1 Millionen neue Spender.

Natürlich steckte die ALS Icebucket Challenge früher oder später auch Social Media Nutzer in Deutschland an – es gab Tage, an denen man froh war, im eigenen Facebook-Newsfeed kein Video zu sehen, in dem sich ein Freund oder eine Freundin Eiswasser über den Kopf schüttete.

Zahlen zu Spenden in Deutschland: Die Deutsche Gesellschaft für Muskelkranke e. V. (DGM) ist als Selbsthilfeorganisation für alle Menschen mit einer neuromuskulären Erkrankung und damit das Pendant der ALS Association in Deutschland. Neben vielen Prominenten haben vor allem viele junge Menschen, auch aus dem Umfeld von Betroffenen dafür gesorgt, dass das Spendenaufkommen (Stand 09.09.2014) bei 1,1 Millionen Euro lag – so hoch wie noch nie: „Ein Rekordwert" schreibt die DGM in einer Pressemeldung.

Auch andere wohltätige Organisationen profitierten von der Social-Spenden-Kampagne, etwa die Krzysztof Nowak-Stiftung oder die ALS-Ambulanz der Charité in Berlin, die sich auf die Behandlung von Menschen mit ALS spezialisiert hat. Innerhalb von 10 Tagen wurden durch mehr als 10.000 Personen über 680.000 Euro an die ALS-Ambulanz der Charité gespendet.

Old Spice

Old Spice startete bereits 2010 eine groß angelegte Kampagne, die vor allem durch eine stark inszenierte Interaktivität auffiel. Die Kampagne mit dem ehemaligen Football-Spieler Isaiah Mustafa als Testimonial wurde zum Super Bowl mit einem TV-Spot gestartet und später auf Twitter fortgeführt, indem der Spot individuell angepasst wurde und damit auf Statements einzelner Nutzer geantwortet wurde. Über den Kampagnenzeitraum hinweg wurden mehrmals am Tag Varianten des Spots gedreht, um auf aktuelle Tweets einzugehen. So wurden Kevin Rose und Ashton Kutcher, aber auch ganz normale Twitter-Nutzer in die Kampagne involviert, die Social Media Präsenzen von Old Spice frequentiert und der Spot auf Youtube gesehen, aber auch oft eingebettet. Die Kampagne ist ein Paradebeispiel einer integrierten Kampagne, die allerdings für die Nutzer sehr spontan wirkt. Die Geschwindigkeit, mit der das Team von Wieden + Kennedy für immer neue Spots und Tweets gesorgt hat, ist bislang unerreicht und zeigt, wieviel Potential in Social Media steckt. Die Gesamtkampagne war äußerst umfangreich, hat aber für bessere Markenwerte von Old Spice und mehr Abverkauf des Produktes gesorgt.

Die Zahlen der Kampagne sind beachtlich, aber man darf auch nicht vergessen, dass der Startschuss der Kampagne ein Werbespot während des Super Bowls 2010 war:

- In nur einer Woche wurden die vielen Old Spice Videos mehr als als 7 Millionen Mal angesehen.
- Auf Twitter wurde die Zahl der Follower um mehr als 1000 % gesteigert.
- Die Facebook Fanpage von Old Spice stieg im Kampagnenzeitraum auf 700.000 Fans an.

Eine derartig geplante und durchgeführte Kampagne ist immer noch eine Seltenheit und daher hat die Kampagne von Old Spice Vorbild-Charakter.

19.1 Dell

Die Firma Dell hat aus einer eher schmerzhaften Erfahrung mit Social Media gelernt und wie kaum ein anderes Unternehmen Social Media verankert. Der Auslöser war ein Blogpost des amerikanischen Bloggers Jeff Jarvis mit dem Titel „Dell Hell" auf dem Blog BuzzMachine.com – binnen kürzester Zeit wurde aus dem Artikel über Probleme mit einem Dell Laptop eine Anlaufstelle im Web für Kunden, die sich über Dell und die Produkte von Dell beschweren wollten. Eine Google-Suche nach „Dell" förderte den Blogpost „Dell Hell" unter den Top 3 Suchergebnissen zu Tage. Innerhalb kürzester Zeit wurde Dell zum Synonym für schlechte PC-Hardware und mit dem Börsenkurs von Dell ging es rapide bergab.

Die Reaktion von Dell war der Beginn einer umfangreichen Präsenz in Social Media. Erst wurde nur gelesen, dann kommentiert und mittlerweile gibt es mit dem Social Media Listening Center ein umfangreiches Monitoring. Mit dem Ideastorm hat Dell eine Plattform etabliert, die Kunden zu Wort kommen lässt und Verbesserungsvorschläge aufgreift. Dell bekommt in Echtzeit mit, was die Kunden gerade über Dell sagen, Dell lässt direkt die Produktmanager kommentieren und mit den Kunden interagieren – natürlich stets in der Hoffnung, dass dadurch die Produkte besser und die Kundenzufriedenheit höher ist, was wiederum dafür sorgen sollte, dass Dell von positivem Word of Mouth profitieren kann. Mittlerweile gibt es eine Dell Social Media University, auf der Mitarbeiter von Dell im Umgang mit Social Media geschult werden, so dass sie selbständig in Social Media agieren können. Herzstück der Social-Media-Aktivitäten von Dell ist und bleibt allerdings der Social Media Listening Center für das kontinuierliche Monitoring im Social Web.

19.2   Die Deutsche Bahn

Die Bahn hat eine wechselvolle Social Media Geschichte erlebt, die mit einem Missverständnis gestartet ist. Die Bahn wollte ein neues Produkt, das sog. Chefticket, exklusiv über Facebook vertreiben und hat nicht antizipiert, dass die Nutzer auch gerne direkt mit der Bahn in Kontakt treten wollen. Das führte zu vielen unbeantworteten Anfragen der Nutzer und viel Kritik über den mangelnden Umgang mit Facebook. Die Bahn hat mittlerweile eine umfangreiche Präsenz auf Twitter und Facebook, bei der sie Nutzern weiterhilft und Fragen beantwortet, oftmals auch mit sehr viel Humor.

Exemplarisch dafür wollen wir folgenden Dialog zwischen einer Nutzerin und dem Service-Team der Bahn dokumentieren, damit man mal sieht, wie facettenreich ein Social Media Job sein kann:

Die Nutzerin Franzi Do schrieb auf die Wall der Bahn:

Meine liebste Deutsche Bahn,

seit vielen Jahren führen wir nun eine abenteuerliche Beziehung. Wir haben Tiefen überstanden, in denen du sehr einengend und besitzergreifend warst und mich manchmal überraschend mehrere Stunden festgehalten hast, weil es dir nicht gut ging. Ich verstehe ja, dass dich der Winter so überrascht hat. Für uns kam er auch so plötzlich. Ich bin da ja nicht nachtragend. Auch deine Ausreden im September, wo es laut deinen Aussagen auch schon gewisse Störungen wegen Glatteis gab, habe ich schmunzelnd hingenommen. Ich bin so gerührt, dass du so viel Zeit mit mir verbringen möchtest. Als ich dich um ein bisschen mehr Freiraum gebeten habe, hast du das toleriert und kamst einfach immer ein bisschen später. Pünktlichkeit ist nicht deine Stärke, das weiß ich ja. Auch darüber sehe ich meist noch hinweg.

Dass du mich jetzt aber bei klirrender Kälte fast 45 Minuten warten lässt, ohne Bescheid zu sagen und dann gar nicht auftauchst, das geht nun wirklich zu weit. Stets war ich tolerant und finanzierte deine Späßchen jedes Jahr mit mehr meiner kostbaren Taler, damit unser Verhältnis nicht beschädigt wird.

Ich finde es sehr schade, dass du unsere aufregende Beziehung so leichtfertig aufs Spiel setzt. Es tut mir sehr leid, aber ich denke nun wirklich über eine endgültige Trennung nach. Ich brauche jemanden an meiner Seite, der zuverlässig ist, nicht nur mein Geld will und auch bereit ist, auf meine Bedürfnisse einzugehen. Und ich habe so jemanden kennengelernt. Er nennt sich Opel und ist immer für mich da. Leider werdet ihr euch nicht kennen lernen.

Adieu.

Deutsche Bahn? – ich bin doch nicht blöd!

darauf antwortete die Bahn:

Hallo meine liebste Franzi Do,
es tut mir so leid. Ich weiß, dass ich in der Vergangenheit viele Fehler gemacht habe und nicht immer pünktlich bei unseren Treffen war. Dafür möchte ich mich in aller Form bei Dir entschuldigen. Ich habe die Zeit mir Dir sehr genossen. Manchmal wollte ich, dass sie kein Ende hat. Das ich manchmal anhänglich bin, weiß ich. Es fällt mir schwer loszulassen. Dass ich Dich mit dieser Zuneigung erdrückt habe, ist unentschuldbar und mein größtes Laster. Das wir heute einen Termin hatten, habe ich total vergessen. :(Wo und wann waren wir verabredet? Ich schaue dann gerne einmal in meinem Terminkalender nach.
Ich kann verstehen, dass Du dich nach etwas anderem umgesehen hast. Eine Frau wie Du bleibt natürlich nicht lange alleine, dass weiß ich. Vielleicht gibst Du mir aber noch einmal die Möglichkeit, Dir zu zeigen, wie viel Du mir bedeutest. Ich werde bei unseren nächsten Treffen auch versuchen, pünktlich zu sein oder Bescheid zu sagen, falls ich mich verspäte.
Ich werde Dich vermissen. :(/mi

und die Nutzerin antwortete:

Ich würde dir so gerne glauben, doch die jahrelangen Enttäuschungen sitzen sehr tief… ich weiß nicht, ob ich jemals wieder Vertrauen zu dir haben kann … :(,,

worauf die Bahn erwiderte:

Warum hast Du die ganzen Enttäuschungen in Dich reingefressen und noch nichts gesagt? Ich wusste nicht, dass es so schlimm um uns steht. :(Ich hätte gerne früher reagiert und versucht, unsere Beziehung zu retten bzw. dich davon zu überzeugen, dass ich auch anders kann und der richtige Begleiter an Deiner Seite bin. Ich fühle mich so schuldig. Ich hoffe, Du kannst Dich auch an die schönen Seiten unserer jahrelangen Beziehung erinnern? :(/mi

Einige Kommentare später stieg dann Renault Deutschland in den Ring:

Liebe Franzi Do,
diese Zeilen zu schreiben fällt mir alles andere als leicht. Wie lange habe ich davon geträumt, mit Dir zusammen durch den kalten Winter zu schreiten. Mit Dir gemeinsam deine Lieblingslieder im Radio zu hören und auf Reise durch ganz Europa zu gehen. Natürlich wusste ich von deiner Beziehung zur Deutschen Bahn. Doch ich habe immer gehofft, dass Du mich in der Zeitung oder im Fernsehen siehst. Das Du nun mit diesem Opel gehst, macht mich natürlich sehr traurig. Trotzdem wünsche ich euch beiden alles Gute für die Zukunft.
@Deutsche Bahn Wenn Du jemanden zum Reden brauchst, meine Facebook-Seite ist immer offen für dich.
Dein
Renault

und auch Opel Deutschland fing dann an, bei der Bahn zu kommentieren:

> Liebe Franzi Do,
> ich bin so glücklich, dass Du Dich nach dem Ende Deiner langjährigen Beziehung
> so leidenschaftlich zu mir bekennst und mich all Deinen Freunden vorstellst. Auch
> wenn es Avancen von einem anderen Charmeur gibt, so finde auch ich: wir gehören
> zusammen! Ich werde Dich nie im Stich lassen, Dich immer warmhalten und immer
> pünktlich sein.
> Liebe Grüße Dein Opel

Insgesamt ist aus diesem Posting einer Nutzerin ein langer Thread entstanden mit
über 8500 Likes und knapp 800 Kommentaren sowie einer Berichterstattung über
den Vorgang im Web und TV.

Daimler Benz

Das DaimlerBlog ist eines der ältesten Unternehmensblogs in Deutschland, es
wurde bereits im Oktober 2007 eingerichtet. Ziel des Blogs ist es, das Unternehmen Daimler in mehr Facetten darzustellen, als es über herkömmliche Wege möglich ist. Im DaimlerBlog schreibt nicht nur das Social Media Team von Daimler,
sondern viele Gastautoren aus dem Unternehmen tragen dazu bei, dass eine sehr
breite Themenpalette abgedeckt werden kann.

Nun mag man sich wundern, was das Interessante an einem Blog eines großen
Unternehmens sein könnte. Es ist allein schon aufgrund der Tatsache erwähnens-
wert, dass Daimler ein Blog ermöglicht, das einen großen Anspruch hat:

> „Dieses Blog wird in erster Linie von Daimler-Mitarbeitern geschrieben. Diese Mit-
> arbeiterinnen und Mitarbeiter kommen aus den unterschiedlichsten Bereichen des
> Konzerns. Was die Autoren auf dem Daimler-Blog veröffentlichen, entspricht ihrer
> persönlichen Meinung und nicht unbedingt der offiziellen Unternehmensmeinung."

So viel Mut haben nicht viele Firmen in Deutschland, das muss man an dieser
Stelle einmal klar sagen. Das bedeutet allerdings auch, dass die Social Media Verantwortlichen mit viel Vertrauen der Unternehmensführung ausgestattet sein dürften, um ein derartiges Projekt über die Jahre erfolgreich betreiben zu können.

Henkel/Pril

Vor zwei Jahren hat das Unternehmen Henkel seine Marke Pril auf Facebook ganz
modern zu inszenieren versucht, indem ein groß angelegter Mitmach-Wettbewerb
gestartet wurde. Das Ziel des Wettbewerbs war es, für die bekannte Pril-Flasche ein
neues Etikett zu finden, dass von den Fans der Marke gestaltet werden sollte.

Mitmach-Wettbewerbe erfreuen sich immer noch großer Beliebtheit auf Facebook und so war es auch für Pril naheliegend, diesen Weg zu wählen.

Was die Verantwortlichen bei der Umsetzung der Idee allerdings nicht bedacht hatten: die Kreativität der Nutzer ist oftmals anders, als die Markenverantwortlichen es wünschen. So gab es viele Stimmen für das Motiv „Pril mit Hähnchengeschmack", das von den Veranstaltern des Wettbewerbs aufgrund von vermeintlicher unzulässiger Beeinflussung des Votings heruntergestuft wurde. Da dieses Vorgehen nicht gut bei der Community ankam, drohte der Wettbewerb massiv nach hinten loszugehen, denn über 50.000 Designvorschläge wurden gemacht, aber die alleinige Aufmerksamkeit galt nun einem Spaßvorschlag, weil die große Frage war, ob Henkel tatsächlich dieses Etikett drucken und in den Handel bringen würde. Henkel zeigte sich wenig humorvoll und wollte lediglich für die Pril-Fans auf Facebook Flaschen mit dem Hähnchen-Etikett zur Verfügung stellen.

Man sieht an diesem Case deutlich, wie eng die Gratwanderung zwischen einer gelungenen Social-Media-Aktion durch einen Wettbewerb und einem Social Media Disaster durch enge Auslegung der Richtlinien und wenig Lockerheit im Umgang mit der eigenen Marke aussehen kann. Social Media bedeutet oftmals auch viel Fingerspitzengefühl, das hat man im Fall Pril deutlich sehen können.

Experten Gespräch mit Gregor C. Blach: Social Media ist eine Gratwanderung

Gregor C. Blach ist geschäftsführender Gesellschafter bei der Kommunikationsagentur „WE DO" und verrät uns im Gespräch warum und wie er Nutzer im Web zur Interaktivität „aktiviert", was einen guten Social Media Manager ausmacht und wie sich das Social Web seiner Meinung nach weiterentwickelt.

Fragen und Antworten

Welche Rolle spielt das Thema Social Media in Ihrem Arbeitsalltag?

Social-Media-Kanäle sind für unsere Kampagnenarbeit extrem wichtig. Es gibt kaum Projekte oder Kunden, die in diesem Bereich nicht betreut werden wollen. Das Web 2.0 ist darüber hinaus für uns ein Indikator für Themen und Trends, der unsere Arbeit auch über den Bereich online hinaus beeinflusst. Man könnte sagen, es dient uns auch als Stimmungsbarometer und gleichzeitig nutzen wir es als Plattform zur Außendarstellung der Agentur.

Wie sehen für Sie typische berufliche Aktivitäten im Social Web aus?

Zu unserer täglichen Arbeit gehört das Posten, Twittern und Bloggen von relevanten Inhalten für unsere Kunden und für uns selbst. Das ist jedoch nur der sichtbare Teil unserer Arbeit im Web 2.0. Einen Großteil nimmt zunächst die inhaltliche und kreative Ausarbeitung einer Social-Media-Strategie ein. Dafür braucht ein gutes Monitoring der wichtigsten Kanäle. Die Auswertung liefert uns dann ein Grundgerüst für eine schlüssige Strategie, die wir umsetzten. Ohne ein fundiertes Monitoring, eine passende Strategie und darauf aufbauend gute Ideen geht es heute nicht mehr. Es reicht nicht ein Profil auf Facebook, Twitter oder Google+ zu erstellen, um es sich dann sich selbst zu überlassen. Es muss mit guten Ideen bespielt werden.

© Springer Fachmedien Wiesbaden GmbH, ein Teil von Springer Nature 2022
N. Lumma et al., *Berufsziel Social Media*,
https://doi.org/10.1007/978-3-658-38256-8_20

Zum Beispiel?

Besonders interessant finden wir den Aufbau einer Community im Social Web. Wir wollen die Menschen im Web zu Aktivitäten animieren. Dabei spielen Fragen eine Rolle, wie: Welche Inhalte sind interessant und was suchen die User? Ist das geschehen, ist die Dynamik spannend für uns. Über was unterhalten sich die User und was bringt sie zu welchen Interaktionen? Das sind alles sehr spannende Arbeitsfelder. Natürlich können bei solchen Interaktionen auch manchmal ungewollte Kommentare auftauchen, auf die wir reagieren müssen. Doch auch das gehört zu unserer Arbeit. Die Arbeit mit Sozialen Medien ist immer eine Gratwanderung, es kann schnell Unvorhersehbares geschehen, auf das reagiert werden muss, das macht jedoch auch den Reiz von sozialen Medien aus.

Was braucht man, um diese Gratwanderung zu meistern?

In diesem Bereich ist es von Vorteil, wenn man eine Ausbildung oder ein Studium im Bereich Kommunikation absolviert hat. Aber gerade die Sozialen Medien machen es möglich, dass auch Quereinsteiger den Berufseinstieg machen können. Im Bereich Social Media braucht es vor allem einen guten Überblick über aktuelle Tools und Neuheiten sowie einen guten kreativen Schreibstil. Die Wege im Netz sind kurz, ebenso wie die Reaktionszeiten. Deshalb sollten sich Berufseinsteiger vertraut machen mit den verschiedenen Kanälen und sich in ihnen wohl fühlen. Ein gewisses Maß an Menschenkenntnis, Kontakt zu Menschen und Sinn für Humor kann auch nicht schaden.

Welche Anforderungen sind vielleicht besonders wichtig und können gleichzeitig eher weniger gut angelernt, antrainiert oder im Rahmen einer Aus- oder Weiterbildung erlangt werden?

Wichtig ist webaffin zu sein. Wer sich aktiv im Social Web bewegt, bringt eine wichtige Vorraussetzung mit, das kann man sich selbst antrainieren. Eine gute Social-Media-Strategie braucht wie gesagt eine gehörige Portion Kreativität. Ob man Kreativität antrainieren kann ist ja unter Experten umstritten. Hier bilden wir unsere Leute in speziellen Trainiee-Programmen aus.

Auf welche Soft Skills kommt es an?

Wichtig ist in den Bahnen vom Social-Media-Kanälen oder Plattformen denken zu können. Social Media ist Interaktion statt Einbahnstraßenkommunikation wie im Print oder einer Website. Wie reagieren die Menschen, die sich in Sozialen Kanälen aufhalten und wie werden sie erreicht? Als Soft Skills will ich hier nochmal die vier wichtigsten Punkte nennen, die maßgeblich sind:

Als erstes spielt Menschenkenntnis eine wichtige Rolle, nur so können auch die Menschen, die sich im Social Web bewegen, gut eingeschätzt werden. Nur mit einer gewissen Empathie sollte man in den Dialog mit den Zielgruppen treten.

Zweitens zählt Vertrauenswürdigkeit als wichtiges Softskill. Ist man im Web. 2.0 nicht vertrauenswürdig oder verliert gar das Vertrauen seiner Fans oder Follower, wird es schwer dieses wieder zurückzugewinnen. Die Social-Media-Kanäle sind zwar schnelllebig, können aber durchaus moralisch sein. Das dritte ist ganz klar Kommunikationsfähigkeit. Wie schon angedeutet sind die Zeitrahmen bei Facebook, Twitter und Co. eng. Es bleibt oft nicht viel Zeit zu reagieren. Und das nicht immer zwischen 9 und 17 Uhr, sondern auch mal darüber hinaus.

Wie sehen Sie das Spannungsfeld Work-Life-Balance und Social Media?

Soziale Medien sind immer und ständig verfügbar und können dementsprechend bedient werden. Ein gutes Monitoring entschärft das Gefühl immer dabei sein zu müssen. Bei uns werden die Aufgaben auf ein Redaktionsteam verteilt, so dass nie alle und immer online sein müssen.

Wie sollte man sich weiterbilden, um im Bereich Social Media fit zu bleiben?

Es gibt eine Zertifizierung der PZOK. Das ist eine gute Möglichkeit sich professionell weiterzubilden. Doch ist das nicht für Berufseinsteiger geeignet, sondern richtet sich an Personen mit Berufserfahrung im Bereich Social Media. Eine weitere Möglichkeit, kann die Teilnahme an den einschlägigen Social Media Kongressen und Messen sein. Ich denke dabei vor allem an die re:publica. Auch das kontinuierliche Lesen von relevanten Blogs, der Austausch in Foren aber auch der persönliche Kontakt mit Netzaktiven können wichtige Möglichkeiten zur Weiterbildung sein. Ansonsten natürlich das aufmerksame Selbststudium in den betreffenden Kanälen.

Wie werden sich die Jobs bzw. die Aufgabenstellungen im Bereich Social Media vielleicht in der Zukunft verändern? Wird man noch extra Fachkräfte hierfür benötigen oder werden Social Media-Kompetenzen vielleicht zum Standard-Profil von Mitarbeitern gehören?

Der ideale Social Media Mitarbeiter ist Journalist, Redakteur, Texter, Kreativer, Berater, Fotograf, Comedien, Tänzer, Filmemacher und Blogger in Personalunion. Das Schöne ist, in Social Media geht es nicht um Spezialisten, sondern um Generalisten. Allgemeinbildung und gesunder Menschenverstand sind da schon extrem gute Grundvoraussetzungen.

Was raten Sie Social Media-Nachwuchs für den erfolgreichen Berufseinstieg?

Potentielle Bewerber sollten sich im Netz und in Foren wie auf Blogs und mit Netzaktiven über gängige Tools und Trend austauschen. Wer sich fit im Bereich Social Media fühlt, sollte keine Hemmungen haben, sich zu bewerben. Ansonsten siehe oben: Generalist sein mit vielen Talenten, großer Neugier und der Bereitschaft zum Dialog.

Aus- und Weiterbildung: Viele Wege führen in die Social-Media-Welt

21

Die sozialen Netzwerke werden immer präsenter – in allen Bereichen unseres Lebens: In fast jedem Restaurant oder Hotel findet man den Spruch „Folge uns auf Facebook und/oder Twitter", an nahezu jeder Plakatwerbung sieht man kryptische QR-Codes, die einen, kaum fotografiert man sie ab, auf die entsprechende Facebook-Seite leitet. In Zeitschriften findet man Geschichten aus den sozialen Netzwerken, Umfrageergebnisse von Facebook-Umfragen, Nutzerstimmen oder Aufrufe, in den sozialen Netzwerken aktiv zu werden. Genauso in Werbesports, auf Bannern oder auf Milchpackungen. Neue Trends, neue Anwendungen entstehen – damit wächst das Anspruchsniveau an die Kommunikatoren, die die sozialen Netzwerke zu ihren Zwecken nutzen. Gleichzeitig entstehen Unsicherheiten bei den Arbeitgebern und Arbeitnehmern, was die notwendigen Qualifikationen der Mitarbeiter angeht. Kann ein Selbstlerner und Power-User der sich in sozialen Netzen bewegt die gesetzten Unternehmensziele erreichen – wie etwa das Markenimage polieren, Marktforschungsinputs zur Produktentwicklung generieren oder gar den Abverkauf steigern? Ganz ohne geregelte Ausbildung? Der Beruf des Social Media Managers ist nämlich derzeit nicht geschützt – eine geregelte Berufsausbildung gibt es nicht. Aber die Ausbildungsbranche hat auf die steigende Nachfrage reagiert: Weiterbildungsangebote schießen derzeit wie Pilze aus dem Boden – zwischen dem 12-monatigen Fernlehrgang an der ILS, dem Vorschlag des Bundesinstituts für Berufsbildung (BiBB), eine Social-Media-Ausbildung in die bestehende Berufsausbildung zum „Mediengestalter Digital und Print" zu integrieren und einem eintägigen Seminar an einer Volkshochschule liefert eine Google-Suche Unmengen an Treffern.

© Springer Fachmedien Wiesbaden GmbH, ein Teil von Springer Nature 2022
N. Lumma et al., *Berufsziel Social Media*,
https://doi.org/10.1007/978-3-658-38256-8_21

Dieses Kapitel soll einen Überblick über die besten und bekanntesten Aus- und Weiterbildungsmöglichkeiten bieten. Dazu haben wir Branchenverbände, Universitäten, Personaler und Ausbilder in Unternehmen befragt und nach Testurteilen zu angebotenen Seminaren gesucht.

Weil sich die Ausbildungsangebote genauso schnell ändern wie die sozialen Netzwerke weiterentwickelt werden, erklären wir, wie man seriöse Anbieter erkennt und warum der richtige Dozent manchmal entscheidend sein kann für den Kurserfolg.

21.1 Den richtigen Kurs finden

Nahezu für jeden Bedarf gibt es den richtigen Kurs: Facebook-Workshops, generelle Aus- und Weiterbildungsangebote zum Social Media Marketing für alle sozialen Netzwerke, Rechtsseminare, Viral-Marketing-Seminare, zertifizierte Kurse zum Social Media Manager, Aufbaustudiengänge, oder, oder, oder. Vor der Wahl eines Kurses sollte sich ein Social Media Manager also klar sein, welches Ziel er verfolgt, in welchem Bereich des Social Media Marketings er erweiterte Kenntnisse erwerben möchte und mit welchen Inhalten sich der entsprechende Kurs beschäftigt. Wichtig also: Vor der Buchung nach den Inhalten fragen. Wir beschreiben in diesem Kapitel Aus- und Weiterbildungsangebote, die die gesamte Social-Media-Welt betreffen, hier sollten die Netzwerke selbst Schwerpunkte sein, genauso aber auch (Online-)Marketingdisziplinen. Zudem sollten rechtliche Aspekte angesprochen werden, etwa Urheberrecht, Daten- und Markenschutz. Zu prüfen: Ist eine vollständige Beschreibung des Kurses vorhanden? Gibt es nur ein Thema oder werden verschiedene Bereiche aufgegriffen?

Mindestens genauso wichtig die Theorie-Inhalte, sind die Praxis-Elemente, die möglichst jeder Kurs mitbringen sollte – so ist eine praktische Anwendung des Erlernten viel einfacher. Sofern die Kursbeschreibung keine Infos dazu gibt, ob es Übungen gibt, fragt man am besten nach, etwa: Sind Übungen zur Strategieplanung vorgesehen, zum Beispiel Zielgruppenanalyse, Kostenrechnung?

Ein weiteres Kriterium guter Kurse: Gutes und hilfreiches Kursmaterial. Eine Nachfrage im Vorfeld des Kurses hilft oft weiter: Wie sehen die Unterlagen für das Seminar aus? Hilfreich ist es, wenn sie schon vor Kursbeginn herausgegeben werden. Sie sollten so vollständig, logisch strukturiert und umfassend sein, dass man als Social Media Manager den Stoff zuhause eigenständig wiederholen und einzelne Punkte nachschlagen kann.

Knackpunkt Referent: Der Kursinhalt und die -unterlagen können noch so gut sein, der Referent muss auch stimmen. Sein Name sollte bei der Kursausschreibung klar angegeben sein. Dann lässt sich recht schnell prüfen, ob der Dozent weiß, wovon er spricht. Schließlich kann man auf Xing und Co problemlos den Lebenslauf, Publikationen oder ähnliches recherchieren. Ist der Name des Vortragenden nicht genannt: Unbedingt nachfragen. Auch nicht unwichtig: Überprüfen, wer der Veranstalter der Aus- oder Weiterbildung ist. Handelt es sich nicht um einen Seminaranbieter, sondern um ein Dienstleistungsunternehmen, ist die Gefahr einer reinen Verkaufsveranstaltung sehr groß. Besonders vorsichtig sollte man bei Social Media eBooks oder Video-Angeboten sein, die gegen einen relativ hohen Geld-Betrag angeboten werden – viele selbsternannte Werbe-Gurus verdienen sich damit eine goldene Nase. Am besten vorher recherchieren, ob es bereits Kommentare und Bewertungen im Internet gibt, was Kursanbieter oder Kursleiter angeht.

Oftmals wird in den Kursbeschreibungen angegeben, welches Vorwissen vorausgesetzt wird – sollte diese Angabe fehlen, unbedingt nachfragen. Die meisten Kurse richten sich an Mitarbeiter aus Marketing, Werbung, Vertrieb oder Public Relations, setzen Berufserfahrung voraus, selten aber ein abgeschlossenes Studium. Zur idealen Gruppengröße: Optimal sind etwas vier bis zehn Teilnehmer, mehr als 15 sollten es bei einem Kursleiter nicht sein, sonst kann dieser nicht genug auf die Fragen und Anliegen eines jeden Einzelnen eingehen.

Mit diesen Tipps dürfte die Kurswahl schon etwas leichter fallen.

21.2   Aus- und Weiterbildungsangebote an privaten Instituten

Im Folgenden einige Angebote, die entweder von Personalern, Ausbildern, Testzeitschriften oder Social-Media-Experten aus Branchenverbänden und Unternehmen empfohlen werden:

Die Deutsche Presseakademie (Link: http://www.depak.de) gibt zahlreiche Präsenzseminare (2G+ -Regel), Online-Seminare und E-Learnings zu Themen wie: Social Media Marketing, Community Management, Schreiben für Social Media, Videos für Social Media, Neuromarketing, Corporate-Influencer-Strategien, Social Media für Behörden, Bilder & Grafiken für Social Media, Strategien für Twitter, Instagram, PR-Kampagnen in Social Media, Erfolgsmessung und mehr, in Kooperation mit der Quadriga-Universität. Kosten pro Kurs zwischen 490 und 2790 Euro.

An der Social Media Akademie (Link: https://www.socialmediaakademie.de) gibt es interaktive berufsbegleitende Online-Weiterbildung zum Social Media Manager oder Online Marketing Manager mit Schwerpunkt Social Media. Die Inhalte umfassen das Entwickeln einer Social-Media-Strategie, Aufbau von Communities, Kreation von zielgruppengerecht inspirierendem Content; zielführenden Einsatz von Facebook (inkl. Advertising), WhatsApp, Instagram, Pinterest, Snapchat, Youtube, Twitter, Xing und LinkedIn; Social Media Monitoring (Social Media Manager) bzw. Suchmaschinenmarketing, Conversion Optimierung, Mobile und Messenger Marketing, Rechtsgrundlagen, Social Media Marketing, Facebook-Werbekampagnen und Photoshop (Pnline Marketing Manager). Kosten pro Kurs 3790 Euro bzw. 6990 Euro, Förderung möglich.

Darüber hinaus gibt es zwei Webinare zu je 12 Sessions zum Thema visueller Content für Social Media: Schwerpunkt Bild oder Schwerpunkt Bewegtbild für je 590 Euro.

Die SMA steht unter der Schirmherrschaft der Dualen Hochschule Baden-Württemberg, und bietet auch Kooperationslehrgänge mit der IHK.

Das Institut für Lernsysteme (ILS) (Link: http://www.ils.de/social-media-manager.php) bietet einen umfangreichen Fernlehrgang zum Social Media Manager, der Lerneinheiten über 14 Studienhefte innerhalb von 13 Monaten vermittelt und einen generalisierten oder spezialisierten Abschluss ermöglicht. Das Online-Studienzentrum des ILS dient als Testumgebung für ein soziales Netzwerk. Die Inhalte umfassen unter Anderem Wissensmanagement im Social Web, Micro-Bloggen, Rechtsfragen, Podcasting, Social Networking am Beispiel von Facebook und XING, PR 2.0, SEO, Community Management, Social Media Monitoring und Content-Strategien.

Es wird optional ein zusätzliches dreitägiges Blockseminar angeboten, das zusammen mit dem Fernlehrgang zum ILS-Zertifikat führt. Der Fernlehrgang allein führt zum ILS-Abschlusszeugnis. Kosten ab 1500 Euro.

Embis (Link: http://www.embis.de) bietet Seminare für Marketing-Mitarbeitenden und Verantwortliche aus Unternehmen und Verwaltung. Interessenten haben die Wahl zwischen 2-tägigen Präsenzseminaren in Hannover, Düsseldorf, Frankfurt, München und Berlin oder 1-tägigen Online-Seminaren, Kosten 980 bzw. 780 Euro zzgl. MwSt.

Das Angebot umfasst Kurse zu den Themen: Social Media Marketing, Social Media Kampagnen, Texten für Social Media, SEO, Content Marketing und viele weitere.

Auf Anfrage veranstaltet Embis auch Inhouse-Seminare. Embis wurde von Focus als Top-Anbieter für Weiterbildung 2022 ausgezeichnet.

Die TAW Technische Akademie Wuppertal (Link: http://www.taw.de) bietet den Online-Lehrgang „Social Media Manager (IHK)" an, der 80 Unterrichtsstunden und eine Facharbeit umfasst und zu einem IHK-Zertifikat führt. Die Inhalte umfassen Social Media für Unternehmen, Medienrecht, Blogs und Twitter, Business Networks (LinkedIn, XING), Media Sharing Networks (Pinterest, Instagram, etc.), sowie Media Monitoring und Controlling. Die Kosten belaufen sich auf 1690 Euro.

Die **LVQ Business Akademie** bietet einen IHK-zertifizierten Kurs zum Social Media Manager an. Die förderungsfähige Weiterbildung dauert 20 Tage (Mo-Fr 8.00–16.00 Uhr) vor Ort oder im Online-Präsenzunterricht via Zoom. Inhaltlich erwartet die Teilnehmer/innen unter Anderem: Social-Media-Strategien, Community Management und Krisen-PR, Contentplanung und Contentformate, Monitoring, Analyse und Erfolgsmessung, Rechtliche Aspekte, Erarbeitung und Präsentation einer Social-Media-Strategie, etc. Kosten ab 1600 Euro.

21.3   Universitäre Aus- und Weiterbildungsangebote

Auch Universitäten bieten Aus- bzw. Weiterbildungsmöglichkeiten zu Social Media Fragen:

Die **Fachhochschule Köln** (Link: http://www.social-media-zertifikat.de) bietet eine berufsbegleitende Weiterbildung zum Social Media Manager an. Der Kurs dauert 5 Monate (72 Zeitstunden) und bietet einen fundierten Einblick in Aufbau und Nutzung gängiger Social-Media-Anwendungen. Neben den Basics sind Schulungen etwa in Monitoring, Marketing sowie Rechtsgrundlagen Kursbestandteile – samt Praxisanteil in Gruppenarbeit. Der Kurs gliedert sich zum einen in Präsenzphasen, die stets an Wochenenden stattfinden. Zum anderen erbringen die Teilnehmer durch Hausarbeiten im Selbststudium Leistungsnachweise. Der Kurs endet mit dem Abschluss einer mündlichen Prüfung. Die Teilnehmer enthalten ein Zertifikat zum „Social Media Manager". Die Teilnehmerzahl ist auf 25 begrenzt und erfordert einen Hochschulabschluss in BWL mit Schwerpunkt Marketing oder Kommunikationswissenschaften. In Ausnahmefällen kann die Teilnahme mit Berufserfahrung in den genannten Bereichen genehmigt werden. Kosten: 1340 Euro.

Die **SRH Hochschule Berlin** (Link: http://www.srh-hochschule-berlin.de) bietet einen 7-semestrigen Bachelor-Studiengang „Medienmanagement – Digitale Medien" an. Voraussetzung ist das Abitur bzw. die Fachhochschulreife oder alternativ ein Berufsabschluss mit 3 Jahren Berufserfahrung. Der Studiengang bietet Inhalte aus den Bereichen Suchmaschinenoptimierung, Zielgruppenmanagement, Content-Gestaltung und digitale Trends. Die Hochschule wirbt damit, die Teilnehmer auch nach dem Studium im Bewerbungsprozess zu unterstützten. Kosten: 650 Euro im Monat.

Die **internationale Management-Akademie Stensington** (Link: http://www.stensington-akademie.de) bietet in Hamburg in Kooperation mit der Donau Universität Krems (zwei Auslandsmodule) den viersemestrigen Master-Studiengang „Social Media und Online Management" an. Das Studium umfasst ausgehend von den Kommunikationsformen, der Mediaplanung und der Online-Forschung und -Erfolgsmessung die Lehrinhalte zur Anwendung von Online-Strategien, Vermarktungsmodellen und der Konzeption von Online-Präsenzen. Dabei bilden Online und Social Media als Branding- und Vertriebskanal sowie das Content-Management, das Suchmaschinenmarketing und die gestalterischen und technischen Grundlagen wichtige Eckfeiler. Voraussetzung: Abgeschlossenes Hochschulstudium (Bachelor-, Magister-, Diplom- oder Masterstudium) unabhängig von der Studienrichtung oder bei Nicht-Akademikern eine gleichzuhaltende Qualifikation wie Abitur/Fachhochschulreife und mindestens vier Jahre einschlägige, qualifizierte Berufserfahrung in adäquater Position. Kosten: 19.850 Euro.

Wer sich für Social Media in der Modebranche interessiert wird am **European College of Business and Mangement** (Link: https://www.ecbm-london.de) fündig. Der dort angebotene Master „International Fashion and Media Management" dauert 24 Monate und findet berufsbegleitend statt. Dabei sind Präsenzveranstaltungen an Wochenenden in Berlin, London und Mailand obligatorisch. Es werden die Module Fashion Enterprise Skills, Social Media for Entrepreneurs, Influencer Marketing, Social Enterprise und Research Methods for Manager gelehrt. Eine Schwerpunktsetzung ist im späteren Verlauf möglich. Zugangsvoraussetzungen: Bachelorabschluss oder Fachwirt (Wirtschaft), Abschluss in verwandtem Fachbereich, Englischkenntnisse B2 oder höher. Kosten: 13.227 Euro im Jahr, Stipendium möglich.

An der **Hochschule Fresenius** (Link: https://www.hs-fresenius.de) wird der Bachelor „Medien- und Kommunikationsmanagement" angeboten. Das Studium dauert in der Regel 8 Semester. Bei bereits abgeschlossener, kaufmännischer Ausbildung reduziert sich die Dauer auf 7 Semester. Das Studium kann als berufsbegleitendes Fern- oder Präsenzstudium abgeschlossen werden. Wirtschaftswissenschaftliche und medienrechtliche Module gehören zum Grundstudium. Später kann aus zwei Schwerpunkten Unternehmenskommunikation oder Content-Marketing und -produktion gewählt werden. Letzteres schließt Social Media Marketing mit ein. Zugangsvoraussetzungen sind auch hier Abitur oder Fachhochschulreife. Zudem muss ein hochschuleigenes Aufnahmeverfahren bestanden werden. Kosten: 290 monatlich (bei 8 Semestern).

Das **SAE Institute** (Link: https://www.sae.edu/deu/) bietet den Bachelorstudiengang „Content Creation & Online Marketing" an. Das Studium dauert 24 Monate und wird in Vollzeit (30–40 Wochenstunden) absolviert. Als alternatives Modell kann das Studium 36 Monate berufsbegleitend stattfinden. Folgende Lerninhalte können Studierende erwarten: Bildsprache, Kommunikationsdesign, Audio, Video, Projekt & Workflow, Vermarktung, Forschung & Entwicklung. Voraussetzungen für das Studium sind entweder das Abitur oder Fachabitur oder alternativ ein Mindestalter von 18 Jahren, ein mittlerer Bildungsabschluss und die Studieneignungsfeststellung. Personen ab 17 Jahren können vor dem Bachelor ein

Diploma abschließen unter denselben Zugangsvoraussetzungen. Kosten: müssen über das Kontaktformular erfragt werden

Wer sich für Psychologie interessiert, könnte beim Bachelor-Studiengang „Wirtschaftspsychologie mit Branchenfokus Social Media & Online Marketing" der **Hochschule für angewandtes Management** (Link: https://www.fham.de) fündig werden. Das berufsbegleitende Studium gehört zum Fach Wirtschaftspsychologie, legt aber den Fokus auf Social Media. Es vereint Inhalte der Psychologie, der Wirtschaft und des Marketings in 7 Semestern. Es handelt sich um eine Kombination aus Fern- und Präsenzstudium mit 10 Präsenztagen pro Semester. Das Studium ist zudem in Vollzeit, Teilzeit oder als duales Studium möglich. Zugangsvoraussetzungen: Abitur, Fachabitur, fachgebundene Hochschulreife. Kosten: 450 Euro pro Monat.

Ein weiterer Bachelorstudiengang der **Hochschule für angewandtes Management** (Link: https://www.fham.de) ist „Betriebswirtschaftslehre mit Branchenschwerpunkt Influencer Marketing". Das Studium dauert 7 Semester in Vollzeit, kann aber auch in Teilzeit, berufsbegleitend oder dual absolviert werden. Das Studium findet vorwiegend virtuell statt, aber es gibt auch Präsenzphasen. Die Lehrinhalte schließen Content-Erstellung, Controlling und Kampagnen-Planung sowie rechtliche und gesellschaftliche Aspekte ein. In den ersten Semestern werden betriebswissenschaftliche Grundlagen gelehrt. Zugangsvoraussetzungen: Abitur, Fachabitur oder fachgebundene Hochschulreife. Kosten: 450 Euro im Monat.

Die **Hochschule für angewandtes Management** (Link: https://www.fham.de) bietet zudem auch einen Master-Studiengang „Betriebswirtschaftslehre mit Branchenfokus Social Media & Online Marketing" an. In 3 Semestern erlernen Studierende anwendungsorientiert betriebswirtschaftliches Wissen mit dem Fokus auf Online Marketing, SEO, Social Media und Performance Marketing. Es handelt sich um ein Fernstudium mit Präsenzphasen, das in Vollzeit, Teilzeit, berufsbegleitend oder dual absolviert werden kann. Zugangsvoraussetzungen sind ein fachgleiches oder fachähnliches Grundstudium (Bachelor, Diplom oder Magister) mit mindestens 210 ECTS-Punkten. Bei weniger ECTS-Punkten können sich Interessierte durch ein Vorkursprogramm nachqualifizieren. Kosten: 550 Euro im Monat.

Die **HMKW – Hochschule für Medien, Kommunikation und Wirtschaft** (Link: https://www.hmkw.de) bietet den Bachelor-Studiengang „Digitales Marketing und E-Commerce" an. Das Vollzeit-Studium umfasst 6 Semester. Teil des Studiengangs sind neben Grundlagen zu Data Analytics, Entrepreneurship und Wirtschaftsethik, auch Module zu Konsumentenverhalten, Online Advertising und Media Planning sowie Social Media und Community Management. Daneben werden Themen des E-Commerce wie beispielsweise User Experience und Web Analytics behandelt. Zudem muss eine einsemestrige Praxisphase absolviert werden. Voraussetzungen: Fachhochschulreife oder Abitur. Kosten: 640 Euro im Monat.

Die **Hochschule Macromedia** (Link: https://www.macromedia-fachhochschule.de/) bietet den Masterstudiengang „Digital Media Business" an. Er dauert 3 Semester und konzentriert sich auf die Themengebiete: E-Commerce, Social Media und Mobilität. Die Hochschule wirbt mit realitätsnahen Praxisaufgaben in Kooperation mit Unternehmen sowie einem Praktikumssemester. Zugangsvoraussetzungen: Bachelor-Abschluss mit 180 oder 210 ECTS-Punkten. Kosten: ab 495 Euro im Monat zzgl. einmaliger Anmeldegebühr (500 Euro).

Die **VWA – Verwaltungs- und Wirtschafts-Akademie Freiburg** (https://vwa-freiburg.de) bietet einen berufsbegleitenden Studiengang „Social Media Manager*in" an. Der Studiengang umfasst 305 Stunden und bietet einen praxisorientierten Einstieg in das Social-Media-Management. Bestandteil sind theoretische Grundlagen, z. B. ein Überblick über verschiedene soziale Netzwerke, Communities und Werkzeuge. Des Weiteren werden rechtliche Grundlagen erörtert und Methoden und Werkzeuge vorgestellt. Teil des Studiengangs sind 8 Module in Präsenz und 3 Hausarbeiten. Zugangsvoraussetzungen nennt die VWA auf ihrer Website nicht. Kosten: 2950 Euro.

An der **THM – Technischen Hochschule Mittelhessen** (Link: https://www.thm.de/) können Interessierte den Bachelor „Social Media Systems" studieren. Das Studium dauert 6 Semester. Der Studiengang konzentriert sich auf 3 inhaltliche Kernbereiche: Management, Medienkommunikation und Informationstechnologie. Nach einer Orientierungsphase können Studierende ihren Schwerpunkt auf einen der Kernbereiche setzen und aus einer Vielfalt passender Wahlpflichtmodule wählen, z. B. Big Data oder Social Media für öffentliche Einrichtungen. Zugangsvoraussetzungen: allgemeine oder fachgebundene Hochschulreife oder als gleichwertig anerkannte Zugangsberechtigung, Teilnahme am Online-Self-Assessment der Hochschule. Kosten: Semesterbeitrag in Höhe von 284 Euro (Stand 2022).

Sportbegeisterte könnte die Weiterbildung „Social Media und Content im Sport" des **IST-Studieninstituts** (Link: https://www.ist.de/) interessieren. Sie dauert 6 Monate. Die Weiterbildung betrachtet Social Media aus der Perspektive der Sportbranche und bietet praxisorientierte Projektaufgaben. Inhalte sind neben aktuellen digitalen Trends aus der Welt des Sports auch Content Marketing und Content-Erstellung. Die Workshops finden in Präsenz statt. Zugangsvoraussetzungen: Schulabschluss und abgeschlossene Berufsausbildung oder (Fach-)Hochschulreife. Kosten: 1416 bis 1494 Euro.

Wer nicht vor Ort studieren kann oder möchte, sollte sich die folgenden Fernstudiengänge anschauen:

An der **IU – Internationalen Hochschule** (Link: https://www.iu-fernstudium.de) können Interessierte den Bachelor „Social Media" studieren. Das Studium dauert 6 Semester und kann in Voll- oder Teilzeit absolviert werden. Die Inhalte erstrecken sich über die Bereiche Social Media Marketing, Kommunikationspsychologie und Medienrecht. In den letzten beiden Semestern ist eine Spezialisierung

z. B. auf Community Management oder User Experience möglich. Voraussetzung für das Studium: (Fach-)Hochschulreife, Meisterbrief/Aufstiegsfortbildung oder mind. 2-jährige Berufsausbildung inkl. 3 Jahre Berufserfahrung. Kosten: 359 Euro monatlich (bei Vollzeitstudium).

Die **AKAD University** (Link: https://www.akad.de) bietet einen Bachelorstudiengang „Digital Marketing und Social Media" an. Das Studium dauert in Vollzeit 6 Semester, kann aber auch in Teilzeit bestritten werden. In den ersten Semestern lernen die Teilnehmer wichtige Grundlagen in den Themengebieten digitales Marketing, Wirtschaftsinformatik, Statistik, Personalmanagement, Usability und E-Business. In den späteren Semestern kann zwischen verschiedenen Vertiefungen gewählt werden. Angeboten werden z. B. Datenanalyse und Visualisierung oder Social Media Marketing. Zugangsvoraussetzung ist hier eine Hochschulzugangsberechtigung, d. h. Abitur, Fachabitur oder Aufstiegsfortbildung. Kosten: 359 Euro monatlich (bei Vollzeitstudium) plus einmalige Prüfungsgebühr: 960 Euro.

Die **Freie Journalistenschule** (Link: https://www.freie-journalistenschule.de) bietet ein Fernstudium „Social Media" an. Die Studierenden schließen nach mind. 12 und max. 36 Monaten mit einem Zertifikat ab. Drei Kernmodule machen das Grundstudium aus: PR-Konzeption, Recht der Unternehmenskommunikation, Social Media – Strategien & Kampagnen. Dazu werden je nach eigenem Interesse 9 weitere Module aus einer Vielzahl von Angeboten gewählt, z. B. Medienmanagement, Krisenkommunikation oder Social Media für Non-Profit-Organisationen. Wer mehr als 9 Wahlpflichtmodule belegen möchte, kann dies für einen geringen Aufpreis in Anspruch nehmen. Zugangsvoraussetzungen sind ein erstes abgeschlossenes Hochschulstudium (Bachelor, Master, Diplom, Magister oder Staatsexamen) oder eine abgeschlossene Berufsausbildung mit mindestens dreijähriger Berufserfahrung. Sehr gute Deutschkenntnisse sind Pflicht und müssen bei Nicht-Muttersprachlern nachgewiesen werden. Kosten: je nach Zahlungsmodell 100 bis 350 Euro im Monat zzgl. einmaliger Prüfungsgebühr in Höhe von 250 Euro.

An der **Wilhelm Büchner Hochschule** (Link: https://www.wb-fernstudium.de/) können Interessierte „Digitale Medien" studieren. Es handelt sich um ein Informatikstudium mit Spezialisierung auf digitale Medien. Das Bachelorstudium dauert 6 Semester und ist stark interdisziplinär ausgerichtet. Im Grundlagenstudium lernen die Studierenden Inhalte der Informatik, Digitalen Medien (u. a. Social Media), Mathematik und Technik sowie Kompetenzen wie Projektmanagement und wissenschaftliches Arbeiten. Im Vertiefungsstudium werden diese Inhalte weiter vertieft. Auch praktische Phasen wie Projektarbeiten und ein Praktikum stehen an. Zugangsvoraussetzungen sind die allgemeine oder fachgebundene Hochschulreife oder alternativ eine als gleichwertig anerkannte Hochschulzugangsberechtigung. Das Studium kann auch als Gasthörer begonnen werden. Kosten: müssen über das Kontaktformular erfragt werden

Die **Social Media Akademie** (Link: https://www.socialmediaakademie.de/) bietet einen zertifizierten Onlinelehrgang „Social Media Manager" an. Der Kurs umfasst 23 Online-Vorlesungen und dauert 3–6 Monate. Lehrinhalte sind beispielsweise verschiedene Social Media Plattformen und ihr Nutzwert für Unternehmen, Contentplanung und -erstellung, Community- und Krisenmanagement und Einsatz von Hashtags. Zugangsvoraussetzungen nennt die Social Media Akademie auf ihrer Website nicht. Kosten: 3790 Euro.

Die **sgd – Studiengemeinschaft Darmstadt** (Link: https://www.sgd.de) stellt einen 13-monatigen Kurs „Social Media Manager/in" bereit, an dessen Ende ein sgd-Abschlusszeugnis erworben wird. Der Kurs nimmt 8 Stunden pro Woche in Anspruch. Lerninhalte sind z. B. Grundlagen von Social Media, Einführung in das (Micro-)Bloggen, PR 2.0, Community Management oder Rechtsfragen im Social Web. Zugangsvoraussetzungen sind die Fachhochschulreife oder eine abgeschlossene Berufsausbildung oder zweijährige Berufspraxis sowie PC-Grundkenntnisse. Kosten: müssen über das Kontaktformular erfragt werden

Das **ILS – Institut für Lehrsysteme** (Link https://www.ils.de) bietet einen 13-monatigen Lehrgang „Social Media Manager/in" an. Der Lehrgang beinhaltet etwa 8 Stunden pro Woche sowie ein 3-ägiges Blockseminar mit 16 Unterrichtsstunden. Es werden sowohl Grundlagen als auch Themen des Content Marketing, SEO und rechtliche Fragen behandelt. Absolventen bekommen ein ILS-Abschlusszeugnis bzw. Zertifikat. Zugangsvoraussetzungen sind die Fachhochschulreife oder alternativ eine abgeschlossene Berufsausbildung oder eine zweijährige Berufspraxis. Kosten: müssen über das Kontaktformular erfragt werden

An der **Marketing Fernakademie** (Link: https://www.marketing-fernakademie. de/) können Interessierte einen Kurs „Social Media Manager/-in" belegen. Die Weiterbildung nimmt pro Monat 20 bis 25 Stunden in Anspruch und dauert bis zu 10 Monate. Besonders an dem Kurs ist, dass Absolventen sich nach Abschluss des Kurses die Teilnahme beim IHK-Bildungsinstitut zertifizieren lassen können. Die Kursinhalte bestehen aus verschiedenen Grundmodulen, z. B. Online Marketing, Online PR, SEO, Social Media oder Influencer Marketing. Zugangsvoraussetzungen: Realschulabschluss oder vergleichbarer schulischer Abschluss, Vorbildung oder Berufserfahrung im Marketing wünschenswert, aber nicht notwendig. Kosten: 1490 Euro plus 295 Euro für IHK-Zertifikat.

Das **DeLSt – Deutsche eLearning Studieninstitut** (Link: https://www.delst. de/) bietet ein Fernstudium zum „Social Media Manager" an. Die Dauer des Studiums variiert je nach Studienart: 9 Monate (berufsbegleitend), 4 Monate (Teilzeit), 10 Woche (Vollzeit). Der Lehrplan beginnt mit den Themen Marketing und Marktanalyse, und führt über Social Media Grundlagen zu praxisnahen Themen wie Content-Strategien, Monitoring und Community Management. Zugangsvoraussetzungen: keine. Kosten: 1499 Euro.

An der **Fernakademie für Erwachsenenbildung** (Link: https://www.fernakademie-klett.de) können Interessierte den Lehrgang „Social Media Manager/in" ablegen. Bei einem Arbeitsaufwand von 8 Stunden pro Woche dauert der Kurs 13 Monate. Der Lehrgang vermittelt Grundlagen von Social Media, klärt Rechtsfragen im Social Web und geht auf Community Management und Content-Strategien ein. Voraussetzungen für die Kursteilnahme ist die Fachhochschulreife, eine abgeschlossene Berufsausbildung oder zweijährige Berufspraxis. Kosten: müssen über das Kontaktformular erfragt werden

Das **DIM – Deutsches Institut für Marketing** (Link: https://www.marketinginstitut.biz/) bietet einen Zertifikatslehrgang „Social Media Manager/in" an. Dabei werden 15 Online-Module in durchschnittlich 2 Monaten absolviert. Ein Auszug aus den Kursinhalten: Social Media Marketing – die aktuelle Situation, Zielgruppenfindung und -ansprache, Social Media Monitoring, Facebook Ads. Zugangsvoraussetzungen nennt das DIM auf ihrer Website nicht. Kosten: 1892 Euro.

An der **WirtschaftsWissenschaftlichen FernAkademie Dr. Schmidt** (Link: https://wwfa.de/) können Interessierte den Fernkurs „Online Marketing & Social Media Marketing" belegen. Er dauert 5 Monate bei einer Wochenarbeitszeit von 9 Stunden. Der zertifizierte Kurs umfasst 5 Module: Grundlagen und Geschäftsprozesse, Online Marketing: Grundlagen und Konzept, Online Marketing: SEO und SEA, Social Media Marketing und Rechtliche Grundlagen. Viel Wert wird auf positive und negative Fallbeispiele aus der Praxis gelegt. Der Kurs schließt mit einer Abschlussarbeit ab. Zugangsvoraussetzungen: keine. Kosten: 2280 Euro.

Weitere Studiengänge, die zwar nicht „Social Media" im Namen tragen, aber sich dennoch damit auseinandersetzen, was das Internet an neuen Kommunikationsmöglichkeiten bietet und für die Interaktion mit Kunden bedeutet, haben oftmals etwas mit Kommunikations-, Informations- oder Medienwissenschaft zu tun. Eine sehr gute und stets aktuell gehaltene Datenbank mit Infos rund um solche Studiengänge gibt's unter www.medienstudienfuehrer.de.

21.4 Expertengespräch mit Prof. Dr. Dieter Herbst: Digitale Studien für digitale Arbeitswelten

Prof. Dr. Dieter Herbst lehrt an der UdK Berlin im Master-Studiengang Digital Leadership, ein berufsbegleitender, interdisziplinär aufgebaute Ergänzungs- und Weiterbildungsstudiengang, der in Kooperation mit der Universität St. Gallen durchgeführt wird. Was hinter dem Studienangebot steckt und warum er für zukünftige Social Media Manager spannend ist, erklärt uns Professor Herbst im folgenden Gespräch.

Fragen und Antworten

Was kann man sich unter dem Studiengang Digital Leadership an der UdK Berlin vorstellen?

Ausbildungsziel ist es, für Führungsaufgaben im Berufsfeld der digitalen Kommunikation zu qualifizieren, zum Beispiel für die Projektleitung in der digitalen Wirtschaft bzw. der digitalen Kommunikation. Zugangsvoraussetzung sind Hochschulabschluss, mindestens ein Jahr Berufserfahrung sowie ein 20-minütiges Gespräch mit der Zulassungskommission. Das Studium ist modular aufgebaut und kann in der Zeit zwischen 15 und 30 Monaten absolviert werden. Die Erfahrung zeigt, dass die Studierenden bereits in eines der Modulthemen studiert haben, also zum Beispiel Betriebswirtschaft, Personalführung oder Gestaltung. Auf diesen Kenntnissen baut der Studiengang auf.

Inhaltlich integriert das Studium als einziger weiterbildender Masterstudiengang im deutschsprachigen Raum jene Disziplinen, die für das Projektmanagement in der digitalen Wirtschaft sowie für die Führung von Projekten erforderlich sind: Management, Führung, Gestaltung und Kommunikation. Das Studium strebt außerdem die kritisch-wissenschaftliche Reflexion über die Inhalte des Fachgebiets und die praxisnahe Anwendung an. Das Studienkonzept basiert auf der Überzeugung, dass unternehmerischer Erfolg im digitalen Zeitalter vor allem von drei Faktoren bestimmt wird: der Entwicklung überzeugender Produkte, der effizienten Nutzung und Entwicklung neuer Kommunikationswege und -techniken sowie der Führung von Projekten und Mitarbeitern in Netzwerkstrukturen. Im Mittelpunkt stehen dabei die Gestaltung und das Management von Prozessen, die für die beschriebenen Arbeitsfelder von zentraler Bedeutung sind.

Das Studium vermittelt aktuelles Know-how aus dem Bereich der digitalen Kommunikation, Strategien zur effizienten Führung von Mitarbeitern und Mitarbeiterinnen sowie Kreativitäts- und Innovationstechniken. Das Studium ist handlungsorientiert und berufsbezogen.

Welche Relevanz hat das Thema Social Media innerhalb des Studiums?

Social Media werden in allen Modulen thematisiert, denn für den Erfolg der Social-Media-Aktivitäten eines Unternehmens sind die Themen Management, Leadership, Gestaltung, Kommunikation und Projektmanagement gefragt.

Welche Zielgruppe spricht der Studiengang an und für wen ist dieses Studium nicht geeignet?

Als Weiterbildungsstudiengang wenden wir uns an Menschen mit Berufs- und Praxiserfahrung. Sie haben Führungsaufgaben in der digitalen Kommunikation von Organisationen und Unternehmen aller Größen und Branchen oder in Agenturen. Manche führen ein eigenes Unternehmen.

Im Einzelnen sind dies Führungskräfte oder angehende Führungskräfte, die sich in ihrem Unternehmen erfolgreich entwickelt haben und sich berufsbegleitend höher qualifizieren wollen. Kernzielgruppe des Studiengangs bilden Angestellte aus dem mittleren Management von Mittelstands-, Groß-, und Beratungsunternehmen, die einen Einstieg in gehobene Managementpositionen anstreben.

Die bisherigen Erfahrungen zeigen, dass das Programm auch sehr gut für Selbständige und Unternehmensgründer geeignet ist. Häufig handelt es sich hier um Personen, die in jungen Jahren ihr Studium abgebrochen haben. Stattdessen haben sie Berufe wie Mediengestalter erlernt und Diplome an privaten Akademien und Weiterbildungseinrichtungen erworben, die nicht staatlich anerkannt sind. Dies liegt zum Teil im Thema der digitalen Kommunikation selbst begründet, für die es in den achtziger und neunziger Jahren keine adäquaten und auf das kulturelle, gestalterische und betriebswirtschaftliche Umfeld ausgerichteten Studiengänge gab.

Der Altersdurchschnitt der Bewerber liegt etwa bei 35 Jahren. Als ersten berufsqualifizierenden Abschluss den Bachelor zu erwerben, würde für sie bedeuten, gemeinsam mit Anfang Zwanzigjährigen ohne Berufspraxis studieren zu müssen. Darüber hinaus fehlen vielerorts ohnehin berufsbegleitende Bachelor-Studiengänge für digitale Kommunikation. Für diese Zielgruppe ist daher ein weiterbildender Masterstudiengang von besonderem (ausschließlichem) Interesse. Die Quote der Bewerber ohne Hochschulabschluss oder nicht anerkanntem Hochschulabschluss liegt im Masterstudiengang Leadership in Digitaler Kommunikation bei bis zu 31 % pro Jahrgang. Mit Unterstützung der Universitätsleitung der UdK Berlin wurde die Vereinbarung getroffen, dass dieser Personengruppe ein Zugang zum Masterstudiengang ermöglicht wird. Hierzu ist ein Kriterienkatalog erarbeitet worden.

Einzelne Module des Studiengangs werden als kostenpflichtige Weiterbildung angeboten, wenn freie Studienplätze vorhanden sind. Zielgruppe sind Personen, die kein komplettes Studium absolvieren möchten, sondern nur einzelne Module als universitäre Weiterbildung buchen, um sich in einem Thema weiter zu qualifizieren – oft sind dies die Module Leadership und Management. Die Teilnehmer haben den Status von Gasthörern und erhalten nach Abschluss eines Moduls ein universitäres Weiterbildungszertifikat.

Welche Soft Skills werden im Studium vermittelt?
Die Vermittlung von Soft Skills spielt im Studiengang in allen Modulen eine große Rolle. Dies betrifft vor allem die Themen Personalführung und Konfliktmanagement, aber auch Kreativität und Innovation sowie Wissensmanagement. Speziell für Social Media ist der Aufbau und die langfristige Entwicklung von Beziehungen zu wichtigen Bezugsgruppen eines Unternehmens zu erwähnen.

Das Studium unterstützt die Studierenden, die für die Berufspraxis notwendigen Fach-, Methoden und Sozialkompetenz auszubauen. Die vermittelte Führungskompetenz ermöglicht es den Studierenden, die Hintergründe eigener Führungserfolge nachzuvollziehen und Impulse in die eigene Führungstätigkeit zu integrieren. Die Teilnehmer und Teilnehmerinnen werden daher an praxisnahen Beispielen mit neuen Methoden des Prozessmanagements vertraut gemacht. Die praxisnahe Ausrichtung hat den Anspruch, auf komplexe Führungsaufgaben in kleinen und großen Unternehmen einzugehen.

Welche wichtigen, zentralen Social Media-Kompetenzen erlernen Studenten während des Studiums?
Sie verfügen über Kenntnisse der Social-Media Landschaft, Kenntnisse der Etikette im Social Web, Sicherheit in web-basierter Dialogführung, Kenntnisse der technischen Voraussetzungen, Kenntnisse der rechtlichen Rahmenbedingungen, Wissen über die Wechselwirkungen

mit traditionellen Medien, Kenntnisse im Management von Web-Communities, Kenntnisse der gängigen Ausdrucksformen. Sie können Social-Media-Aktivitäten evaluieren. Und, wie gesagt, der Aufbau und die langfristige Gestaltung von Beziehungen in Social-Media werden breit behandelt.

Wie findet man nach dem Studium den erfolgreichen Jobeinstieg im Bereich Social Media?
Der Bedarf an Experten in Social Media wird in den kommenden Jahren enorm steigen. Von daher sind die Berufsaussichten als ausgesprochen positiv zu bezeichnen – in Unternehmen, in Agenturen oder als Selbständiger. Viele Kontakte zur Praxis entstehen schon während des Studiums, weil die Dozenten erfahrene Praktiker mit wissenschaftlichem Hintergrund sind. Die Masterthesis bietet die Chance, gemeinsam mit Unternehmen ein Thema aus wissenschaftlicher und praktischer Sicht zu bearbeiten. Auch das Stipendium eines Unternehmens bietet die Chance für den Berufseinstieg, wie einige Beispiele aus dem Studiengang zeigen.

Wie wird sich dieses Studium vielleicht in der Zukunft verändern, insbesondere hinsichtlich des Themas Social Media?
Der Studiengang will eine führende Rolle in der Weiterbildung in Digitaler Kommunikation spielen. Im Januar 2008 wurde der Masterstudiengang LDK durch die Akkreditierungsagentur Acquin akkreditiert. Die Konzeption des Studiengangs wurde als ausgesprochen innovativ und zukunftsgerichtet bewertet. Des Weiteren wurde hervorgehoben, dass der Studiengang künftige Entwicklungen sowie Erwartungen und Erfordernisse des Arbeitsmarktes antizipiert und auf hervorragende Weise gegenwärtige und künftige Anforderungen der Praxis reflektiert. Besonders positiv wurde von Acquin die Vernetzung der Wissensgebiete beurteilt. Permanente Weiterentwicklung ist daher ein Muss. Es gibt Module, die jedes Jahr essenziell umgebaut, angepasst oder weiterentwickelt werden.

Was raten Sie Social Media-Nachwuchs für den erfolgreichen Berufseinstieg?
Die Studierenden sollten gründlich prüfen, ob sie in einem Unternehmen oder einer Agentur arbeiten möchten. Vielleicht ist die Selbständigkeit für sie der optimale Weg. Bei der Bewerbung sollten Sie den potenziellen Arbeitgeber davon überzeugen, dass sie sicher mit Social Media umgehen können, dass Sie über die schnellen Entwicklungen immer auf dem Laufenden sind und diese für das Unternehmen nutzen. Und sie sollten überzeugen können, dass sie durch ihr Engagement zur Wertsteigerung der Kommunikation und damit des Unternehmens beitragen.

21.5   Bundesweite Aus- und Weiterbildungsangebote

Bundesweit bieten auch **Volkshochschulen (VHS)** die unterschiedlichsten Kurse rund um das Thema Social Media an. Von halb- oder eintägigen Schulungen für einen Unkostenbeitrag bis hin zu mehrtägigen Block-Kursen kann man hier alles finden. Grundsätzlich zu beurteilen, welcher Kurs etwas taugt und welcher nicht, ist unmöglich – lediglich ein paar Hinweise: Je mehr Zeit, desto besser; so viel Informationen einholen wie möglich: Wer ist der Dozent, wie sind die Kursunterlagen aufbereitet, welche Themen werden behandelt? Die Qualität ist schwankend – aber oftmals kann es sich lohnen, das Kursprogramm der lokalen VHS zu prüfen. Alle Volkshochschulen samt Kursprogramm gibt es online unter http:// www.vhs.de.

Ebenfalls Deutschlandweit bieten die **Industrie- und Handelskammern (IHK)** unterschiedlichste Aus- und Weiterbildungsangebote zu Social-Media-Themen, von eintägigen Blockkursen über Online-Lehrgänge bis hin zu mehrtägigen und mehrwöchigen Lehrgängen. Dementsprechend unterschiedlich sind auch die Kosten. Diese Weiterbildungen sind meist sehr beliebt und fachlich fundiert. Verschiedene Standorte bieten eine IHK-Fortbildung zum Social Media Manager IHK für Preise zwischen 1400 und 2000 Euro an. Diese Weiterbildung gibt es auch als Online-Kurs. Themen sind unter Anderem: Überblick über Social-Media-Plattformen, Begriffe und Instrumente, Planung einer Social-Media-Strategie, Einbettung in die Unternehmensstrategie, Monitoring/Controlling, Handlungs- und Rechtssicherheit.

Unter https://wis.ihk.de/nc/seminare/seminarsuche.html können Interessenten den passenden Kurs an ihrem Standort oder Online finden.

Das viertägige Kompakt-Seminar der **Deutschen Akademie für Public Relations (DAPR)** bereitet auf die Prüfung zum Social Media Manager vor und findet in Düsseldorf, Frankfurt oder online statt. Das Intensivtraining befasst sich mit Trends und Entwicklungen der Branche, B2B und B2C-Kommunikation, kompaktes Wissen zu Blogs, Twitter, LinkedIn, XING, Facebook, Instagram, etc. sowie Algorithmen, individuelle Sprache, hilfreiche Tools und Social-Media-Advertising & -Campaigning. Kosten 1990,00 Euro zzgl. MwSt.

Der Bundesverband Community Management e. V. (BVCM) bietet eine lehrgangsunabhängige Prüfung zum „Social Media Manager (BVCM)" an. Dies setzt die bis 2016 erteilte, etablierte Zertifizierung zum „Social Media Manager (PZOK)" fort und ist damit das hochwertige Qualitätssiegel der digitalen Kommunikationsbranche in Deutschland.

Die Prüfungs- und Zertifizierungsorganisation der deutschen Kommunikationswirtschaft (PZOK), gegründet vom Bundesverband deutscher Pressesprecher, der deutschen Public Relations Gesellschaft und der Gesellschaft Public Relations Agenturen hatte mit ihrer Prüfung zum „Social Media Manager (PZOK)" erstmalig einen bundesweiten einheitlichen Standard eingeführt.

Die Prüfung fragt umfangreiches strategisches, methodisches, handwerkliches und technisches Wissen ab und kostet 499 Euro.

Karrieretutor bietet eine 8-wöchige Weiterbildung zum Social Media Manager für Mitarbeitenden aus den Bereichen (Online)Marketing, Kommunikation, PR oder dem kaufmännischen Bereich an. Die Weiterbildung verwendet Fachliteratur, Online-Live-Tutorials und Online-Tools und bietet einen umfassenden Überblick über die aktuell wichtigsten Social-Media-Kanäle und ihre individuellen Vor- und Nachteile, das Berufsbild des Social Media Managers, Rechtliche Rahmenbedingungen, Social Media im Online-Marketing-Mix, Personal Branding, Networks &Communities, etc. Kosten ab 2205 Euro, förderungsfähig.

An der **DAMK – Düsseldorfer Akademie für Marketing-Kommunikation** führt der E-Learning-Lehrgang „Social Media Manager" in 25 Unterrichtsstunden in alle wichtigen Themen zu Social Media ein. Themen sind unter Anderem **Social Media Grundlagen, Tools und Techniken, Strategischer Einsatz der Tools sowie Umsetzung und Best Practice. Kosten ab 849 Euro.**

Sabine Brockmeier arbeitet als Social Media Manager bei der Xing AG. In unserem Interview erklärt sie ihr Aufgabenfeld, die besonderen Herausforderungen im Arbeitsalltag und gibt Hinweise für zukünftige Berufseinsteiger im Social Web.

Fragen und Antworten

Wie kann man sich Ihren Job vorstellen und wie sind Sie zu dieser Position gekommen?

Bevor Social Media mein Vollzeitjob wurde, war ich über sechs Jahre PR-Managerin bei XING. Dort habe mich hauptsächlich mit klassischer PR-Arbeit beschäftigt, aber auch schon viel Erfahrung mit Social Media gesammelt: 2005 habe ich den Unternehmensblog mit aufgesetzt und 2008 den twitter-Account. Damals waren soziale Medien ja noch neu, gerade für Unternehmen, und XING war immer vorne mit dabei. Meines Wissens waren wir sogar das erste Unternehmen in Deutschland, das getwittert hat.

Als es dann darum ging, eine professionelle Facebook-Fanpage aufzubauen und schnell klar war, dass das ein Vollzeitjob werden würde, hat man mir die Stelle angeboten. Mittlerweile bin ich im Marketing und betreue neben der Facebook-Fanpage auch unser Unternehmensprofil auf XING sowie eine „Social Media Task Force". Darin kommen regelmäßig all die Kollegen aus der Unternehmenskommunikation, dem Community-Management und dem Marketing zusammen, die für XING auf den diversen Social-Media-Kanälen aktiv sind.

© Springer Fachmedien Wiesbaden GmbH, ein Teil von Springer Nature 2022
N. Lumma et al., *Berufsziel Social Media*,
https://doi.org/10.1007/978-3-658-38256-8_22

Wie sieht Ihr typischer Arbeitsalltag im Social Web aus?

Der Tag beginnt mit Lektüre – Feedreader, twitter, Pressespiegel, usw. Gleichzeitig checke ich, ob es auf Facebook & Co. Anfragen oder Kommentare gibt, die beantwortet werden müssen. Dem folgt ein Blick in den Redaktionsplan: Steht an diesem Tag ein Facebook-Post an, muss der noch vorbereitet werden? Da wir die Bilder für unsere Posts meist selbst machen, organisiere ich ggfs. ein kleines Fotoshooting, rekrutiere einen Fotografen und „Modells" im Kollegenkreis und briefe die Grafikerin. Oft stehen auch Meetings an, sei es ein Update der Produktabteilung, ein Marketing-Meeting oder Abstimmungen mit der Agentur, z. B. wenn wir gerade an einer App schrauben. Nachmittags ist dann Zeit für zeitintensivere Aufgaben, Prozess-Reportings oder Präsentationen. Und dazwischen natürlich immer mal wieder ein Blick in die Kanäle. Ich versuche schon, mindestens einmal pro Stunde reinzuschauen.

Welche Herausforderungen im Social Web sind besonders interessant, welche besonders schwierig?

Besonders interessant ist die Tatsache, dass das Social Web so viele Menschen betrifft und begeistert. Es ist toll, bei etwas dabei zu sein, dass das Leben ganz vieler Menschen verändert. Das Social Web ist außerdem so schnelllebig, dass man nicht weiß, wie es in zwei oder gar fünf Jahren aussehen wird. Dadurch bleibt es spannend, langweilige Routine kann gar nicht erst entstehen.

Schwierig ist die Tatsache, dass im Social Web fast alles in Echtzeit passiert, man „always-on" ist, ständig zwischen Mailpostfach, Feedreader und seinen diversen Kanälen hin und her springt. Es fällt mir schwer, mich komplett für zwei bis drei Stunden zurückzuziehen und konzentriert an einer Sache zu arbeiten. Ich glaube schon, dass meine Konzentrationsspanne über die letzten Jahre gesunken ist. Aber vielleicht liegt's auch am Alter.

Welcher Ausbildungshintergrund, welche Qualifikationen sind für Ihren Beruf wichtig?

Social Media Manager ist der perfekte Beruf für Quereinsteiger. Wenn man aus der Unternehmenskommunikation und PR, aus dem Marketing oder dem Community Management kommt, bringt man viele fachlichen Qualifikationen mit, die für diesen Beruf wichtig sind: Aus der Unternehmenskommunikation z. B. sprachliches Geschick, aus dem Marketing bspw. ein tiefergehendes Verständnis für die eigene Marke und aus dem Community Management Erfahrung mit der Moderation von Diskussionen. Das Studium ist nach meiner persönlichen Einschätzung nicht so wichtig. Sicher, Medienwissenschaften, Wirtschaftsinformatik, Psychologie und ähnliche Studiengänge bieten sich an, aber wichtiger ist die praktische Erfahrung.

Welche Anforderungen sind vielleicht besonders wichtig und können gleichzeitig eher weniger gut angelernt, antrainiert oder im Rahmen einer Aus- oder Weiterbildung erlangt werden?

Das Social Web sollte man auch privat nutzen. Man kann den Umgang mit sozialen Medien natürlich lernen, aber ich stelle es mir eher schwierig vor, allein über eine Weiterbildung von 0 auf 100 zu kommen. D. h. wenn jemand bisher offline gelebt hat und nun beschließt, Social Media Manager zu werden, hat er oder sie schlechte Voraussetzungen. Bei der Generation Y stellt sich dieses Problem nicht, deren Vertreter haben Social Media in die Wiege gelegt bekommen. Umgekehrt qualifiziert mich ein Facebook-Account aber noch nicht zum Social Media Manager.

Auf welche Soft Skills kommt es an?

Es gibt das typische Skill-Set, das mir immer wieder begegnet, wenn ich im Netz über das Berufsbild Social Media Manager lese. Wenn ich drei Eigenschaften rauspicken müsste, wären es folgende:

Kommunikationsfreude: Die kann bei jedem ganz anders aussehen. Man muss nicht unbedingt eine Rampensau sein -zu dieser Kategorie zähle ich mich auch nicht-, aber man sollte sich schon gerne mit anderen Menschen austauschen. Wer lieber für sich vor sich hin werkelt, ist in einem anderen Beruf besser aufgehoben.

Starke Nerven: Die Leute da draußen sind manchmal einfach böse zu dir (ob mit oder ohne guten Grund), das muss man als Social Media Manager abkönnen. Gute Nerven helfen auch im Auge des Shitstorms – denn der nächste kommt bestimmt.

Spaß an der Arbeit – denn sonst empfindet man die schwimmende Grenze zwischen Arbeit und Freizeit, die zu diesem Beruf gehört, schnell als Belastung.

Wie wird mit dem Thema Work-Life-Balance an Ihrem Arbeitsplatz umgegangen?

XING achtet darauf, dass wir nicht dauernd bis spät abends noch im Büro sitzen. Natürlich wird auch mal länger gearbeitet, aber es ist nicht die Regel. Es gibt ein ungeschriebenes Feierabendgesetz, das die Leute dankbar befolgen. Das war früher anders. Zu XINGs Start-up-Zeiten, die ich noch miterlebt habe, habe ich wesentlich mehr bzw. länger gearbeitet, oft bis spät in die Nacht und am Wochenende. Ich denke, das ist normal für ein Start-up, nur sind wir dieser Phase als Unternehmen längst entwachsen – und auf Dauer hält das auch niemand durch. XING bietet darüber hinaus die Möglichkeit, ab und zu Home-Office zu machen. Auch das habe ich schon dankbar in Anspruch genommen, als ich ein Projekt hatte, bei dem ich mich sehr konzentrieren musste. Zu meinem Job gehört es natürlich, dass ich auch nach Feierabend und am Wochenende online bin und immer mal wieder reinschaue. Das empfinde ich aber nicht als Arbeit. Außerdem hat jeder Mitarbeiter bei XING ein iPhone, das macht es einfach, mal zwischendurch reinzuschauen.

Wie bilden Sie sich beruflich weiter?

Auf mehreren Ebenen: Zum einen bietet XING intern Weiterbildungen an, wie z. B. Kreativitäts- oder Text-Workshops. Zum anderen besuche ich Konferenzen und Barcamps: Über den Austausch mit anderen Social Media Managern lernt man unglaublich viel und bleibt am Ball, was neue Entwicklungen angeht. Und ich lese natürlich die einschlägigen Blogs von allfacebook.de bis netzwertig.com – und auch mal ein Fachbuch.

Wie wird sich Ihr Job vielleicht in der Zukunft verändern?

Es wird mehr und mehr von unserer Zunft geben – da bleibt nicht aus, dass sich die Leute spezialisieren. Der eine auf Strategie, der andere auf Content Marketing, der dritte vielleicht auf B2B. Und es wird natürlich neue Kanäle geben, von denen ich noch nicht wissen kann, ob sie für mich und mein Unternehmen wichtig sein werden. Ich lasse das mal entspannt/gespannt auf mich zukommen.

Was raten Sie dem Social Media-Nachwuchs für den erfolgreichen Berufseinstieg?

Praktische Erfahrung ist wichtig, ich empfehle daher so viel learning-on-the-job wie möglich. Eine gute theoretische Grundausbildung kann sicher nicht schaden, aber ich finde es schwierig, Social Media in theoretisch vermittelbares Wissen zu verwandeln.

Ein Beispiel: Wir hatten intern einen kleinen Corporate-Twitter-Workshop, wo mich eine Kollegin bat, doch einmal niederzuschreiben, in welchen Fällen man auf twitter wie reagiert. Wann muss ich antworten, wann kann ich den Tweet auch mal so stehen lassen? Wann soll ich beim Twitterer direkt *nachfragen, wann lieber erst einmal selbst Nachforschungen anstellen? Ich konnte es nicht. Es gibt* 1000 Einzelfälle, jeder ist anders. Nur praktische Erfahrung hilft, die Situation richtig einzuschätzen.

Expertengespräch mit Lars Wöhrmann: Keine Angst vorm blauen Auge

Lars Wöhrmann ist Social Media Manager bei der freenet AG in Hamburg. Was die Stelle ausmacht und warum der größte netzunabhängige Telekommunikationsanbieter Deutschlands, dem unter anderem auch Gravis gehört, im Social Web erfolgreich ist, hat er uns im Gespräch verraten.

Fragen und Antworten

Seit 2011 sind Sie vom Pressesprecher Fachhandel/Shop zum Social Media Manager geworden. Wie kam es dazu und wie hat sich ihr Arbeitstag mit diesem Schritt geändert?

In erster Linie war der Wechsel bedingt durch die weitere Professionalisierung des Themas Social Media im Konzern. Zu Beginn der Aktivitäten war Social Media in der Konzernkommunikation angesiedelt und wurde dort „mitgemacht" – ein nicht ungewöhnliches Vorgehen bei einem neuen Medium/Kanal. Doch mit der Zeit wuchs nicht nur der Stellenwert, sondern auch der Anspruch an die neuen Kanäle, sodass eine eigene Unit daraus entstanden ist.

Da ich auch vorher in der Funktion des Pressesprechers die Social Media-Kanäle betreut habe, änderte sich gar nicht so viel – die Intensität nahm nur zu. Mit neuen Fans und Followern, der damit verbundenen Reichweite und dem allgemeinen Aufstieg von Facebook und Co. wuchsen parallel die Ansprüche: Wie können wir als Konzern auf alle Fragen zeitnah die richtigen Antworten geben? Wie schaffen wir es, einen Onlinekanal mit Traffic zu versorgen, ohne unser Retailgeschäft zu vernachlässigen? Wie können Aktionen marketingseitig gepusht werden? Und – nie zu vernachlässigen: Wie können wir als eigene Unit

© Springer Fachmedien Wiesbaden GmbH, ein Teil von Springer Nature 2022
N. Lumma et al., *Berufsziel Social Media*,
https://doi.org/10.1007/978-3-658-38256-8_23

Akzente setzen, ohne dass wir uns kannibalisieren? Gerade zu Beginn dieser Professionalisierung eine sehr spannende Zeit.

Auf welche freenet-Social-Aktion sind Sie besonders stolz?

Wir sind seit über vier Jahren in den sozialen Netzwerken aktiv – da gab es einige schöne Aktionen, die mal lustig, mal zum Haare sträuben waren. So erfolgreich die eine oder andere Aktion auch geworden ist: Besonders stolz macht mich unser Umgang bzw. die Beziehung zu/mit unseren Fans/Kunden. Wir stellen uns jeder Frage – und das in der Regel mit einer kurzen Antwortzeit. Dieses Vorgehen war von uns von Anfang an Prämisse – und ist es bis heute. Wir hätten nie so viele positive Aktionen auf die Beine stellen können ohne ein funktionierendes Community Management – übrigens in den ersten Jahren durch eine Agentur, mittlerweile durch eigene Community Manager.

Gibt es auch etwas, was total schräg gelaufen ist?

Ja, in der Tat: Unsere ersten Gehversuche im Couponing waren nicht so, wie gedacht… Um unsere Fans den Weg in die Shops zu weisen, gab es ein spezielles Angebot, welches im Vorfeld ausschließlich auf unseren sozialen Kanälen beworben wurde. Was soll ich sagen: Wir wurden von der Viralität, die sonst immer als Ziel ausgelobt wird, überrollt. Server brachen zusammen; Beiträge von Menschen, die es geschafft aber auch nicht geschafft hatten, wechselten sich sekündlich ab – in dieser Situation den Überblick zu behalten, war gar nicht so leicht … Letztendlich haben wir die Aktion wiederholt, sodass alle noch einmal die Chance auf einen der begehrten Coupons bekommen haben.

Welche Ziele verfolgen Sie mit Ihren Social-Media-Aktivitäten?

Wir verfolgen verschiedenste Ziele: Unser Fundament ist das Community Management. Wir wollen unseren Fans schnell und unbürokratisch helfen; mit einer Antwortrate von über 93 % stellen wir uns jeder Herausforderung und lassen niemanden im Regen stehen.

Die weiteren Ziele sind umfangreich wie anspruchsvoll: So verbinden wir seit Jahren On- und Offline-aktivitäten und versuchen so, Fans an den Point-of-Sale (POS) zu bringen, bzw. die Kunden am POS zu Fans zu machen und damit zu binden. So versuchen wir auch, den Traffic zu steigern – sowohl auf unserer Webpräsenz als auch in unseren Shops. Unsere Retailkette unterstützen wir mit unseren Places, die zur Hälfte zentralseitig, zur anderen Hälfte lokal gesteuert werden. Darüber hinaus sind wir ein wichtiger Bestandteil des Markenbrandings – und erstellen hier kontinuierlich Auswertungen und Analysen, um uns zu verbessern.

Was ist die größte Social-Herausforderung für Freenet und wie entgegnen Sie ihr?

Es war besonders zu Beginn unserer Social-Aktivitäten nicht ganz einfach, in einem Unternehmen mit verschiedenen Standorten die Social Media-Philosophie zu etablieren. Der Fan, der sich an ein Unternehmen/eine Marke wendet, interessiert sich nicht für Zuständig- oder Verantwortlichkeiten. Er möchte eine Antwort auf Augenhöhe – idealerweise zeitnah. Diese neue Art der Kommunikation zu etablieren war nicht immer leicht.

Was raten Sie angehenden Social Media Managern?

Vorab: Es ist ein toller Job – facettenreich und anspruchsvoll. Ein Social Media Manager muss verschiedene Disziplinen erfüllen. So muss er die Kollegen abholen, für die Social Media #Neuland ist; aber auch der „Profi" mit mehreren 100 Freunden auf Facebook will verstanden und abgeholt werden. Er muss Lust auf neue Dinge haben, sollte experimentierfreudig sein und keine Angst davor haben, sich mal ein blaues Auge abzuholen. Nicht nur deshalb ist der Social Media Manager auch immer ein Stück weit Pionier, Diplomat, Nerd, Macher und Visionist in einer Person. Das wichtigste ist aber: Man sollte Spaß daran haben. Eine Community merkt sofort, wenn man nicht mit Herzblut bei der Sache ist. Denn eines sollte man nie: Den Fan unterschätzen.

Astrid Weber ist UX Researcher bei Google Research, Accessibility in Mountain View, Kalifornien und verrät uns, was sie den ganzen Tag macht, was das mit Social Media zu tun hat und was sie dem Social-Nachwuchs für eine erfolgreiche Karriere rät.

Astrid Weber arbeitet als UX Researcher bei Google. Wir haben Sie per E-Mail zu diesem spannend klingenden Aufgabenfeld befragt.

Fragen und Antworten

Frau Weber, Sie sind UX Researcher im Bereich Accessibility bei Google. Was kann man sich darunter vorstellen und wie sind Sie zu diesem Job gekommen?

Die Aufgabe eines UX Researchers besteht darin das Nutzerverhalten zu erforschen. In meinem Fall geschieht das im Bereich der Accessibility. Ich teste neue Prototypen, die mein Team entwickelt, erforsche was die Bedürfnisse und Herausforderungen unserer Nutzer sind und präge damit eine User fokussierte Produktentwicklung innerhalb des Unternehmens.

Ich habe nach meinem Diplom im Bereich der Gesellschafts- und Wirtschaftskommunikation direkt bei Google angefangen zu arbeiten.

In welcher Weise war Ihr beruflicher Werdegang in diese Richtung vorgeprägt?

Während meines Studiums ist das Internet „erwachsen geworden". Mein erstes Praktikum hat mich noch in eine „klassische Kreativagentur "geführt. Dann habe ich die digitale Welt entdeckt und habe mich immer stärker in Richtung Design, Konzeption und UX entwickelt. Damit war der Bereich des UX Re-

© Springer Fachmedien Wiesbaden GmbH, ein Teil von Springer Nature 2022
N. Lumma et al., *Berufsziel Social Media*,
https://doi.org/10.1007/978-3-658-38256-8_24

search eigentlich nur das logische Ergebnis. In den letzten Jahren ist auch das Motiv der Sinnstiftung immer wichtiger geworden. Für mich ist es wichtig einen Job zu haben, auf den ich stolz bin und mit dem ich die Welt auf eine Art und Weise verändere und besser mache.

Rückblickend macht alles sehr viel Sinn. Der Prozess selbst hat jedoch Jahre gedauert. Und das ist auch gut so. Ich wollte viel ausprobieren. Und das habe ich auch.

Wie sieht Ihr typischer Arbeitsalltag im Social Web aus?

Bei Google nutzen wir alle unsere Produkte selbst – sowohl während des ersten Testings (vor dem Markteintritt) – als auch später, wenn die Produkte weltweit genutzt werden. Wir beweisen durch unsere Produktpalette, dass fast alles mittlerweile in cloudbasierter Technologie passieren kann und wie viel einfacher dies die Kommunikation und Kollaboration am Arbeitsplatz macht. Hierdurch kann ich beispielsweise ohne Probleme auch mal vom anderen Ende der Welt arbeiten.

Was macht Ihnen bei Ihrem Beruf am meisten Spaß? Welche Herausforderungen sind besonders interessant?

Das Thema, die Vielseitigkeit und meine selbstbestimmte Arbeitsweise.

Accessibility ist ein sehr spezielles Gebiet. Es ist herausfordernd sich in die Perspektive derjenigen zu versetzen, die nicht oder nur sehr eingeschränkt sehen können, die ihre Hände nicht nutzen können, um ein Handy oder Tablet zu bedienen oder die Farben ganz anders wahrnehmen als ich. Meine Verantwortung ist riesig. Wenn ich meinen Job gut mache, dann kann ich unseren Nutzern dabei helfen zu studieren, einer Beschäftigung nachzugehen, die Welt in einer neuen Perspektive wahrzunehmen.

Und was frustriert Sie manchmal? Welche Herausforderungen sind besonders schwierig?

Ich liebe es neue Menschen zu treffen, sie zu beobachten und daraus zu lernen, wie wir unsere Produkte verbessern können, damit unsere Nutzer all das tun können, was für sie zählt. Jeder Nutzer hat eine sehr individuelle Geschichte. Manchmal sind diese Geschichten sehr traurig. Ich treffe auch auf Menschen, die eine unheilbare Krankheit haben, die eventuell wissen, dass sie nur noch eine begrenzte Zeit leben werden.

Welche Qualifikationen sind für Ihren Beruf wichtig?

Sehr gute methodische Kenntnisse im Bereich Human Computer Interaction und User Research. Ausserdem bringt es Vorteile mit sich, wenn man ein grundlegendes technisches Verständnis sowie ein Gespür für gutes Design hat. Der UX Researcher arbeitet mit Ingenieuren, Designern und Product Managern zusammen. Er muss die Perspektiven und Bedürfnisse der Kollegen verstehen, damit die eigene Arbeit dem Produkt bestmöglich zugute kommt.

Auf welche Soft Skills kommt es an?

Zuhören und Empathie. Ein guter Researcher hört den Menschen gerne zu und wird zu ihrem Advokaten.

Effektive Kommunikation ist sehr wichtig. Von Vorteil sind zudem gute Präsentationskenntnisse und eine Gabe im Bereich Storytelling, um Produktteams mit den eigenen Researchergebnissen zu inspirieren.

Welche Rolle spielt berufliche Weiterbildung für Sie und wie bilden Sie sich beruflich weiter?

Das Google interne Education Programm bietet eine Vielzahl von Trainingsmodulen an, die man sehr unkompliziert nutzen kann. Allgemein ist Training und Weiterentwicklung bei Google ein Thema, das höchste Priorität genießt. Für Trainings, die intern nicht angeboten werden, können wir oft Bildungspauschalen in Anspruch nehmen.

Wie wird sich Ihr Job vielleicht in der Zukunft verändern?

Dass er sich verändern wird, das ist sicher. Wie genau er sich verändern wird, das weiß ich nicht.

Was raten Sie Social Media-Nachwuchs für den erfolgreichen Berufseinstieg?

Ich empfehle Pluralität. So viele unterschiedliche Bereiche wie möglich auszuprobieren. Je mehr man gesehen hat, desto mehr weiß man, was man will beziehungsweise auch nicht will. Von Praktika, die sich über 6 Monate erstrecken, halte ich persönlich nicht viel. Bei Google bleiben Praktikanten in den Sommermonaten üblicherweise nicht länger als 8–12 Wochen. Meines Erachtens reicht diese Zeit, um herausfinden zu können, ob der Job einem liegt oder nicht.

Glossar: Das Einmaleins der Social-Media-Welt

Wichtige Begriffe

Active Sourcing/Social Media Recruiting

Beim Active Sourcing handelt es sich um die intensive Recherche oder Suche nach potenziellen Mitarbeitern. Im Zeitalter des Web 2.0 wird das Recruiting-Verfahren auf die sozialen Netzwerke erweitert und als Social Media Recruiting bezeichnet. Eine Registrierung auf sogenannten Business-Netzwerken ist für eine erfolgreiche Personalbeschaffung unausweichlich. Das Verfahren ist nicht nur effizienter, da es viel mehr potenzielle Mitarbeiter auf einmal erreicht, sondern kann auch individuell gestaltet werden. Plattformen wie XING, LinkedIn und Kununu haben sich auf das Recruiting von potenziellen Mitarbeitern spezialisiert und bieten die größte Bandbreite an potentiellen Mitarbeitern und Arbeitgebern in Deutschland. Die Suche kann sehr individuell gestaltet werden: Eine gezielte Analyse von Profilen anhand wichtiger Schlagworte, die öffentliche Ansprache in Form einer Ausschreibung oder vereinfachte Bewerbungsprozesse sind einige Beispiele. Damit kann Personal ermittelt werden, welches ideal für das eigene Unternehmen geeignet ist. Doch führen diese neuen Möglichkeiten auch zu einem stark umkämpften Markt. Mittlerweile tobt der sogenannte „War for Talent", in dem besonders Führungskräfte aber auch gut ausgebildete Nachwuchstalente hart umkämpft sind. Dieser Zustand macht ein hoch optimiertes Active Sourcing zu einem essenziellen Bestandteil bei der Gewinnung geeigneter Mitarbeiter.

Activityfeed/-stream

Der News- bzw. Activitystream sind die Beiträge, die Nutzer als Erstes sehen, nachdem man sich bei einer sozialen Plattform wie Facebook, Instagram, oder Twitter eingeloggt haben. Dabei ist der Activityfeed jeweils unterschiedlich gestal-

© Springer Fachmedien Wiesbaden GmbH, ein Teil von Springer Nature 2022   141
N. Lumma et al., *Berufsziel Social Media*,
https://doi.org/10.1007/978-3-658-38256-8_25

tet und somit der Community angepasst. Bei Instagram sieht man die veröffentlichten Bilder der Profile, die man abonniert hat. Bei Twitter sehen die Nutzer Tweets und Retweets der Personen, die sie abonniert haben. Die Reichweite bei Facebook ist deutlich größer. Dort werden nicht nur Posts der Personen und Seiten angezeigt, die einem gefallen, sondern auch deren Reaktionen auf andere Aktivitäten. Facebook merkt sich, wie oft Nutzer bei ihren Freunden oder Fan-Seiten kommentieren oder „liken" und welche sie als besonders wichtig markieren. Es werden also Inhalte angezeigt von den Freunden oder Fan-Seiten, mit denen Nutzer am meisten interagieren – wie im wirklichen Leben auch: Freunde, die mir wichtig sind, kontaktiere ich häufiger als lose Bekannte.

Affiliate-Marketing

Affiliate-Marketing ist ein Partnerprogramm zwischen einem Unternehmen und einem Website-Betreiber. Dies kommt dann zustande, wenn eine Webseite auf die Seite eines Unternehmens verweist und einem Unternehmen damit zu neuer Kundschaft verhilft. Meist in Form von sogenannten Affiliate-Links oder auch in Form von Werbebannern oder Werbevideos. Klickt ein Besucher der Website nun auf die Verlinkung, gelangt er automatisch auf die Seite des Partner-Unternehmens. Kauft ein Kunde dann etwas ein, erhält der Website-Betreiber eine Provision für die Vermittlung des Kunden.

Algorithmus

Den Begriff Algorithmus hat jeder schon mal gehört, doch nur wenige wissen wirklich, was damit konkret gemeint ist – das ist das Ergebnis einer Studie der Bertelsmann Stiftung. Der Grund: fehlende Transparenz der Algorithmen und damit verbunden eine geringe Aufklärung der Öffentlichkeit. Soziale Medien würden ohne Mechanismen aus dem realen Leben nicht funktionieren – denn sie bilden menschliche Beziehungen digital ab. An dieser Stelle kommen Algorithmen ins Spiel: Wie häufig Personen miteinander interagieren – also welche Beiträge sie liken, teilen oder kommentieren, entscheidet darüber, welche Beiträge, Freunde von Nutzern sehen und welche nicht. Das Maß an Interaktion entscheidet also über den Grad an Sichtbarkeit: Je mehr Interaktion zwischen zwei Nutzern stattgefunden hat, desto höher stuft der Algorithmus das gegenseitige Interesse ein. Durch den Algorithmus zeigt das soziale Netzwerk, Nutzern überwiegend Beiträge an, auf die sie häufig reagieren. Neue Themen, gegenteilige Meinungen erreichen einen nur selten. Angezeigt wird das, was Nutzer interessiert. Aus Likes und anderen Interaktionen wie dem Kommentieren oder dem Folgen anderer Profile leitet der Algorithmus Interessen und Vorlieben von Nutzern ab. Ist man etwa bei Facebook eingeloggt, während man surft, weiß die Plattform, wo man sich bewegt, sofern auf den Seiten ein Like-Button eingebunden ist.

Interessen sind jedoch nicht die einzige Datengrundlage für Social-Algorithmen: Auch der Interaktionsgrad ist entscheidend: viele Reaktionen und hohe Interaktion führen zu hoher Sichtbarkeit. Das Schlimme daran: Falschmeldungen (Fake-News) oder Hasskommentare („Hate-Speech") werden deshalb teilweise bevorzugt verbreitet. Nicht umsonst gibt es ganze Teams, die sich darum bemühen, Fake-News und Hate-Speech von den Plattformen zu verbannen. Der Nutzungsgrad der Plattformen ist ebenfalls ein Faktor, der zur Entscheidung beiträgt, welche Beiträge das Netzwerk anzeigt: Posts von denjenigen, die die Plattform intensiv nutzen, haben eine höhere Sichtbarkeit als solche von passiven Social-Media-Nutzern.

Audio-Sharing

Über Audio-Sharing Plattformen werden Audiodateien hochgeladen, gespeichert, geteilt angehört, geliked und kommentiert. Musik- und Podcast-Plattformen sind dabei besonders beliebt. Neben Spotify, YouTube und Amazon, die Musik und Podcasts gleichermaßen anbieten, gibt es zahlreiche weitere Podcast-Plattformen wie Libsyn, Podigee, Podbean, Soundcloud, Chimpify, Podcaster, Anchor, Castro. fm oder Buzzsproud. Bekannte Musikplattformen sind Apple Music, Tidal oder Deezer.

Authentizität

Je authentischer ein Profil, ein Post oder Beitrag, desto erfolgreicher ist er. Das liegt daran, dass Nutzerinnen und Nutzer trotz räumlicher Distanz eine Bindung aufbauen. Mit fortschreitender Digitalisierung werden auch zwischenmenschliche Beziehungen aus dem echten Leben zunehmend digital– vor allem auch in Pandemie-Zeiten. Und das macht es schwieriger, potenziellen Kunden persönlich Vertrauen zu vermitteln. Darüber hinaus tummeln sich leider auch viele Betrüger im Netz, die aus falschen Versprechungen und Täuschungen Profit schlagen. Durch mangelnden direkten Kontakt verspüren Kundinnen und Kunden kein Kontrollgefühl mehr, aus diesem Grund sind sie bei dem Kauf von Produkten aber auch beim Folgen und Liken von Profilen vorsichtiger. Authentisch wirkende Beiträge geben den Kunden und Kundinnen Sicherheit, sie können sich leichter mit dem Inhalt identifizieren.

Avatar

Unter Avatar ist auf Social Network Plattformen, in Foren usw. gemeinhin das User-Bildchen gemeint, das meist neben dem Eintrag des Urhebers angezeigt wird. Der Avatar dient dazu, einen Nutzer auf einen Blick anhand des Bilds innerhalb einer Vielzahl von Beiträgen identifizieren zu können. Auf der anderen Seite nutzen User ihren Avatar oftmals zur Verbreitung von Statements oder Neuigkeiten, die so neben jedem Post immer angezeigt werden.

Bewertungsplattformen

Auf einer Bewertungsplattform können Personen, die ein Produkt oder eine Dienstleistung in Anspruch nehmen, ihre Erfahrungen mit anderen teilen. Dabei gibt es meist keine klaren Vorgaben. Bewertungsplattformen gewinnen in einer zunehmend digitalisierten Gesellschaft immer mehr an Bedeutung für den Erfolg eines Unternehmens: 85 % aller Deutschen vertrauen Kundenbewertungen ebenso wie den Empfehlungen von Freunden oder Bekannten. Die Kundinnen und Kunden haben ihren Einkauf bereits vor der Corona Pandemie immer häufiger online getätigt. Mit dem Ausbruch der Pandemie und dem damit verbundenen Lockdown war der Onlinehandel das Einzige, was viele Unternehmen am Leben erhalten hat. Falsche Reaktionen auf schlechte Bewertungen konnten und können mehr denn je das Aus für ein Unternehmen oder eine Marke bedeuten: Wertschätzung und Lösungsorientierung sollten an erster Stelle stehen. Beispiele für Bewertungsplattformen: ProvenExpert, Trustpilot oder Yelp. Auf nahezu allen Webshops können Kunden ebenfalls Produkte bewerten – nicht nur bei Amazon, eBay oder OTTO.

Bezahlte Reichweite/Bezahlte Social Media

Bezahltes Social Media ist zwar kein gängiger Begriff, bezeichnet aber am besten den Zustand der Plattformen als Werbeplattformen. Ein Unternehmen oder eine Person können dafür bezahlen, dass ihre Inhalte in sozialen Medien sichtbar werden – dass also nicht nur diejenigen die Posts sehen, die mit dem eigenen Profil verbunden sind, sondern Menschen, die daran potenziell interessiert sein könnten. Daraus ergibt sich eine größere Reichweite, die man bezahlte Reichweite nennt. Diese nutzen nicht nur Unternehmen, sondern auch Blogger und Privatpersonen, die Ihre Bekanntheit auf sozialen Netzwerken erhöhen wollen. Voraussetzung, um Werbeanzeigen zu schalten, ist ein Unternehmensprofil. Um Werbeanzeigen auf sozialen Netzwerken zu schalten, bieten diese jeweils unterschiedliche, teils branchen- und zielgruppenspezifische Formate an, sogenannte Social Ads:

- **Brand Takeover (TikTok):** Das Netzwerk spielt die Werbung immer dann aus, wenn Nutzer die App starten.
- **Branded Lenses (TikTok):** Unternehmen und Privatpersonen können, wie bei Instagram Stories, eigene Filter entwerfen und anderen Nutzern bereitstellen.
- **Bumper-Anzeigen (Youtube):** Alternativen dazu sind Bumper-Anzeigen, die mit 6 Sekunden sehr kurz, aber wirksam sind, da sie sich ebenfalls nicht überspringen lassen.
- **Carousel Ads (Instagram):** Ein Slideshow-Format, das im Feed ausgespielt wird. Nutzer „wischen" die Bilder oder Grafiken so, als würden ein Buch umblättern.

- **Collection Ads (Instagram):** Interessant für Werbetreibende, die Produkte aus einem Shop verkaufen. Die Produkte werden dabei, meist in einem Ambientebild, in Szene gesetzt. User können dann ein oder mehrere Produkte im Bild anklicken und diese ohne Umweg über die Webseite kaufen.
- Werbeanzeigen **in Explore (Instagram):** Wichtig, um neue Zielgruppen zu gewinnen, sind Werbeanzeigen, die das Netzwerk im Explore-Bereich ausspielt. Die Seite zeigt Nutzern Inhalte von unterschiedlichen Accounts, die mit deren Interessen übereinstimmen. Das Ziel: Nutzer sollen andere Profile entdecken und mit anderen Nutzern interagieren.
- **Cost per 1000 Impressions (CPM):** Das Modell gleicht dem CPI – bezahlt wird allerdings nicht pro Impression, sondern erst dann, wenn die Anzeige mindestens tausend Mal in sozialen Netzwerken ausgespielt wurde.
- **Cost per Acquisition (CPA):** Dieser Richtwert sagt etwas darüber aus, welchen Einfluss, Werbeanzeigen auf die Interaktion zwischen Nutzern und Unternehmen haben. Um den CPA zu bestimmen, summiert man die Werbekosten und teilt diese durch die Summe aller Konversionen einer Social Ads-Kampagne.
- **Cost per Click (CPC):** Ein Zahlungsmodell für Social Ads, bei dem Unternehmen zahlen, wenn Nutzer einen Link in der Anzeige klicken, um auf die Unternehmenswebsite zu gelangen. Damit spart das Bezahlmodell unnötige Kosten für Streuverluste. Nur die Anzeigen, die Nutzer auf Marken, Produkte und Profile aufmerksam machen, kosten auch etwas.
- **Cost per Impression (CPI):** Werbetreibende zahlen beim Schalten von Social Ads dann, wenn eine Anzeige so ausgespielt wird, dass Nutzer sie sehen – etwa als Beitrag im Facebook und Instagram Feed. Wichtig: Um Zusatzkosten vorzubeugen, die Zielgruppe am besten mithilfe einer Persona, so detailliert wie möglich bestimmen.
- **Hashtag** Challenge **(TikTok):** Nutzer sehen Werbebanner für eine Hashtag Challenge auf der Discover Page. Sinnvoll für Unternehmen, die mehr User Generated Content generieren und damit Markenbewusstsein schaffen wollen.
- **In-Feed Native Video (TikTok):** Die Anzeige in Form eines TikToks integriert sich unauffällig im Feed der Nutzer. Das steigert die Interaktionsrate.
- **In-Stream-Anzeigen (Youtube):** Die Werbeclips erscheinen jeweils vor, während oder nach einem Videoclip. Je nach gebuchtem Format, können User die Anzeige entweder überspringen (überspringbare In-Stream-Anzeigen) oder nicht (unüberspringbare In-Stream-Anzeigen). Die erste Variante eignet sich vor allem, um Daten über Zielgruppen zu sammeln: Nach welcher Zeit sie Werbespots überspringen und welche Inhalte sie lieber sehen. Die zweite Variante geht offensiver vor, ist mitunter nervig für die Nutzer, fordert aber gerade deshalb ihre volle Aufmerksamkeit.

- **Masthead-Anzeigen (Youtube):** Das auffälligste (und teuerste) Werbeformat auf Youtube. Bis zu 30 Sekunden erscheint das Video dann auf der vollen Startseite. Das Format ist nur auf Reservierungsbasis verfügbar und erfordert direkten Kontakt mit einem Google-Vertriebsmitarbeiter.
- **Messenger Ads (Facebook):** Wie bei Instagram, spielt auch Facebook, Werbeanzeigen im Feed der Nutzer, natürlich aus. Bei Messenger-Ads dagegen, erhalten User eine persönliche Nachricht vom Unternehmen, die vergleichbar mit einem Newsletter ist.
- **Out-Stream-Anzeigen (Youtube):** Das Anzeigenformat wird zwar nicht auf Youtube, dafür aber bei allen Google-Video-Partnern ausgeliefert. Wichtig, um die Anzeige auch außerhalb der Plattform Youtube zu erhöhen. Sinnvoll ist es deshalb, die genannten Werbeformen mit Out-Stream-Anzeigen zu kombinieren, um bestmögliche Reichweiten zu erzielen.
- **Photo Ads (Instagram):** Die bezahlten Werbeanzeigen mit Bild, Text und mit Link zum Shop, zum Produkt oder einer Landingpage ergänzen den eigenen Feed, erhöhen die Interaktionsrate, wenn User das Bild liken oder kommentieren und steigern damit auch die organische Reichweite.
- **Story Ads (Instagram):** Werbung in Form kurzer Videos und Slideshows, die im Storybereich ausgespielt werden. Damit die Videos nach Ablauf der Anzeige weiterhin auf dem Profil verfügbar sind, lassen sie sich als Highlight dauerhaft speichern.
- **Slide-Show (Facebook):** Bei diesem Format spielt Facebook Bilder mit Text in einer festgelegten Reihenfolge ab – ähnlich wie bei einer Diashow. Der Vorteil: Slide-Shows brauchen kaum Datenvolumen. Wichtig um die User zu erreichen, die eine niedrige Verbindungsgeschwindigkeit haben und beispielsweise vor allem in ländlichen Regionen mit schlechtem Netz unterwegs sind.
- **Playables (Facebook):** Wichtiges Format zur App- und Spielevermarktung. Nutzer können die App oder das Spiel unverbindlich und ohne Umweg ausprobieren. Das steigert sowohl die Interaktion als auch die Wahrscheinlichkeit, dass User die App oder das Spiel später kostenpflichtig herunterladen.
- **Promoted App Pins (Pinterest):** Mit Downloadlink können Nutzer Apps, Software und Spiele, ohne Umwege herunterladen. Praktisch, um mit kostenlosen Demoversionen, Käufer zu gewinnen.
- **Promoted Carousel Pins (Pinterest):** Wie bei Facebook und Instagram, können User mehrere Bilder und Infografiken hintereinander ansehen. Praktisch für Kurzanleitungen oder um neue Produkte vorzustellen.
- **Promoted Pins (Pinterest):** Ein regulärer Pin mit Text, Bild und Link, den Pinterest, den Nutzern einer ausgewählten Zielgruppe vorschlägt.

- **Promoted Video Pins (Pinterest):** Der Video-Pin ist natürlich in das Profil eingebunden und startet, sobald er sich im Blickfeld des Nutzers befindet.
- **Video Discovery-Anzeigen (Youtube):** Das Werbeformat platziert Videos von Unternehmen, Bloggern und Musikern an den Stellen, die für Nutzer wichtig sind, etwa auf der Start- oder der Suchergebnisseite.
- **Video Ads (Instagram):** Wie Photo Ads sind auch Video Ads fester Bestandteil des eigenen Feeds. Mit bis zu 120 Sekunden Länge eignet sich das Werbeformat um Nutzer mit Produkttests, Unboxing oder einem Tutorial, Mehrwert zu bieten.

Bio

Bio steht für eine kurze Biografie und ist Hauptbestandteil eines jeden Social-Media-Profils. Sie ist meist auf wenige Zeichen begrenzt. Den kleinen Text, der meist am Anfang jedes Profils zu sehen ist, sehen potenzielle Follower als erstes neben einem Foto, wenn sie ein Profil besuchen. Umso wichtiger ist es, diesen Text besonders attraktiv zu gestalten, um das Interesse der Besucher mit nur wenigen Schlagworten zu wecken. Man sollte genau die Schlagworte verwenden, die den Inhalt des Profils, die Ziele des Unternehmens oder die wichtigsten Bestandteile des Unternehmens konkret auf den Punkt bringen. In der Schlagwortsuche spielen die Begriffe, die in der Bio verwendet werden, ebenfalls eine Rolle und sorgen dafür, dass das Profil oft oder eben weniger oft angezeigt wird.

Blog

Das Blog ist eine Art Online-Tagebuch, in dem mindestens eine Person, der Blogger,

Meinungen kundtut, Aufzeichnungen führt, Sachverhalte protokolliert oder Gedanken und Beobachtungen niederschreibt. Die Einträge sind chronologisch geordnet. Der aktuelle Eintrag steht oben. Nach einer bestimmten Zahl an Einträgen wird meist umgebrochen und alle weiteren Einträge sind über ein Archiv erreichbar – alternativ laden sich die Beiträge nach („never ending site"). Die meisten Blogbetreiber (Blogger) bieten unter den Blogeinträgen die Möglichkeit, zu kommentieren und sich so zum Thema auszutauschen. Weltweit gibt es weit mehr als 100 Mio. Blogs – von Watchblogs (wie z. B. das bildblog.de), Branchenblogs (z. B. turi2.de) über private Tagebücher bis hin zu Unternehmensblogs und mehr. Seit einiger Zeit wird der Begriff noch weiter gefasst, sodass Blogs unterschiedliche Formen annehmen. Insbesondere auf Instagram beinhalten Blogs vermehrt Fotos und Videos, nur sehr kurze Texte. (z. B. Fashionblog, Foodblog). Das Führen eines Blogs bezeichnet man als bloggen. Jeder Blog-Betreiber kann auch eine Blogroll verfassen. Dabei handelt es sich um eine Liste von Lieblings-Blogs, die für gewöhnlich einen thematischen Bezug zum eigenen Blog haben. Wer über den Blogroll andere Seiten verlinkt, kann im besten Fall mit Backlinks und somit mit Vorteilen bei der Auffindbarkeit in Suchmaschinen rechnen.

Blogsphäre

Bei der Blogosphäre handelt es sich um die Gesamtheit der Weblogs und ihre Verbindungen durch beispielsweise Verlinkung. Ursprünglich entstanden ist der Begriff dadurch, dass Blogs durch Vernetzungen Communitys bilden, welche teilweise sogar als ein großes soziales Netzwerk gesehen werden.

Brandjacking

Dabei handelt es sich, um den direkten Eingriff in das Marketing eines Unternehmens oder einer Person, um den jeweiligen Markenwert auf sich zu übertragen. Dies kann zum Beispiel in Form von gefälschten Accounts geschehen, in dem sich Personen als ein Unternehmen oder eine bekannte Person ausgeben. In einer Zeit, in der Unternehmen soziale Medien als Kommunikationsplattform nutzen und sich damit deutlich in der Öffentlichkeit positionieren, können Betrüger für einen erheblichen Imageschaden sorgen. Aus diesem Grund gehört die Methode des „Brandjacking" nicht nur zum Grundwissen von Social-Media-Experten, sondern wird auch in Online-Trainings, die alle Mitarbeiter eines Unternehmens bestehen müssen, abgefragt. Eine andere Form des Brandjacking wird jedoch als Marketingstrategie verwendet. Die möglicherweise für manche unorthodox erscheinende Taktik besteht darin, Hashtags oder Schlüsselbegriffe des Konkurrenten zu verwenden und somit bei der Begriffssuche neben dem Konkurrenten zu erscheinen. So könnte beispielsweise eine unbekannte Sportmarke spezifische Begriffe und Schlagworte eines internationalen Unternehmens verwenden, um so zwischen den Beiträgen des Konkurrenten zu erscheinen.

Buzz

Der Buzz (eng. für Summen) bezeichnet das Echo bzw. Grundrauschen, welches, ausgelöst durch den ständigen Informationsaustausch der einzelnen Nutzer untereinander entsteht. Dies hat zur Folge, dass Inhalte rasend schnell von einer Person an die nächste weitergegeben werden. Was früher als Mund-zu-Mund Propaganda bezeichnet wurde, ist heute der Buzz im Internet und besonders in sozialen Netzwerken. Die Methode des Buzz Marketing macht sich diesen Effekt zu nutze. Dabei versucht man die Inhalte, die man verbreiten möchte, geschickt zu präsentieren und zu platzieren um einen maximalen Buzz zu erreichen. Der Einsatz von Influencern oder eine Partnerschaft mit einem beliebten Event, auf dem Personen ein Produkt selbst ausprobieren können, würden beispielsweise für einen Buzz sorgen. Neben Videos und Bildern, die durch den Influencer oder während dem Event entstehen, würden die Nutzer zudem online ihre persönlichen Erfahrungen mit dem Produkt teilen und so maximale Aufmerksamkeit erregen.

Chat

Ein Chat ist Echtzeit-Plaudern in Echtzeit über das Internet – sei es mit Text-, Video- oder Audionachrichten. Beliebte Programme dazu sind Skype, iChat, ICQ,

Yahoo Messenger, Facebook und viele andere. Dabei gibt es die Möglichkeit, mit einer („One-to-One") oder mehreren Personen gleichzeitig („Many-to-Many" oder „One-to-Many") zu chatten – in öffentlichen Chaträumen oder in „privaten". Kurze Zeit war das Chatroulette in Mode, eine Art Online-Speeddating: Chatroulette verbindet zwei zufällig ausgewählte Nutzer in einen Chat zu zweit („One-on-One"). Eine Registrierung ist dafür seit Anfang August 2012 nötig. Beide Seiten können jederzeit die Verbindung trennen, um mit einem neuen, zufällig ausgewählten Nutzer verbunden zu werden. Eine Möglichkeit, zum vorherigen Chatpartner zurückzugehen, gibt es nicht.

Clickbait

Auch Klickköder genannt, beschreibt den kritisch betrachteten Prozess, Inhalte im Internet hoch anzupreisen, um eine möglichst hohe Anzahl an Seitenaufrufen zu erhalten. Meist handelt es sich dabei um reißerische und provokative Überschriften oder Texte, die die Aufmerksamkeit des Nutzers erregen und ihn mit einem Link auf eine neue Seite verleiten. Oft verbergen sich dahinter Inhalte, die den Besucher der Seite nicht zufriedenstellen, weshalb Clilckbaits meist als negativ und störend erachtet werden.

CMS

Content-Management-Systeme (CMS) sind Verwaltungssysteme für Internetseiten und andere Medienformate, wie beispielsweise Zeitungen und Zeitschriften. Redakteure, Blogger und Marketing-Manager verwalten im CMS Inhalte, die Nutzer auf der Internetseite sehen. Dazu gehören neben Texten und Bildern auch Videos, Dateien sowie das Layout der Internetseite. Auch multimediale Elemente und Datenbanken lassen sich über Content-Management-Systeme verwalten. Es gibt sowohl Bezahl- wie auch Kostenlos-Systeme. Die populärsten Open-Source-Tools sind Wordpress, eigentlich ein Redaktionssystem für Weblogs, Drupal oder das Redaktionssystem mit eigener Programmiersprache Typo3.

Community

Eine Community ist der englische Ausdruck für Netzgemeinschaft oder -gemeinde von Menschen, die sich im Internet begegnen und austauschen – die Grundlage eines jeden sozialen Netzwerks: Nur mit und in einer Community findet gegenseitiger Austausch von Meinungen, Eindrücken und Erfahrungen statt. Auf unterschiedlichen sozialen Netzwerken sind nicht nur unterschiedliche Altersgruppen anzutreffen. Die Mitglieder einer speziellen Community wollen auch passend angesprochen werden. Dieser Aspekt muss für das richtige Marketing über soziale Netzwerke unbedingt beachtet werden. Denn nur so ist ein nutzerspezifischer Content gewährleistet, der höheren Erfolg verspricht.

Community-Management

Ganz egal, wie die Social Media Kampagne am Ende aussieht – ob Gewinnspiel, Video, Wettbewerb oder Produkttesting – entscheidend für den Erfolg ist, ein durchdachtes, konsequentes und dauerhaftes Community Management rund um die Kampagnen und losgelöst von den Kampagnen. Als Social Media Manager ist man immer auch Community Manager. Konkret heißt das: Social Media Kampagnen können erst dann so richtig funktionieren, wenn eine Community aufgebaut ist – ohne Zielgruppe keine Kampagne. Eine Community aufzubauen passiert nicht über Nacht – es handelt sich dabei viel mehr um einen steten Prozess, der niemals abgeschlossen ist. Gerade vor Beginn des Community-Aufbaus ist es sehr wichtig, dass möglichst viele Unterstützer dabei sind, aus dem Unternehmen (Stakeholder), aus befreundeten Unternehmen, aus dem Bekanntenkreis derer. Sie ziehen andere Leute mit und helfen dabei, die Community aufzubauen. Als Social Media Manager ist man mit Haut und Haaren involviert und immer interessiert daran, die Community wachsen zu lassen – das gelingt nur, wenn man das Ohr der Community ist, ständig präsent ist, auf Anfragen, Nachfragen, Kommentare und Co beantwortet, auch wenn es für das Unternehmen vielleicht nicht das angenehmste Thema ist, bei Streitigkeiten oder ähnlichem dazwischen geht, vermittelt, Impulse und Inhalte gibt, zuhört, Fragen stellt und – ganz wichtig: Community Leader aufbaut, indem man Power-User belohnt. Das Community Management ist unersetzbar. Grundregeln für das Community-Management: Die Community sollte ein Ziel verfolgen, die Bedienung sollte einfach und simpel gehalten werden, aktive Community-Leader sind wichtig für das Wachstum und die Interaktivität der Community, das Topmanagement muss eingebunden werden, nicht die PR-Abteilung, vor dem Start der Community muss eine kritische Masse an Unterstützern und Mitgliedern eingebunden werden. **Community-Guidelines** stellen den Nutzer in den Mittelpunkt der Community, denn um ihn und seinen Mehrwert und seine Unterhaltung geht es; sie regeln das Miteinander und schließen Themen oder Umgangsformen aus.

Compliance

Beschreibt die Regeltreue eines Unternehmens. Vor allem im Bereich Internet und Social Media könnte jeder Regelbruch fatale Folgen mit sich bringen, denn was einmal online gestellt wurde, vergisst das World Wide Web nicht so schnell. Umso wichtiger ist es, als Social Media Verantwortlicher pflichtbewusst mit Informationen umzugehen und nach festgelegten Workflows zu handeln: Konsequent, authentisch und schnell.

Content

Content steht im Online Marketing für den Inhalt eines Posts, Artikels, Beitrags oder einer Kampagne. Content ist dann erfolgreich, wenn er anderen Nutzern, Mehrwert bietet. In der Praxis: Je höher der Mehrwert eines Proils, umso attraktiver empfindet es die entsprechende Community. In diesem Zusammenhang bewertet sie außerdem die Darstellung von Inhalten. Je auffälliger und kreativer Fotos, Beiträge sowie Videos gestaltet sind, umso häufiger liken, kommentieren und folgen Nutzer. Und das wirkt sich positiv auf die organische Reichweite aus.

Content-Discovery

Bei Content-Discovery-Plattformen handelt es sich um Software-Lösungen, die mit Hilfe ausgeklügelter Algorithmen ihren Nutzern unter oder neben dem Content, den sie gerade konsumieren, weitere Videos, Bilder oder Artikel empfehlen, die sie mit hoher Wahrscheinlichkeit ebenfalls interessieren dürften. Der Kniff: Die Empfehlungen bauen auf den Interessen und Präferenzen der Nutzer auf und bringen sie bei ihrer Entdeckungsreise weiter, indem sie auch neue Themenbereiche erschließen. Anbieter sind: Outbrain, Taboola, plista.

Content-Kuratierung

Die Content-Kuratierung ist wichtiger Bestandteil einer vielschichtigen und guten Marketing- und Social-Media-Strategie. Dabei werden themenspezifische Inhalte zusammengetragen, kommentiert, eingeordnet, aufbereitet und der Community zur Verfügung gestellt. Das spart Mitgliedern der Community aufwändige Recherchearbeit und liefert Nutzern damit Mehrwert.

Content-Marketing

Content-Marketing zielt darauf ab, mit interessanten Inhalten die eigene Marke zu promoten. An erster Stelle stehen die Definition der wichtigsten Werte und Ziele des Unternehmens sowie genaue Kenntnis der Zielgruppe und deren Bedürfnisse – dank datenbasierter Personas. Marketingverantwortliche sollten mit den Führungskräften aber auch mit der Belegschaft herausarbeiten, welche zentralen Schlagworte die gemeinsame Marke am besten definieren. In einem zweiten Schritt folgt dann die Zielgruppenanalyse: Welche Personengruppen möchten wir mit unseren Produkten ansprechen? Was wünschen sich potenzielle Kunden von uns? Auf welche Art und Weise können wir unserer Zielgruppe einen Mehrwert liefern? All diese Fragen bilden die Grundlage für erfolgreiches Content-Marketing.. Ziel ist es, die Inhalte so attraktiv zu gestalten, dass potentielle Kunden auf das Unternehmen aufmerksam werden und eine Bindung aufbauen.

Creative Commons

Bei Creative Commons handelt es sich um ein öffentliches Nutzungsrecht, das die freie Verwendung von Bildern, Videos sowie von Texten ermöglicht. Hat man zu einem gewissen Thema beispielsweise kein geeignetes Foto parat, darf man Creative Commons Bilder verwenden. Seiten wie Google Image Search und Flickr sind mit Filtern ausgestattet, die die Suche nach solchen Fotos ermöglichen. In diesem Zusammenhang gilt es zu betonen, dass jedes Bild ein spezielles Nutzungsrecht besitzen kann, welches beispielsweise regelt, ob das Bild für kommerziell Zwecke verwendet werden darf. Deshalb ist es wichtig, entsprechende Angaben zu dem jeweiligen Foto genau zu lesen. Auch spezielle Seiten wie Pixabay, Pixelio oder Unsplash bieten Bildmaterial zur freien Verwendung an.

Crowdfunding

Crowdfunding oder Schwarmfinanzierung ist eine Art der Finanzierung. Mit dieser Methode der Geldbeschaffung lassen sich Projekte, Produkte, die Umsetzung von Geschäftsideen und vieles andere mit Eigenkapital, zumeist in Form von stillen Beteiligungen, versorgen. Eine so finanzierte Unternehmung und ihr Ablauf werden auch als eine Aktion bezeichnet. Ihre Kapitalgeber sind eine Vielzahl von Personen – in aller Regel bestehend aus Internetnutzern, da zum Crowdfunding meist im World Wide Web aufgerufen wird. In Deutschland sind die größten Förder-Plattformen Startnext.de, Inkubato.com, mysherpas.de, pling.de und companisto.de.

Crowdsourcing

Crowdsourcing ist das Auslagern von Aufgaben oder Teilaufgaben an freiwillige Nutzer im Internet – Schwarmauslagerung gewissermaßen. Beispiele dafür gibt es einige: das Crowdtesting ist nur eines davon. Hier testen Internetnutzer beispielsweise Apps, Online-Shops oder Restaurants für Testplattformen, die dank des generierten Inhalts Geld verdienen – und dieses im besten Fall mit den Unterstützern teilen. Social Commerce ist im Prinzip auch Croudsourcing: Das Kommunizieren des Kaufabschlusses auf Facebook (XY hat gerade Z bei Otto.de gekauft) ist Empfehlungsmarketing und schafft einen persönlichen Filter für Kaufentscheidungen bei den auf Facebook verbundenen Freunden.

Crossposting

Durch **Crossposting** werden dieselben Inhalte auf unterschiedlichen Social Media Plattformen veröffentlicht. Empfohlen wird dabei, die Beiträge der jeweiligen Community anzupassen und Bilder und Sprache je nach Zielgruppe zu variieren. Oft können Social Media Tools bereits so angepasst werden, dass dieser Vorgang automatisch vollzogen wird. Andere Bezeichnungen sind Multichannel-Posting oder Multiposting.

Cybermobbing

Mobbing über Internet, Chatrooms, Instant Messaging oder per SMS. Eine repräsentative Studie der Universität Münster und der Techniker Krankenkasse kam 2011 zu dem Ergebnis, dass mehr als jeder dritte Jugendliche oder junge Erwachsene von Demütigungen, Belästigungen, Bedrohungen oder anderen Formen des Cybermobbings betroffen sind. Ebenso alarmierend: Jeder fünfte Befragte konnte sich vorstellen, auch als Täter im Internet aufzutreten.

Digital Detox/Digitale Entgiftung

Beschreibt den bewussten Verzicht auf die Verwendung digitaler Geräte und im Besonderen von Social Media Plattformen. Menschen benutzen ihr Smartphone die meiste Zeit im Alltag und sind dadurch nicht nur ständig erreichbar, sondern auch abhängig. Vielen wird dieser Zustand bewusst, in dem sie viel zu viel Zeit und Energie darauf verschwenden. Sie entscheiden sich für das Digital Detox als eine freiwillige Auszeit.

Direct Message/DM/PM

Eine Direktnachricht („One-to-One-Kommunikation") in Facebook, Twitter, Google+ oder in einem Forum.

EdgeRank

Algorithmus, der auf Facebook bestimmt, was man im Activitystream/Newsfeed sieht. Ein Unternehmen postet auf Facebook eine Statusnachricht, aber nur ein Teil der Fans sieht den Post im Newsfeed – wer, welche Posts sieht, darüber entscheidet der Edgerank. Edge ist erstmal alles, was auf Facebook passiert: Likes, Statusmeldungen, Kommentare, geteilte Inhalte.

Wie im wahren Leben ist es auch auf Facebook so, dass man eher die Inhalte von Seiten oder Freunden im Newsfeed sieht, mit denen man oft interagiert (liked, kommentiert) – der Gedanke dahinter: mit guten Freunden kommuniziert man mehr als mit entfernten Bekannten. Der EdgeRank wird im Wesentlichen durch drei Faktoren bestimmt. Einer davon ist diese Affinität oder anders ausgedrückt der Grad an Interaktivität. Ein anderes Indiz ist die Bewertung, wie oft die Interaktion von anderen getätigt wurde (je mehr kommentiert, geteilt, geliked haben desto relevanter der Post).

Außerdem ist Zeit ein einflussreicher Faktor: Je frischer der Post, desto besser die Chancen im Newsfeed angezeigt zu werden.

Enterprise 2.0

Eine Organisation in der alle Stakeholder (Mitarbeiter, Kunden, Partner etc.) gemeinsam und auf Basis von Social-Plattformen an der Erreichung der jeweiligen Unternehmensziele arbeiten.

E-Reputation

Welchen Eindruck bekommt ein Unbekannter, wenn er im Internet nach Informationen über eine bestimmte Person, über einen selbst sucht? Verschiedenen Umfragen zu Folge hat jeder zweite Personaler schon im Internet nach weiteren Informationen über Bewerber gesucht, Tendenz steigend.

Daher sollte man nicht nur bei Bewerbungen auf eine gute Online-Reputation achten. Unter Online Reputation Management (ORM) versteht man die Überwachung und Beeinflussung des Rufs bzw. des Images einer Person, einer Firma oder einer Institution im Internet und in sozialen Netzwerken. Dabei geht es aber nicht darum, im Internet möglichst unsichtbar zu sein, sondern dem Suchenden stattdessen einen möglichst positiven Eindruck zu vermitteln. Denn wenn jemand nach einem Namen sucht, möchte er schließlich auch etwas finden. Die eigene E-Reputation regelmäßig im Auge zu haben schadet gewiss nicht – unterstützen können dabei Personensuchmaschinen wie yasni.de oder 123people.de sowie Reputationsdienste wie secure.me oder deinguterruf.de.

Facebook

Facebook (Mutterkonzern: „Meta") ist mit mehr als einer Milliarde Nutzern das größte soziale Netzwerk der Welt und bildet die digitale Welt des Nutzers bestmöglich ab – in Deutschland nutzen 27 Millionen Menschen Facebook. Freunde können sich dort vernetzen, gemeinsame Interessen teilen („Gefällt mir"-Button), sich unterhalten (Facebook-Messenger), mitteilen, was sie gerade tun oder denken (Facebook-Status), wo sie gerade sind („Facebook Places"), kommentieren und diskutieren, sich in Gruppen austauschen, Fotos oder Videos hochladen und mit anderen teilen und vieles mehr. Knapp die Hälfte der Nutzer greift über mobile Endgeräte auf Facebook zu. Der typische Facebook-Nutzer hat zwischen 100 und 140 Freunde. Das Verhältnis zwischen männlichen und weiblichen Nutzern ist weitgehend ausgeglichen.

Facebook Rezensionen

Seit November 2013 werden Bewertungen, symbolisiert durch blaue Sterne auf Facebook-Fanseiten, direkt unter dem Seitennamen angezeigt. Zu sehen sind die Gesamtanzahl der Bewertungen und der Bewertungsdurchschnitt in Punkten. Facebook Bewertungen sind aber nichts Neues –in mobilen Facebook-Apps werden sie schon länger angezeigt. Mit der Sichtbarkeit im Desktop Browser geht Facebook jetzt mehr Schritte in Richtung Bewertungsportal. Eine Seite mit guten Rezensionen soll dem User dabei in positiver Erinnerung bleiben.

Fans

Auf Facebook diejenigen, die eine Seite beispielsweise von einem Unternehmen, einem Produkt oder einer Person (Prominente) liken.

Fanpage

Fanpage oder auch Fanseite genannt, bezeichnet eine Internetseite oder ein Profil auf sozialen Netzwerken, welches Informationen und Bilder zu einem bestimmten Thema, einer Person oder einer Gruppe des öffentlichen Lebens bereitstellt.

Leider geben sich auch Privatpersonen als Berühmtheiten aus, weshalb Prominente in ihren Accounts häufig den Begriff „official" integrieren. Plattformen wie Twitter, Facebook und Instagram haben bereits darauf reagiert und einen blauen Haken eingeführt, der neben dem Namen erscheint, sofern es sich um einen verifizierten Account handelt.

Favorisieren (Twitter)

„Like"-Entsprechung auf Twitter. Indem Nutzer einen Tweet favorisieren, bringen sie ihr Gefallen oder ihre Unterstützung des Tweets zum Ausdruck.

Flickr

Flickr (gehört zu Yahoo) ist eine der größten Foto-Communities der Welt, in der digitale und digitalisierte Bilder sowie kurze Videos mit Kommentaren und Notizen mit anderen Nutzern geteilt werden und öffentlich zugänglich gemacht werden können. Neben dem herkömmlichen Hochladen über die Website können die Bilder auch per E-Mail oder vom Mobiltelefon aus übertragen und später von anderen Webauftritten aus verlinkt oder eingebunden werden.

Flipboard

Die Flipboard-App für Smartphones und Tablets ist eine digitale Zeitschrift für soziale Nachrichten und andere Medieninhalte. Flipboard sammelt Inhalte von sozialen Netzwerken und anderen Webseiten, die eine Partnerschaft mit Flipboard eingegangen sind und präsentiert diese Inhalte in einem intuitiv bedienbaren Magazin-Format. Der Benutzer kann mit einem Fingerzeig durch die automatisch zusammengestellten Seiten blättern („Flip") und eigene Magazine erstellen und diese auf allen möglichen sozialen Kanälen teilen.

Flamewar

Ein Flame (von englisch to flame ‚aufflammen') ist ein ruppiger Kommentar bzw. eine Beleidigung auf Social Media Plattformen, in Foren, in einer E-Mail-Nachricht, Chatsitzung oder in einem Wiki. Es handelt sich meist um aggressive Beiträge ohne Sachbezug. Ein Flame-War (deutsch Krieg) entsteht, wenn sich viele User durch diese provokativen Postings anheizen lassen, mit in die unsachliche Diskussion einzusteigen. Oft werden dabei selbst User mit hineingezogen, die versuchen, den Konflikt beizulegen. Ein Flame-War entsteht meist aus einer sachlichen Diskussion, die dann in Nebenkriegsschauplätze abrutscht. Typisch ist dabei ein rascher Schlagabtausch mit unsachlichen Argumenten oder beleidigenden Kommentaren. Die Anonymität der Kommunikation fördert in der Regel noch dieses Phänomen der Netzkultur.

Follower

Jemand, der einem auf Twitter folgt bzw. der die Tweets abonniert hat.

FoMO (Fear of missing out)

FoMo beschreibt ein soziales Phänomen, das sich besonders im Zeitalter der globalen Vernetzung stark ausgeprägt hat. Ausgeschrieben bringt der Name bereits auf den Punkt, was dabei im Zentrum steht: *The Fear of Missing Out* bedeutet übersetzt die Angst, etwas zu verpassen und bezieht sich auf die heutige Gesellschaft, in der sich so gut wie jede Person im Internet in Szene setzt. Hauptsächlich werden schöne Bilder und tolle Erlebnisse mit der Community geteilt, um Erfolg, Glück und Spaß zu vermitteln. Viele Menschen erkennen jedoch nicht, dass es sich dabei oft um Schein handelt. Sie sind überzeugt, dass ihr eigenes Leben weniger interessant und spannend ist als das aller anderen. Mit jedem Bild von Bekannten und Freunden fühlen sie sich unter Druck gesetzt, bei allen Ereignissen dabei zu sein. Das Surfen im Internet verursacht zunehmend eine Stresssituation, wodurch man das eigene Leben nicht mehr richtig genießen kann.

Forum

Ein Internetforum ist ein virtueller Platz zum Austausch von Meinungen, Erfahrungen und Gedanken. Im Forum kann jeder – meist nach Registrierung – Inhalte (Fragen, Meinungen, …) veröffentlichen. Die Kommunikation ist asynchron, sprich: geantwortet wird meist nicht sofort, sondern zeitversetzt.

Foto-Sharing

Auf Foto-Sharing Plattformen werden persönliche Bilder durch ein Profil hochgeladen, geteilt, geordnet, gesucht oder gespeichert. Während Angebote wie Fotocommunity, Dawawas, Ipernity oder Photobucket spezielle Zielgruppen erreichen, haben sich vor allem die Plattformen Pinterest, Instagram und Snapchat zu globalen sozialen Netzwerken entwickelt. Neben Fotos kommunizieren die User dort auch vermehrt über Videoformate. Flickr und Tumblr sind unter Foto-Teilern ebenfalls beliebt. Fotos mit hoher Auflösung und einer höheren Datenmenge lassen sich über Plattformen wie Dropbox und weTransfer einfach mit anderen Nutzern teilen. Weitere Foto-Sharing-Plattformen bzw. -Communities sind Photoshop, Picasa, Amazon Drive, SmugMug, 500px, Photobucket oder auch Snapfish.

Gefällt-mir-Button/Like-Button

Der „Gefällt mir"- oder „Like"-Button von Facebook erlaubt das Empfehlen von Inhalten mit nur einem Klick und informiert daraufhin alle Freunde darüber, an was man gerade Gefallen gefunden hat. Im Newsfeed aller vernetzten Personen erscheint dann ein Post mit dem „Gefällt mir"-Symbol und einem Link zum entsprechenden Inhalt. Der „Like"-Button ist daher ein beliebtes Tool zur Trafficgenerierung und ein wichtiges Instrument des Empfehlungsmarketings – bei Google+ heißt das Äquivalent „+1"-Button.

GIF

Ein GIF (Graphics Interchange Format) ist ein Dateiformat, das bewegte Bilder erzeugt. Dabei gilt es, mehrere Bilder übereinanderzulegen und so ein Kurzvideo zu erstellen – vergleichbar mit einem virtuellen Daumenkino. Heute kommen GIFs vor allem bei der Kommunikation in sozialen Netzwerken und Messenger-Diensten zum Einsatz. Am beliebtesten sind Kurzvideos und Animationen, die in wenigen Sekunden eine Meinung, Gefühle oder Empfindungen auf den Punkt bringen und so im gängigen Gebrauch eingesetzt werden. Sowohl während des Chattens als auch zum Kommentieren oder in den Stories sozialer Netzwerke.

Googleability

Ein Begriff aus dem Umfeld des E-Reputationsmanagements. Bei der Googleability geht es um die Darstellung der eigenen Person auf Google. Ziel ist es, auf den forderen Ergebnisplätzen positive Einträge auffindbar zu machen. Bestimmte Dienstleister sorgen für die Entfernung negativer Einträge über sich – z. B. Dienste wie secure.me oder deinguterruf.de.

Hashtags

In sozialen Netzwerken (Twitter, Facebook, Google+, Instagram, u. a.) werden Wörter oder Buchstabenkürzel mit dem Sonderzeichen „#" davor automatisch zu einem Schlagwort (Hashtag), das als Link ausgewiesen wird. Klickt man darauf, werden alle anderen Tweets mit demselben Hashtag angezeigt. Beliebt ist die Nutzung eines uniquen Hashtags für Marketingaktionen, wie z. B. für ein Gewinnspiel, oder wie im Bestcase IKEA zur Digitalisierung des eigenen Katalogs auf Instagram.

Hootsuite

Ein mächtiges Social Media Kontrollzentrum, mit dem sich Tweets, Posts auf Facebook oder Aktivitäten auf LinkedIn, Google+, Instagram etc. beobachten, erstellen, vorterminieren und analysieren lassen.

Hyperlapse

Zeitraffervideo-App von Facebook.

Influencer

Eine Person, die durch ihre Inhalte (Posts, Blogeinträge, Tweets …) und Kommunikation eine mehr als durchschnittliche Reichweite bzw. messbare Wirkung im Social Web für einen relevanten Markt bzw. ein Thema hat.

Instagram

Instagram ist Facebooks kostenlose Foto-App für iOS- und Android-Mobilgeräte, mit der Nutzer Fotos erstellen und bearbeiten können (mehrere Filter), um sie anschließend über das Internet, zum Beispiel über Facebook, mit anderen zu teilen.

Instagram Bolt

Instagrams Angriff auf Snapchat: Ein Fotomessenger. Zunächst Ende 2014 in Singapur und Neuseeland gestartet, weitere Länder folgen.

Instant Messaging/Instant Messenger

Instant Messenger ermöglichen Nutzern, Nachrichten zu versenden, die innerhalb weniger Sekunden bei dem Empfänger ankommen. Die Funktion erlaubt es Nutzern, miteinander zu chatten sowie Bilder, Videos und Dokumente auszutauschen. – Beispiele dafür sind WhatsApp, Facebook Messenger, Threema, Signal …

Keyword (-Analyse)

Keywords sind Schlüsselworte – am besten diejenigen, die die Webseite am besten beschreibt. Diese Schlüsselwörter sollten auf mehreren Unterseiten verwendet werden, um mit Suchmaschinen gut gefunden zu werden. Dazu ist eine Keyword-Analyse nötig – die Suche nach den richtigen und optimalen Worten, die die Interessenten, die die Website erreichen will in den Suchmaschinen für ihre Suche verwenden werden.

Klout-Score

Klout-Score ist eine Punktezahl auf einer Skala zwischen 0 und 100 und soll ein Indikator für die eigene Online-Reputation sein. Dazu werden unter anderem die Facebook-Freundeszahl, die Aktivitäten und Anzahl der Weiterempfehlungen in unterschiedlichen sozialen Netzwerken ausgewertet. Je weniger Aktivitäten und Interaktionen, desto geringer fällt der Klout-Score aus.

KPI

Key Performance Indicator (KPI) sind Kennzahlen, anhand derer der Fortschritt oder der Erfolg bei der Zielerreichung gemessen werden. Im Social Media Marketing können das je nach Ziel unterschiedliche Zahlen sein: Fans, Return on Influence, Viralitätsgrad,…

Krisenmanagement

Zu Beginn einer Krise ist die Position des Social-Media-Marketingverantwortlichen eine der wichtigsten. Denn nur ein selbstbewusstes öffentliches Auftreten signalisiert Kunden wie Partnern Stabilität und Sicherheit. Durchdachtes Krisenmanagement ist Bestandteil einer jeden erfolgreichen Unternehmensführung. Maßnahmen zum Krisenmanagement gilt es, kontinuierlich auszubauen und weiterzuentwickeln. Zu erfolgreichem Krisenmanagement gehört auch die Krisenvorsorge und -vermeidung. Erst nach Eintritt einer Krise mit dem Krisenmanagement zu beginnen ist zu spät. Nur wer schnell reagiert, hält den Schaden so gering wie möglich. Von Naturkatastrophen, die den eigenen Standort oder Lieferanten und Partner treffen können, über Finanzkrisen bis hin zu einer globalen Pandemie. Egal, wie gering die Wahrscheinlichkeit ist, dass solche Szenarien eintreffen, ein gutes Management hat auch dafür einen Plan parat. Es zeichnet sich jedoch nicht dadurch aus, dass jeder einzelne Schritt akribisch durchgeplant ist. Starre Strategien, die Schritt für Schritt vorgeben, lassen sich im Ernstfall nur schwer durchsetzen. Besser: Eine agile Strategie mit Handlungsschritten, die sich spontan einsetzen und anpassen lassen. Sie sind der Schlüssel einer schnellen und effektiven Krisenbewältigung.

Like-Baiting

Like-Baiting ist eine Methode auf sozialen Netzwerken, um die eigene Reichweite zu erweitern. Dabei fordern Profile, andere Nutzer aktiv zum Liken, Folgen und Teilen auf. Eine verbreitete Form ist beispielsweise das Gewinnspiel, bei dem Nutzer durch Liken und Teilen gewisser Profile an einem Gewinnspiel teilnehmen können. Zwischen seriösen Kampagnen tummeln sich auch unseriöse Gewinnspiele, die mit unverbindlichen Versprechungen die Nutzer täuschen, um ihre Reichweite zu steigern.

LinkedIn

LinkedIn ist wie XING auch ein soziales Netzwerk, das hauptsächlich zur Vernetzung mit beruflichen Kontakten dient. Nach eigener Aussage wird LinkedIn in Deutschland von mehr als 4,5 Millionen und weltweit von mehr als 187 Millionen

Fach- und Führungskräften genutzt, um Informationen, Ideen und Karriere- und Geschäftschancen auszutauschen. Neben der Internetplattform gibt es auch eine App für alle gängigen Smartphones.

Markenführsprecher

Ein Markenführsprecher ist eine Person, die in der Öffentlichkeit positiv über ein Produkt oder eine Marke spricht. Darunter fallen Privatpersonen genauso wie berühmte Persönlichkeiten und Influencer, die für ein Produkt werben.

Marketing-Automatisierung

Auch Marketing-Automation genannt, ist eine Methode, die entsprechende Software-Programme übernehmen. Die Marketing-Automatisierung übernimmt dabei nahezu alle technischen Aufgaben eines Marketingverantwortlichen.. Vom Versand personalisierter E-Mails und Newsletter, über das Sammeln und Ordnen von Daten potenzieller Kunden, sowie der Ausgestaltung medialer Kampagnen ist alles möglich. Auf diese Weise kann sich der Marketingverantwortliche ganz auf die Analyse der ausgewerteten Informationen konzentrieren und seine Arbeitszeit vor allem in die Produktion von gutem Content investieren.

Metaverse

Metaverse steht für die Vision eines digitaler Raumes, in dem virtuelle und physische Realität miteinander verbunden werden. Im Metaverse sind unterschiedlichste Aktivitäten realisierbar, z. B. Reisen zu Orten, die allein in der physischen Realität vielleicht nur schwer realisierbar sind.

Mikroblogging

siehe Twitter.

Mod

Kurzform von Moderator. Im Internet, speziell in Webforen oder Blogs, ist es die Aufgabe von Moderatoren, Streit zwischen Nutzern zu schlichten und unerwünschte, unpassende, beleidigende oder gesetzeswidrige Beiträge zu löschen, zu verschieben oder zu sperren. Damit trägt der Moderator maßgeblich zum Klima in einer Community bei und sorgt sowohl für die Einhaltung von Community-Regeln als auch für die Ordnung in der der Community gegebenen Struktur.

Native Advertising

Native Advertising („natürliche Werbung" oder „Werbung in natürlichem Umfeld") ist eine Form der Internetwerbung, die weniger aufdringlich wirken und trotzdem die Aufmerksamkeit der Nutzer auf sich ziehen soll. Das sogenannte Advertorial ist eine Form des Native Advertising und versucht den regulären Artikeln so ähnlich wie möglich zu sein, um den Anschein eines redaktionellen Artikels zu erwecken. Native Advertising umfasst desweiteren Virales Marketing, darunter besonders Videos, Bilder und Musik, sowie Artikel. Auch das Suchmaschinenmarketing, bei dem Werbeanzeigen gleichrangig mit den gewohnten und erwarteten

Suchresultaten angezeigt werden, zählen zum Native Advertising, genauso bezahlte Tweets, Trends oder Personen auf Twitter. Dasselbe gilt für Facebook und Tumblr.

Netiquette

Unter dem Kofferwort Netiquette versteht man das gute oder angemessene und respektvolle Benehmen in der Online-Kommunikation. Der Begriff setzt sich zusammen aus dem englischen Wortnet für das „Netz" und dem französischen etiquette für die „Verhaltensregeln". Wenn auch von vielen Netzteilnehmern als sinnvoll erachtet, hat die Netiquette in der Regel keine rechtliche Relevanz. Es gibt keinen einheitlichen Netiquettetext, sondern eine Vielzahl von Varianten und Vorschlägen. Was im Netz als guter Umgangston akzeptiert wird, hängt von den Teilnehmern innerhalb des Kommunikationssystems ab. Daher liegt es in der Hand des jeweiligen Betreibers/Verantwortlichen, Art und Ausmaß der Netiquette vorzugeben und Verstöße ggf. durch Ausschluss von Teilnehmern negativ zu sanktionieren.

Newsjacking

Durch die PR-Maßnahme des Newsjacking nutzen Marken oder Unternehmen aktuelle Nachrichten oder Ereignisse und inszenieren sie für ihre eigene Marketingstrategie. Der Kreativität sind dabei keine Grenzen gesetzt, egal ob die Neuerscheinung eines Films oder Albums, gesellschaftliche Events oder spektakuläre Ereignisse. Ein kreativer Marketingverantwortlicher schafft es, das eigene Unternehmen oder die eigene Marke damit in Verbindung zu bringen und sein Unternehmen so in den Fokus öffentlicher Debatten zu setzen. Beispiel: IKEA hat nach der Veröffentlichung des StarWars-Films eine Lampe veröffentlicht, die aussieht wie aus dem Film. Der Brillenhändler Oakley hat den in Chile verschütteten Bergleuten Sonnenbrillen geschenkt, um ihre Augen vor dem Kontakt mit Sonnenlicht nach 69 Tagen Dunkelheit zu schützen. Das sogenannte Trendjacking bezieht sich auf aktuelle Trends, die Sie für die eigene Marketingstrategie aufgreifen.

Open Graph

Eine Schnittstelle, die es Entwicklern erlaubt, Apps mit Facebook zu verbinden. So hat die „Washington Post" und das „Wall Street Journal" beispielsweise eine Social-Reader-App entwickelt, die auf Facebook läuft. Nutzt ein Anwender etwa den Social-Reader der „Washington Post", bekommt er verschiedene Artikel des Blattes auf einen Blick. Liest er einen Artikel aus dem Sammelsurium, wird diese Aktivität direkt von der App, in die Timeline übertragen und dort für alle Freunde sicht- und lesbar. Genau dasselbe Prinzip nutzt die Musik-App „Spotify": Online Musikhören, so viel man möchte – und die Freunde hören mit, denn die Aktivität wird in den News- bzw. Activity-Stream transportiert, sodass Freunde, Bekannte und Kollegen direkt sehen können, welchen Text man sich gerade liest oder welches Lied man gerade hört. Inhalte werden also automatisch geteilt, sobald man sie aufruft. Dieses Verfahren nett Facebook „Frictionless Sharing".

Organische Reichweite

siehe Bezahlte Reichweite

Phishing

Versuche, über gefälschte Online-Auftritte, E-Mails oder Kurznachrichten an Daten eines Internet-Benutzers zu gelangen, damit seine Identität zu klauen und mit den ergaunerten Daten Bank-Konten zu plündern oder sonstigen Schaden zuzufügen.

Pinterest

Pinterest ist eine Pinnwand für Bilder, die einem im Netz auffallen und gefallen. Diese pinnt man an eines von mehreren möglichen Boards (ein Board pro Interessensgebiet oder ähnlich), gefällt einem ein Pin, kann man diesen re-pinnen – ähnlich wie bei Twitter. Der Frauen-Anteil unter den Mitgliedern ist enorm hoch.

Podcast

Das Kofferwort setzt sich aus der englischen Rundfunkbezeichnung Broadcasting und „iPod" zusammen, mit dessen Erfolg Podcasts direkt verbunden sind und der stellvertretend für sämtliche tragbare MP3-Spieler steht. Ein einzelner Podcast besteht aus einer Reihe von Episoden, die über einen News Feed (z. B. RSS) automatisch bezogen werden können. Ganz im Gegensatz zum Webcast oder Streaming kann ein Podcast auch lokal gespeichert werden und ist damit auch offline verfügbar. Podcasts sind daher eher vergleichbar mit Radiosendungen, die unabhängig von Sendezeiten gehört werden können.

Posting

Bezeichnet einen Beitrag in Webforen oder Blogs. Eine Folge von Postings, die in Form von Diskussionsbeiträgen hierarchisch organisiert sind, werden als Thread bezeichnet.

Promoted Post

Sollen Status-Updates oder andere Inhalte von so vielen Fans oder Freunden gesehen werden – im News- bzw. Activitystream – kann man dafür bezahlen, einen kleinen Betrag pro Post. Schon sehen die Inhalte nicht mehr nur die Freunde, die oft mit einem interagieren, sondern alle, oder zumindest nahezu alle.

Rating-Plattformen

Viele Anbieter ermöglichen das Bewerten von Dienstleistungen oder Produkten – getreu dem Motto: Bewerte und helfe damit dir und anderen. Auf holidaycheck oder Tripadvisor können z. B. Hotels, Restaurants, Reiseanbieter oder ähnliches bewertet/empfohlen werden. Auf Qype kann man Restaurants für gut oder schlecht empfinden und das allen anderen Nutzern kundtun. Jameda ist eine Ratingplattform für Ärzte, kununu für Arbeitgeber, meinprof für Professoren, spickmich für Lehrer.

Retargeting

Uns allen ist es schon einmal passiert, dass wir nach einem gewissen Produkt gesucht haben und uns daraufhin ständig Werbeanzeigen zu genau diesem Produkt angezeigt wurden. Dabei handelt es sich natürlich nicht um einen Zufall. Dahinter steckt das Retargeting-Verfahren. Jeder Internetnutzer hinterlässt während dem Surfen digitale Fußabdrücke. Sogenannte Cookies speichern Daten zum Userverhalten. Diese angehefteten Informationen kann eine andere Seite dann aufrufen, um gezielte Werbung zu schalten. Heutzutage muss ein Internetnutzer deshalb nahezu auf jeder Seite sein Einverständnis geben, dass Cookies eingesetzt werden dürfen, bevor er auf der entsprechenden Seite surfen kann. Mit einer Zustimmung gibt man den Seiteninhabern die Einwilligung, gewisse Informationen und persönliche Daten des Besuchers abzuspeichern und weiterzuverwenden.

Return on Influence

Kennzahl zur Erfolgsmessung in den sozialen Netzwerken, die aussagt, wie qualitativ die soziale Reichweite ist, wie interaktiv sind z. B. die über ein Gewinnspiel auf Facebook gewonnenen Fans wirklich und wie viele deren Freunde habe ich darüber erreicht und evtl. als Fan gewonnen?

Return on Investment

Kennzahl zur Erfolgsmessung in den sozialen Netzwerken, die etwas über die quantitative Dimension der sozialen Reichweite aussagt – also nicht fragt, wie qualitativ hochwertig sind meine Kontakte oder Fans, sondern wie viele konnte ich zu welchem Preis generieren.

Retweet

siehe Trackback

Seeding

Gezieltes Säen/Platzieren einer (Marketing-)Botschaft, z. B. in sozialen Netzwerken, Blogs, Foren und Co. mit dem Ziel, Meinungsführer anzusprechen (Selbstdarsteller und Nutzensucher), die Inhalte gerne in ihre sozialen Netzwerke weitertragen und damit eine Kampagne ins Rollen bringt.

Sentimentanalyse

Um Stimmungen in sozialen Netzwerken erkennen zu können, ist eine Sentiment-Analyse (Stimmungsanalyse) nötig, die Einzelmeinungen einer definierten Gruppe in sozialen Netzwerken bewertet. Diese Analyseform wird oftmals manuell vorgenommen, da automatische Sentimentanalysen noch ungenau sind. Allerdings sind die Entwicklungen in diesem Feld rasant: Computerlinguisten, Programmierer und Statistiker arbeiten nahezu um die Wette, um hier automatische Analysetools noch genauer werden zu lassen. Diese Tools suchen nach bestimmten Keywords, die man als Social Media Manager selbst festlegt – zum Beispiel den Unternehmens- oder Produktnamen. Die Fundstellen untersucht das Tool nach anderen Wörtern, die Aufschluss darüber geben könnten, in welchem Kontext das

Suchwort genutzt wurde. Steht in einem Post zum Beispiel „Firmename XY ist doof, weil sie auf meine Produktkritik nicht reagieren", würde das Programm das Wörtchen „doof" finden und den Beitrag als negativ kennzeichnen. Um Krisen- oder Problemsituationen rechtzeitig zu erkennen, werden Alerts eingesetzt. In definierten Situationen (Sentiment negativ oder positiv) informieren diese den Er- steller, wenn eine festgelegte Zahl an Negativ- oder Positiv-Fundstellen identifi- ziert wurden.

SEO

Optimierung einer Webseite, damit sie von Suchmaschinen besser gefunden werden: Suchmaschinenoptimierung (Searchengineoptimization). Auch Social Media Aktivitäten können positive Effekte für die Suchmaschinenoptimierung ha- ben: Aufbau von Backlinks, mehr Traffic dank Social Signals (Like, Share,…), Brand Awareness (Inhalte gehen viral und verbreiten sich so auch in Zielgruppen, die Sie über Ihre bereits gewonnenen Fans nicht erreichen würden).

Sharing-Plattformen

Fotos, Präsentationen, Videos o. ä. lassen sich im Internet wunderbar mit ande- ren Nutzern teilen, man kann sich darüber austauschen, daran arbeiten, und vieles mehr. Bekannteste Anbieter: Flickr (Fotos), Youtube (Videos), Slideshare (Präsen- tationen).

Shitstorm

Massenhafte öffentliche Entrüstung in sozialen Netzwerken, Blogs, Foren o. ä. teilweise mit beleidigenden Inhalten.

Slideshare

Mit SlideShare lassen sich online Präsentationen, Dokumente, PDFs, Videos und Webinare tauschen und archivieren. Benutzer können Präsentationen in den Formaten PowerPoint, PDF, Keynote und OpenOffice hochladen und entweder öf- fentlich zugänglich gemacht oder als privat markiert werden. Die Seite hat ca. 16 Millionen angemeldete Nutzer. Zu den Nutzern gehören u. a. The White House, NASA, Hewlett-Packard sowie IBM. Am 3. Mai 2012 wurde SlideShare von LinkedIn übernommen.

Social by design

Social by design ist einfach ausgedrückt eine Produktstrategie, die das Ge- spräch und den Austausch über das Produkt und damit die Marke fördern soll. Produkte, die nach diesem Modell gestaltet sind, setzen den User in den Mittel- punkt der Aufmerksamkeit und nicht etwa die Technologie hinter dem Produkt oder seine Features. Ein Produkt, das nach dieser Strategie funktionieren soll, sollte drei Elemente enthalten: Community, Unterhaltung und Identität. Facebook bspw. ist im Prinzip aus diesen drei Kernen aufgebaut: Die Nutzer können sich online ein Profil anlegen (eine „Identität" kreieren), mit anderen Leuten in Kontakt treten und Gruppen bilden bzw. Freunde hinzufügen und zu guter Letzt natürlich mit diesen Gruppen und Freunden auch kommunizieren oder Inhalte teilen. Durch das Anregen des Austausches und des Teilens von social by design-Produkten wird außerdem ein Crowdsourcing-Effekt erzielt.

Social Graph

Der Social Graph visualisiert die Verbindungen und Netzwerke zwischen Menschen, Unternehmen, Organisationen oder Gruppen auf sozialen Plattformen. Meist handelt es sich dabei um ein großes Netz, dessen Linien Profile miteinander verbinden, die in Kontakt zueinanderstehen. Das Beziehungsgeflecht gibt Aufschluss darüber, wie eine Community aufgebaut ist und welche Interessen sie miteinander teilen. Die soziale Plattform Facebook nutzte erstmals mit der „Social Graph" Funktion diese Vernetzung, um den Nutzer/-innen die Suche zu erleichtern. Die oberste Suchleiste kann dabei mit gewissen Schlagworten gefüllt werden. Personen, Organisationen aber auch Interessensgemeinschaften, sowie Veranstaltungen können durch eine einfache Schlagwortsuche gefunden werden.

Social Gaming

Online-Spiele gibt es mit dem Aufkommen der sozialen Netzwerke vermehrt. Man kann sie zum Beispiel auf Facebook spielen und seinen Spielefortschritt mit anderen teilen, sich mit Freunden messen, mit- oder gegeneinander spielen. Bekannteste Social-Games: Angry Birds, FarmVille und Diamond Dash.

Social Media Guidelines

Regeln für die Nutzung sozialer Medien in Unternehmen oder Organisationen.

Social-Media-Leitfaden

Ein Unternehmen oder eine Marke präsentieren auf sozialen Netzwerken idealerweise ein harmonisches Gesamtbild. Wichtig ist, dieses von Beginn an, zu definieren. Auf dieser Grundlage bauen Tonalität, Bildsprache sowie passende Darstellungsformen auf. Außerdem sinnvoll besteht darin auszuarbeiten, welche Schlagworte, Themen oder Reaktionen in Bezug auf das Unternehmen oder die Marke es zu vermeiden gilt. Da heutzutage jeder Mitarbeiter einen Beitrag zur Social-Media-Präsenz leisten kann, ist es wichtig, die Rahmenbedingungen vorab auszuarbeiten und festzuschreiben. Essenziell, um Fehltritte zu verhindern und elementarer Bestandteil von erfolgreicher Krisenprävention. Um die Reichweite auf Social Media auszuweiten, müssen Profile kontinuierlich in der Öffentlichkeit stehen. Mithilfe eines Leitfadens gilt es, Beiträge, Posts und Kampagnen bereits im Vorfeld akribisch zu planen. Einen gewissen Spielraum einzuplanen ist sinnvoll, in der Regel lassen sich Pläne jedoch 1:1 umzusetzen.

Social Media Listening

Ausdruck für das kontinuierliche Beobachten von Äußerungen zur eigenen Marke, dem eigenen Unternehmen oder eigenen Produkten in den Social Networks – in Kommentaren, Posts auf anderen Seiten/Profilen, in Stories und Co.

Social Media Management

Social Media Management ist die Berufsbezeichnung für einen Social Media Manager und entwickelte sich aus der Transformation des Webs zum Web 2.0. Dabei wird die gesamte Kommunikation eines Unternehmens über soziale Netzwerke koordiniert. Hauptsächlich steht die Vermarktung im Zentrum, weshalb man Social Media Management auch als PR 2.0 bezeichnet. Das Social Media Marketing stellt darin somit einen großen Anteil, aber auch das Social Media Monitoring wird durch den Social Media Manager organisiert. Er ist somit die Person, die alle Aktivitäten in sozialen Netzwerken im Blick hat.

Social Media Marketing

Social-Media-Kanäle sind seit einigen Jahren fester Bestandteil der Marketingstrategie. Diese spezielle Form des Onlinemarketings bedarf einer eigenen Strategie, Planung und Durchführung. Man kann sich Social-Media-Kanäle als eine eigene kleine Welt vorstellen. Die jeweilige Community wird dabei mit dem entsprechenden wording angesprochen und auch die Bildsprache sowie die Videoausgestaltung angepasst. Um in der Informationsflut nicht unterzugehen, hilft es jedoch nicht nur, die eigene Community zu überzeugen. Die richtige Verwendung von Algorithmen aber auch bezahlte Posts sorgen dafür, dass die Reichweite täglich ausgeweitet wird. In der Social-Media-Welt vollziehen sich Prozesse zudem deutlich schneller als im „offline Marketing". Virale Hits, Trends und Skandale entstehen täglich. In Form von Kommentaren oder Reposts erhält man in Sekundenschnelle erste Reaktionen und in wenigen Minuten kann sich bereits ein gesamtes Stimmungsbild abzeichnen. Aus diesem Grund ist eine erfolgreiche Strategie nicht nur akribisch bis ins kleinste Detail ausgearbeitet, sondern kann sich auch spontan und sehr schnell an Veränderungen anpassen. Ein erfolgreiches Social Media Marketing bezieht auch mögliche Fehltritte in Form eines Krisenmanagements mit ein. Die hier in Kurzform angesprochenen Aspekte verdeutlichen bereits die Komplexität des Themenfelds Social Media Marketing. Aus diesem Grund spezialisieren sich immer mehr Marketingexperten sowie angehende Marketingexperten bewusst auf Social-Media-Kanäle als Plattform. Mittlerweile gibt es deshalb sogar eigene Kurse sowie Angebote an Universitäten.

Social Media Monitoring

Erfolgsmessung von Social-Media-Aktivitäten, mit Statistiktools der sozialen Netzwerke, Open-Source-Programme, oder von Dienstleister, wie etwa Buzzrank. Mit den Tools kann man nicht nur feststellen, wie viele Fans, Follower oder Traffic man mit einem Facebook-, Twitter- oder einem anderen Profil generiert, sondern, wie hoch die Interaktivität ist, wie schnell sich die Social Media Auftritte entwickeln, welche Beiträge funktionieren und welche nicht – es gibt noch viel mehr Infos, die man aus einem gut aufgesetzten Social Media Monitoring ziehen kann, abhängig davon, welche Ziele man mit den Social-Media-Aktivitäten verfolgt.

Social Proof

Die Kaufentscheidung eines Kunden hängt stark von Kundenrezensionen ab. Viele potentielle Käufer vergewissern sich dadurch, dass ein Produkt oder eine Dienstleistung eine gute Qualität besitzt oder zuverlässig ankommt. Dieses Phänomen gibt es nicht erst seit Webshops und Online Bestellungen: schon immer haben sich Menschen bei ihrer Kaufentscheidung von Erfahrungsberichten Anderer leiten lassen. Sei es die beste Freundin, ein Arbeitskollege oder der Nachbar. Während man früher im Geschäft selbst die Qualität eines Produktes begutachten konnte, hat man bei Webshops nicht die Möglichkeit die Angebote in die Hand zu nehmen und genau zu betrachten. Durch den Lockdown während der Corona Pandemie war ein Besuch von Geschäften sogar überhaupt nicht möglich. Der Social Proof hat in den letzten Jahren deutlich an Bedeutung gewonnen und kann über die Existenz eines Unternehmens entscheiden.

Social Search

Oberbegriff für alle Schnittmengen zwischen Suchmaschinen und Social Media. Social Search bezeichnet außerdem Suchmaschinen oder -funktionen von Socialplattformen, die Online-Beziehungen (Social Graph) und Social-Media-Inhalte für die Bewertung und Darstellung von Suchergebnisses verwenden.

Social Signs

Jede Aktion in der Social Welt generiert Social Signals (seien es Facebook-Statusnachrichten, Likes, Tweets,…), die Suchmaschinen Informationen zu Wertigkeit von Inhalt und Link verraten.

Snapchat

Instant-Massaging-App mit der man Fotos an Freunde versenden kann, die nur eine bestimmte Anzahl an Sekunden sichtbar sind und sich dann selbst zerstören sollen. Es ist jedoch mit relativ einfachen Mitteln möglich, versendete Dateien innerhalb der Ordnerstruktur des genutzten Gerätes zu finden und wiederherzustellen. Unternehmen nutzen die App z. B. zur Verteilung von Gutscheinen.

Social Mention

Tool, das auf Inhalte von mehr als 80 Social Webseiten zugreift und einen per E-Mail zu festgelegten Schlagwörtern über Posts zu diesen informiert. So kann man z. B. leicht verfolgen, was auf Twitter oder Facebook zur eigenen Marke kommuniziert wird.

Survey Monkey

Survey Monkey ist ein amerikanisches Meinungsforschungsunternehmen, welches im Jahre 1999 gegründet wurde. Das Unternehmen stellt ein Tool zu Verfügung, mit dem jeder ganz einfach Umfragen starten kann. Leicht verständliche und konkrete Fragen sind dabei ein wichtiger Erfolgsfaktor – Survey Monkey liefert Vorlagen, die wissenschaftlich erprobt sind.

Swarm

Swarm ist die neue App von Foursquare und ermöglicht dem Anwender, mit seinen Freunden in Kontakt zu bleiben und sich mit ihnen zu treffen. Mit Swarm kann auf einen Blick erfasst werden, wer gerade in der Nähe ist und wer sich mit dem Anwender treffen möchte. Dank der „Nearby Plans" – sprich offenen Einladungen – ist es zudem sehr einfach, spontane Treffen mit mehreren Leuten zu organisieren. Außerdem lassen sich Lokale per App bewerten und diese mit kostenlosen Stickern versehen, welche die aktuelle Gemütslage oder Aktivität der Nutzer zeigen.

Targeting

Targeting beschreibt mit anderen Worten die zielgruppenorientierte Ansprache. Da der Begriff sich im Zeitalter des Web 2.0 entwickelt hat, bezieht er sich hauptsächlich auf das Onlinemarketing. Für diese Technik bedarf es im Vorfeld einer Zielgruppenbestimmung. Rating- und Bewertungsplattformen sind dabei sehr hilfreich, da sie ein Meinungsbild der Konsumenten präsentieren. Ist für den Marketingverantwortlichen klar, welche Zielgruppe das Unternehmen ansprechen möchte, geht es in einem zweiten Schritt darum, diese Personengruppe gezielt anzusprechen. Dem Marketingverantwortlichen stehen dafür zahlreiche Tools und Techniken zur Verfügung, die ihn dabei unterstützen. Dazu zählen Tools zur Content-Discovery sowie Keyword-Analyse.

Thread

Der Begriff Thread (engl. ‚Faden‘, ‚Strang‘) bezeichnet die hierarchische Abfolge von Diskussionsbeiträgen in Foren und Blogs. Administratoren eines Forums haben die Möglichkeit, wichtige Threads (z. B. die Forenrichtlinien) zu „pinnen", sodass er an seiner Position verweilt oder sogar über allen anderen Threads steht und so besser sichtbar ist.

Trackback

Durch ein Trackback lässt sich nachverfolgen, wer den Inhalt einer Person auf das eigene Profil übertragen und darüber veröffentlicht hat. Diese Möglichkeit wurde erstmals in der Bloggerszene eingeführt. Dort kann man die URL des gewünschten Inhaltes kopieren und in eine spezifische Leiste für Trackbacks einfügen. Dabei wird der Inhaber des ursprünglichen Beitrags kontaktiert. Auf diese Weise können interessante Beiträge über andere Profile weiterverbreitet werden, ohne dass die Quelle verlorengeht. Während ältere Blogsysteme diese manuelle Art der Benachrichtigung durch eine extra Trackback Funktion besitzen, funktioniert das Verlinken auf sozialen Medien deutlich einfacher. So gibt es beispielsweise auf Plattformen wie Facebook und Twitter die Möglichkeit, durch einen einzelnen Mausklick Inhalte auf der eigenen Seite zu teilen. Der ursprüngliche Beitrag wird dabei automatisch angegeben und der Eigentümer benachrichtigt. Auf Twitter setzten die Nutzer oft ein „RT" (Retweet) vor die übernommenen Beiträge, um so zu signalisieren, dass sie diese übernommen haben.

Troll

Als Troll bezeichnet man im Netzjargon eine Person, die die Kommunikation im Internet fortwährend auf destruktive Weise behindert, z. B. indem sie Beiträge verfasst, die auf die Provokation anderer Gesprächsteilnehmer abzielen und keinerlei sachbezogenen, konstruktiven Beitrag zur Diskussion enthalten. Die zugehörige Tätigkeit wird „trollen" genannt.

Tumblr

Tumblr ist ein Netzwerk aus Mikroblogs, das sich durch Einfachheit auszeichnet. In mehr als 45 Millionen Blogs veröffentlichen Nutzer Texte, Bilder, Zitate, Links und Videos mit nur wenigen Klicks und können andere Tumblr-Blogs abonnieren. Auf Tumblr gebloggte Inhalte können andere Nutzer wiederum mit nur einem Klick rebloggen – selbes Prinzip wie bei Twitter. Im Grunde Tumblr eine Sammelstelle für Interessantes oder Absurdes. Werbung erlaubt Highlighten von Artikeln – ähnlich wie bei Promoted Tweets auf Twitter.

Tweet

Eine Nachricht, die ein Mitglied bei Twitter posten kann. Ein Tweet hat eine Zeichenbegrenzung von 140 Zeichen mit Leerzeichen, was das Prinzip stützen soll, sich auf Wichtiges zu beschränken – im Gegensatz zu anderen Socialposts. Ein Tweet wird den Followern auf der Pinnwand angezeigt. Dort kann er weiterverbreitet (geretweetet) oder kommentiert werden. Des Weiteren sind alle Tweets auf dem öffentlichen Twitter-Profil sichtbar.

Tweetbeep

Ein E-Mail-Benachrichtigungsdienst, wie Google-Alerts, für Twitter. Schreibt jemand über die eigene Marke, bekommt man eine Nachricht und hat stets alle Tweets darüber im Blick.

Tweetdeck

Ein Twitterclient, den man auf dem Rechner installieren kann. Verwendbar wir ein RSS-Feedreader zeigt er selbst zusammenstellbare Feeds von Twitterern an. Aber das alleine wäre langweilig: Man kann mit Tweetdeck komfortabel Posts oder Tweets auf mehreren Plattformen koordinieren, timen und veröffentlichen.

Twellow

Ein Twellow ist eine Art Branchen- und Personenverzeichnis für Twitter. Personen lassen sich nach Namen, Wirkungsbereich oder Branchen suchen.

Twinfluence

Tool, das einem die wichtigsten Twitterer zeigt – basierend auf ihrer Reichweite, Geschwindigkeit und Sozialkapital (wie viele einflussreiche Follower hat jemand).

Twitter

Mit mehr als 560 Millionen Nutzer weltweit, davon laut GlobalWebIndex 2,4 Millionen alleine aus Deutschland, ist der Kurz-Nachrichtendienst Twitter ein Social-Media-Kanal mit viel Potenzial. Der Fokus liegt darauf, Follower für das eigene Profil zu erhalten, die dann den eigenen Nachrichten folgen oder diese bei Interesse sogar „retweeten", sodass auch deren Follower die Nachricht lesen. Twitter wird überwiegend von Multiplikatoren und Early-Adoptern genutzt – ist also ganz anders zu nutzen als Facebook oder Google+. Dienste wie Twitter werden auch Mikroblogging-Angebote genannt – weil sie ähnlich wie ein Blog funktionieren, allerdings auf eine stark verkürzte und reduzierte Art und Weise.

User generated content

User generated content sind Inhalte, die nicht vom Anbieter eines Webangebots, sondern von dessen Nutzern erstellt werden, etwa Kommentare in Blogs, Videoclips auf YouTube, Beiträge in Foren oder Wikis, Fotos auf Flickr.com oder, oder, oder – eine Art von Crowdsourcing also. In vielen Fällen verdienen die Anbieter einer solchen Plattform mit den nutzergenerierten Inhalten Geld, zum Beispiel vermarktet YouTube seine Videos, die Einnahmen für die Werbespots fließen zu 100 Prozent dem Unternehmen zu. Es gibt auch Portale, die ihre Nutzer an den Einnahmen durch User generated content beteiligen.

Video-Sharing

Video-Sharing Plattformen zeichnen sich dadurch aus, dass User ihre Videos hochladen, teilen, speichern, liken und kommentieren. YouTube, MyVideo, Vimeo oder Clipfish sind seit längerem bekannt. Das chinesische Videoportal TikTok entwickelt sich seit 2016 zu einer der weitverbreitetsten Applikationen – in Europa fasste es vor mit dem Kauf des Netzwerkes „Musical.ly" Fuß. Neben TikTok bietet das Reels-Format von Instagram, seit August 2020 identische Funktionen. Promis, Unternehmen, Sportvereine aber auch Parteien nutzen diese Plattformen, um mit Kurzvideos Marketing zu betreiben oder Bewegtbild-Geschichten zu erzählen. Gamer übertragen über die Video-Sharing-Plattform „twitch" ihre Videospiele. Weitere Video-Sharing Plattformen sind Dailymotion, Vidlii, Metacafe, Vevo, Snapchat, Alugha.

Virales Marketing

Eine Marketingform, die u. a. soziale Netzwerke nutzt, um möglichst viele Leute mit außergewöhnlichen oder hintergründigen Nachrichten für ein Produkt oder eine Kampagne neugierig zu machen: Online-Games, Videoclips, Online-Postkarten, Facebook-Profile, Twitter-Accounts – all das sind Werkzeuge im viralen Marketing. Im Gegensatz zur Mundpropaganda oder zum Word-of-Mouth-Marketing geht die Initiative der Marketingmaßnahme vom Produktanbieter aus: er erstellt das „Werbemittel", das Viral, das die virale Verbreitung auslöst – nicht ein unabhängiger Nutzer eines sozialen Netzwerks.

Vlog

Ein Kunstwort aus „Video" und „Blog" bzw. „Weblog", das einen Video-Blog bezeichnet und damit eine Unterart des herkömmlichen Blogs darstellt. Genau wie im Blog werden in einem Vlog periodisch neue Einträge (mehrheitlich oder ausschließlich) als Videos gepostet. Die Tätigkeitsform ist vlogging.

Vodcast

Eine Form des Podcasts. Hier handelt es sich allerdings um Fernsehbeiträge oder anderes Videomaterial, das über einen News Feed (meistens RSS) automatisch bezogen werden kann.

Webcast

Ein Webcast ist eine Video- oder Audioaufzeichnung im Internet. Es ist vergleichbar mit einer Radio- oder Fernsehsendung, die im Internet ausgestrahlt wird. Der Begriff setzt sich aus „Web" und „broadcast" (Englisch für Sendung, Ausstrahlung) zusammen. Meist handelt es sich dabei um eine Live-Übertragung, was die Interaktion mit Zuschauern und Zuhörern ermöglicht. Nutzer können während der Live-Aufzeichnung über die Chatfunktion Fragen stellen oder Anmerkungen mit allen Beteiligten teilen. Handelt es sich bei dem Input um professionelle und lehrreiche Inhalte ist auch von einem sogenannten Webinar die Rede, eine Mischung aus den Begriffen „Web" und „Seminar". Nach der Live-Ausstrahlung stehen die Aufzeichnungen häufig weiterhin zur Verfügung, etwa auf YouTube oder auf Instagram.

WhatsApp

Instant-Messaging-Dienst für den Austausch von Textnachrichten, Bild-, Video- und Ton-Dateien sowie Standortinformationen zwischen Benutzern von Mobilgeräten wie Smartphones. Hat bei vielen die SMS/MMS-Funktion des Smartphones abgelöst und wurde von Facebook für die Rekordsumme von 16 Milliarden Dollar gekauft.

Wiki/Wikipedia

Wiki ist ein System, über das Informationen unkompliziert hochgeladen, abgerufen und bearbeitet werden können. Jede autorisierte Person kann ihre Anmerkungen sowie ihr Wissen hochladen und der Sammlung hinzufügen, sowie bereits hochgeladene Texte direkt bearbeiten. Wiki-Seiten werden durch eine Wiki-Software erstellt. Die berühmteste Sammlung ist die globale Online-Enzyklopädie Wikipedia. Während vor einigen Jahren in Schulen und an Universitäten noch strengstens davon abgeraten wurde, Wikipedia Artikel bei der Aufbereitung von Themen zu verwenden, ist man heute nicht mehr ganz so streng. Auch heute werden Wikipedia Artikel nicht als wissenschaftliche Texte akzeptiert. Sie können also nicht als Forschungsliteratur angegeben werden. Dennoch gelten die dort hochgeladenen Artikel als gute Informationsquelle für den Einstieg in ein unbekanntes

Themenfeld. Oft wird auf die Literaturliste am Ende jedes Artikels hingewiesen, die auf wissenschaftliche Beiträge verweist. Neben dieser globalen Wiki-Seite gibt es auch zahlreiche Möglichkeiten Wikis innerhalb einer Organisation, eines Unternehmens oder Interessensgruppen zu erstellen.

Word of Mouth

Eine Marketingform, die u. a. soziale Netzwerke nutzt, um auf ein Produkt oder eine Kampagne aufmerksam zu machen – wobei der Nutzer derjenige ist, der die „Werbebotschaft" verbreitet, z. B. durch eine Empfehlung im Rahmen von Social Commerce oder durch eine (positive) Produktbewertung, die z. B. über Twitter verbreitet.

XING

XING ist wie LinkedIn auch ein soziales Netzwerk, das hauptsächlich zur Vernetzung mit beruflichen Kontakten dient. Nach eigener Aussage wird XING von mehr als 14 Millionen Fach- und Führungskräften genutzt, um Informationen, Ideen und Karriere- und Geschäftschancen auszutauschen – Schwerpunkt: deutschsprachiger Raum. Neben der Internetplattform gibt es auch eine App für Smartphones.

Yelp

Yelp ist ein Empfehlungsportal für Geschäfte und Locations. Sein Internet-Bewertungssystem für gewerbliche Einträge war bereits Gegenstand von Kontroversen als auch Rechtsstreitigkeiten.

Yolo

Yolo ist die Abkürzung für die englische Phrase „you only live once" („man lebt nur einmal") und ist als Aufforderung zu verstehen, eine Chance zu nutzen und einfach Spaß zu haben, egal wie gefährlich oder gesetzeskonform das Vorhaben ist. „Yolo" wird weltweit von der jüngeren Bevölkerung verwendet. Der Ausdruck wird aber auch benutzt, wenn jemand eine gefährliche Aufgabe gemeistert oder gar eine verbotene Tat begangen hat. Die Jugendlichen sehen solche Aktionen als sogenannte „Yolo-Aktionen" an, die ihren Urhebern größeres Ansehen in der Community verschaffen sollen.

Youtube

Youtube ist wohl eines der größten Video-Portale der Welt. Es gehört zu Google. Jede Minute werden 72 Stunden Videomaterial auf YouTube hochgeladen. Täglich werden mehr als vier Milliarden Videos aufgerufen. Jeden Monat besuchen mehr als 800 Millionen einzelne Nutzer die YouTube-Website. Jeden Monat werden auf YouTube mehr als drei Milliarden Stunden Videomaterial angesehen. In einem Monat werden mehr Videos auf YouTube hochgeladen als von den drei großen amerikanischen Sendern in 60 Jahren erstellt wurden.

Weiterführende Literatur

Beise M, Jakobs H-J (2012) Die Zukunft der Arbeit. Süddeutscher Verlag, München

Ceyp M, Scupin J-P (2012) Erfolgreiches Social Media Marketing: Konzepte, Maßnahmen und Praxisbeispiele. Springer-Gabler, Wiesbaden

Cleffmann L, Feuerabend A, Kollmann C, Zoebeli P (2012) Social Media – Willkommen im Heute: Das ECCO-Handbuch für das Social Web – Ein Leitfaden für Unternehmen und Organisationen. Books on Demand, Norderstedt

Grabs A, Bannour K-P (2012) Follow me!: Erfolgreiches Social Media Marketing mit Facebook, Twitter und Co. Galileo Computing, Bonn

Gratton L, Heinemann E (2012) Job Future – Future Jobs: Wie wir von der neuen Arbeitswelt profitieren. Carl Hanser Verlag, München

Hesse J, Schrader C (2012) Das große Hesse/Schrader-Bewerbungshandbuch. Stark Verlag, Hallbergmoos

Hofert S (2012) Die Guerilla-Bewerbung: Ungewöhnliche Strategien erfolgreicher Jobsucher. Campus, Frankfurt

Hofert S (2013) Erfolgreich in der Jobwelt der Zukunft. Kexpa, Hamburg

Weinberg T, Pahrmann C, Ladwig W (2012) Social Media Marketing – Strategien für Twitter, Facebook & Co. O'Reilly, Köln

© Springer Fachmedien Wiesbaden GmbH, ein Teil von Springer Nature 2022   173
N. Lumma et al., *Berufsziel Social Media*,
https://doi.org/10.1007/978-3-658-38256-8